Petra Kuhn

Klingeln bei Josy

Das Buch:

Dieser Roman ist nicht frei erfunden. Diese Geschichte beruht auf einer wahren Begebenheit. Zum Schutze der Beteiligten sind alle Namen geändert. Daher sind Namensähnlichkeiten rein zufällig.

Tina, Mutter von zwei kleinen Kindern, ist vom Leben nicht verwöhnt worden. Von klein an durchwandert sie verschiedene Kinderheime und Pflegefamilien.
Verzweifelt versucht sie ein normales Leben zu führen. Als die Grundversorgung ihrer Kinder nicht mehr gewährleistet ist, Strom und Gas gesperrt werden, entscheidet sie sich für einen schweren Weg. Sie wird Prostituierte.
Gnadenlos und ungeschminkt erzählt sie ihre Geschichte als Hure.

Die Autorin:
Seit vielen Jahren arbeitet Petra Kuhn in der esoterischen Lebensberatung. Sie lernt Menschen und ihre Schicksale kennen. Manche davon sind herzzerreißend, oftmals schockierend, viele traurig und andere besonders spannend. Sie hat sich dazu entschieden, einige davon als Grundlagen für ihre Romane zu nehmen.
"Klingeln bei Josy" ist ihr erstes Buch.

Petra Kuhn

Klingeln bei Josy

Klingeln bei Josy

Vollständige Taschenbuchausgabe Oktober 2014

Autorin
Petra Kuhn
Rechtsupweg

Copyright by Petra Kuhn
Alle Rechte vorbehalten.

Das Werk darf – auch teilweise – nur mit Genehmigung wiedergegeben werden.

Umschlaggestaltung und Grafik:
© Petra Kuhn

ISBN 978-3-00-047153-7

Für meinen Mann.

Mein größter Kritiker, mein bester Freund und der Mensch, der an mich glaubt!
Ich liebe dich.

Prolog

Der Tag war regnerisch und grau. Die Fahrt lang und schweigsam. Das Haus war von der Straße aus nicht zu sehen.
Wir mussten einen kleinen Berg hinauffahren, ehe wir es genau betrachten konnten.
„Das ist wohl das Richtige für dich", sagte mein sogenannter Pflegevater. „Ein alter, heruntergekommener Schuppen. Da gehörst du hin. Wie ich dich kenne, landest du sowieso auf der Straße."
Ich sagte nichts. Ich wollte nicht in dieses Kinderheim, aber in dieser Familie, die sich Pflegefamilie schimpfte, wollte ich auch nicht bleiben.

Mehr als zwei Jahrzehnte habe ich mich mit Händen und Füßen dagegen gewehrt, dass seine Aussage wahr wurde, doch seinem Schicksal kann man nicht entfliehen.

Mit siebenundzwanzig, sollte man glauben, ist niemand mehr gefährdet eine Karriere als Hure zu starten.
Auch da geht das Leben oftmals ganz eigene Wege.

1.

Es klingelte an der Tür. Ich stand am Herd und kochte gerade den Brei für meinen acht Monate alten Sohn, der auf meinem Arm quengelte. Ich schob den Topf von der Platte und ging zur Tür.

„Stadtwerke, guten Tag."

„Oh nein", schoss es mir durch den Kopf, „achthundert Mark Rückstand!" Seit Wochen konnte ich weder Strom noch Gas bezahlen.

Ich kam nicht dazu, etwas zu sagen, denn der gute Mann setzte ohne Unterbrechung seine Standpauke fort.

„Wenn Sie heute zahlen können - damit Sie Bescheid wissen - kein Geld, kein Strom! Ab jetzt ist er gesperrt und wird erst wieder geöffnet, wenn Sie die Rückstände komplett bezahlt haben. Auf Wiedersehen und guten Tag", sprach er und verschwand.

Ich hatte gehofft, dass ich wenigstens die Breiflaschen fertig kochen konnte, aber er ließ sich nicht auf ein Gespräch ein.

Die Herdplatte war noch warm, doch zum Kochen reichte die Wärme nicht mehr. Der kleine Mann auf meinem Arm jammerte nun nicht mehr, sondern schrie aus Leibeskräften nach seiner Flasche. Ich füllte den halbgaren Brei um und hoffte einfach, dass er keine Bauchschmerzen bekam.

Mein Kopf fuhr Karussell, mein Körper fühlte sich taub an. Wie eine Marionette hielt ich das Baby auf dem Arm und war unfähig einen klaren Gedanken zu fassen.

Meine Tochter musste schon eine Weile neben mir gestanden haben. Obwohl sie gerade das erste Jahr zur Schule ging, verfügte sie über eine ausgeprägte Empathie.

„Alles gut, Mama?", fragte sie mich.

Wie aus einer anderen Welt tauchte ich aus meiner Starre auf.

„Ja, Süße. Das wird schon wieder."

Abends, als die Kinder im Bett lagen, durchblätterte ich die Zeitung im Schein vieler Kerzen nach Stellenangeboten.

Dass mein Mann sich einen Job suchen würde, konnte ich vergessen. Viel zu lange hatte ich auf ein Wunder gehofft, viel zu lange abgewartet. Nun war die Situation ernst. Wie schon oft in meinem Leben. Der Kalender zeigte noch lange nicht Ende des Monats an. Mein ganzes Geld betrug noch genau neunundzwanzig Mark. Es waren noch einige Tage, bis das Sozialamt zahlen würde, geschweige denn, dass ich keinen Strom und kein Gas mehr hatte. Gut, dass es Sommer war und ich nicht noch mit den Kindern in einer kalten Wohnung sitzen musste.

Rauf und runter las ich die Jobangebote. Ich fand nichts. Zumindest nichts, was eine Mutter mit zwei kleinen Nervensägen bewältigen konnte.

Dann sprang es mich an:

Nette Kollegin gesucht!

Für unseren exklusiven Nachtclub suchen
wir junge, tabulose Damen
in der Zeit von 21 Uhr bis 05 Uhr.

Ich atmete tief durch. „Ich brauchte Geld, schnell und viel. Nicht für mich, sondern für diese kleinen Würmer, die im Nebenzimmer schliefen. Aber wäre ich dazu in der Lage? War ich überhaupt noch jung genug? Und was verstand man unter tabulos?

Ich hatte nicht das Aussehen eines Models und meine 20 kg Übergewicht waren sicher nicht förderlich für so einen Job. Gut, ich hatte manchen One-Night-Stand gehabt, war nicht zimperlich was Sex anging. Aber mit wildfremden Kerlen vögeln? Gegen Geld? Was würde mein Mann dazu sagen?" So viele Fragen gingen mir durch den Kopf.

Ich nahm meinen Haustürschlüssel, verließ ganz kurz die Wohnung und klingelte bei meiner Freundin am Nachbarhaus.

„Komm mal rüber!", überfiel ich sie, als sie die Tür öffnete.

„Ich kann nicht bleiben. Die Kinder sind allein. Ich muss mit dir reden". Und schon war ich wieder weg.

Es dauerte nicht lange, bis sie in meinem Wohnzimmer saß. Schnell war erzählt was sich zugetragen hatte.

„Hast du Geld?", fragte ich sie.

„Zwanzig Mark."

Wie oft hatten wir die letzten Kröten geteilt. Wie oft saßen wir zusammen und fantasierten, wie wir zu mehr Geld kommen konnten. Auch meine Freundin bekam nur Sozialhilfe. Dass sie keine Kinder hatte, änderte nichts daran, dass das Geld nicht reichte.

Ich legte ihr ohne ein weiteres Wort die Anzeige vor die Nase.

„Nun bist du total übergeschnappt. Verrückt geworden!", war ihre erste Reaktion.

„Hör zu! Wir beide brauchen Geld. Das ist eine echte Chance! Noch sind wir jung genug und können das versuchen!"

Claudia war ein Jahr älter als ich, im Gegensatz zu mir schlank und rassig, mit langen schwarzen Haaren. Ich, eher der Hausmütterchen-Typ, rechnete mir nicht allzu große Chancen aus. Wenn ich nur das Stromgeld zusammenbekommen würde, wäre mir geholfen. Aber eines war mir klar: Allein würde ich das nicht bringen. Ich brauchte eine Verbündete an meiner Seite.

„Wir können ja hinfahren, einfach mal schauen. Gehen können wir doch immer noch! Bitte. Ich muss was tun!", redete ich auf sie ein.

Sie gab nach, auch wenn sie nicht überzeugt war. Ihre Perspektiven waren nicht besser als meine.

Plötzlich waren wir voller Hoffnung, doch mitten in meine Zukunftsvisionen vom guten Geld erklang von der Tür her -

„Was ist denn hier kos? Warum sitzt ihr im Dunkeln? - die Stimme meines Mannes.

„Gut, dass du kommst!", empfing ich ihn. „Ich muss anrufen. Gib mir dein Handy." Ich war nicht aufgelegt für Erklärungen.

Tief im Inneren gab ich ihm die Schuld an dem ganzen Schlamassel. Hätte sich ja mal einen Job suchen können, als immer abzuhängen und darauf zu warten, dass ich alle Probleme löste!

Fast sieben Jahre waren wir zusammen. Am Anfang der Beziehung hatte er wenigstens gelegentlich Jobs, aber seit drei Jahren bemühte er sich überhaupt nicht mehr um Arbeit. Seine ständigen Rückenschmerzen machten ihm das Arbeiten angeblich unmöglich. Ich tippte eher darauf, dass er an Faulfieber litt. Munter schob er mir ständig alle Verantwortung zu. Wenn es problematisch wurde, zuckte er mit den Schultern - ein Sunny-Boy mit blauen Augen, blonden Haaren und einer durchtrainierten Figur. Er ließ so manches Frauenherz höherschlagen. Nur von einem schönen Teller wird man aber nicht satt!

„Ich werde mich in einem Puff vorstellen. Mir reicht es mit der ganzen Scheiße hier", sagte ich.

„Gib mir dein Handy. Ich muss anrufen!"

Seine Kinnlade fiel herunter. Der Mund blieb ihm offenstehen. Selten hatte ich diesen Mann sprachlos erlebt. Ohne Worte gab er mir das Handy.

Ich tippte mit zitterigen Fingern die Nummer ein. Das Gespräch dauerte keine Minute. Man nannte mir die Adresse und dass ich die ganze Nacht vorbeikommen könnte. Sven schaute mich an, sagte aber immer noch nichts. Auch mir war der Hals wie zugeschnürt. Ich suchte ein paar Kerzen zusammen und stellte sie im Badezimmer auf.

Ich war keine Frau, die täglich Schminke auflegte - eher ein mausgrauer Typ. So konnte ich mich nicht in einem Bordell vorstellen. Während ich kräftig im Schminktopf rührte, ging Claudia in ihre Wohnung, um sich dort zurechtzumachen. Nicht, dass sie es nötig gehabt hätte. Sie sah immer schick aus und hatte eine starke Ausstrahlung.

Sven stand im Türrahmen und starrte mich an.

Was würde kommen? Ich trenne mich von dir? Ich will nicht, dass du das machst! Besser ich suche mir einen Job.

Wir schaffen das, Schatz! Nein, nichts von alle dem.

Es kam ein Satz, den ich niemals im Leben vergessen werde: *„Das musst du selber wissen. Bestimmt kannst du viel Geld verdienen."*
Bis heute weiß ich nicht, warum ich ihn nicht spätestens in diesem Moment rausgeworfen habe.

Keine Stunde später stand Claudia wieder in unserer Wohnung. Sie sah umwerfend aus: Hohe Stiefel, kurzer Rock und ihre schwarze Mähne zierte ihre schmalen Schultern.
Ich hatte in meinem Schrank einen Mini gefunden. Mein Lockenkopf war aufgebauscht und zu viel Schminke bedeckte mein Gesicht. Es war nicht zu übersehen, dass ich eine Hausfrau war, die sich fein gemacht hatte. Mein Selbstbewusstsein litt in diesem Moment besonders. Ich knabberte sehr an meinem Übergewicht, da ich vor der Geburt meiner Kinder gertenschlank gewesen war. Ich musste zugeben, dass ich mich in den letzten Jahren hatte gehen lassen. Die ganzen Sorgen, die häufigen Streitereien mit Sven, all das trug nicht dazu bei, dass ich mich wohl in meiner Haut fühlte.
Draußen hupte ein Auto und riss mich aus meinen Gedanken. Sven rief: „Euer Taxi ist da!"
Das war schneller, als ich erwartet hatte und ließ mir keine Gelegenheit, noch länger in den Spiegel zu schauen. Ich glaube, wenn das Taxi nur fünf Minuten später gekommen wäre, hätte ich meinen Plan aufgegeben. So unsicher hatte mich mein Spiegelbild gemacht.

Während der Fahrt zum Club sprachen Claudia und ich kein Wort. Meine Unsicherheit hatte sich kein bisschen verändert, ganz im Gegenteil. Die Knie zitterten, das Herz raste. So setzte ich mein Pokerface auf, welches mich oft durch heikle Situationen gebracht hatte. Scheinbar selbstsicher stieg ich aus dem Taxi und klingelte, Claudia im Schlepptau. Es dauerte nicht lange, da öffnete uns ein großer, stämmiger Typ die Tür. Bei seinem Anblick konnte es einem schon angst und bange werden!

Er war bestimmt zwei Meter groß, breit wie ein Schrank, behaart wie ein Affe und schaute uns alles andere als freundlich an. Kaum durch die Tür gegangen, standen wir direkt in einem kleinen Empfangsraum. Sechs junge Frauen saßen auf stattlichen Ledersofas, eine schöner als die andere und sicher keine älter als dreiundzwanzig. Rotes Licht durchflutete den Raum. Es verbreitete eine angenehme Atmosphäre. Leise spielte im Hintergrund Musik und sechs Augenpaare blickten uns erwartungsvoll an, um einen kurzen Moment später enttäuscht wegzuschauen. Sie hatten wohl jemand anderen erwartet.

Eine Frau jenseits der fünfziger stand hinter einem kleinen Tresen. Sie winkte uns zu sich heran.

„Ich habe angerufen", begann ich das Gespräch und war dankbar, dass die Röte auf meinen Wangen bei diesem Licht kaum zu sehen war.

„Prima. Wir können hier immer nette Damen gebrauchen. Kennt ihr euch aus? Habt ihr schon irgendwo gearbeitet?"

Wir schüttelten beide den Kopf.

„Dann will ich euch die Konditionen erklären, damit ihr unsere Preise kennt. Denn das ist sicher das Wichtigste!", erklärte sie lachend. „Bei hundertfünfzig Mark fängt es an. Dafür könnt ihr eine halbe Stunde auf dem Zimmer bleiben. Aber verwöhnt den Kunden nicht zu sehr! Denn mehr als Französisch und Verkehr ist dafür nicht drin."

„Himmel, was war denn Französisch?"

„Wenn er mehr will, soll er zweihundert Mark zahlen! Dafür kann er beidseitig Französisch haben und Stellungswechsel, sooft er will! Aber auch da darf die halbe Stunde nicht überschritten werden!", erklärte sie weiter.

„Für die Stunde muss er dreihundert hinblättern. Da könnt ihr alles machen außer Analverkehr. Das kostet ihn noch mal hundertfünfzig Schlappen extra."

Ich war ganz erschlagen von den Preisen und versuchte mir zu merken, was sie erzählte. Aber sie war noch nicht am Ende:

„Wir haben einen großen Whirlpool. Doch unter vierhundert Mark geht da niemand rein. Nun zeige ich euch erst mal die Zimmer. Und nicht vergessen: Fragen, wenn ihr etwas nicht versteht."

Ja, ich hatte eine Menge Fragen, wusste aber nicht, wo ich anfangen sollte. Ich wollte mich nicht blamieren, doch ich musste zumindest wissen, was für uns hängen blieb. Also nahm ich allen Mut zusammen und sprach aus, was ich dachte: „Was verdienen wir daran?"

„50 Prozent von allem, was ihr reinbringt. Das gilt auch für die Getränke", kam umgehend die Antwort.

In meinem Kopf ratterten die Zahlen. Das war eine Menge Geld! „Ein paar Gäste", dachte ich „und ich hätte das Stromgeld zusammen". Mehr wollte ich nicht. Dann würde ich zusehen, dass ich hier verschwand.

Die nette Frau zeigte uns die Zimmer. Alles war sehr sauber, in dunkelviolettes Licht getaucht und gut eingerichtet. In jedem der Räume stand ein großes Bett. Große Spiegel zierten die Wände. Im Fernseher flimmerte ein Pornofilm über den Bildschirm. Auf den Regalen neben den Betten lagen Handtücher, Kondome und Küchenrollen.

„Um die Sicherheit braucht ihr euch hier nicht zu sorgen! Schutz ist gewährleistet, obwohl wir den hier noch nie nötig hatten. Die Gäste, die zu uns kommen, sind alle wohlsituiert."

Ich atmete tief durch.

„Offiziell wird nur mit Gummi gevögelt! Was die Mädchen auf den Zimmern machen, geht mich nichts an und ich werde sicher nicht kontrollieren! Erwische ich jedoch eine, die es im Whirlpool ohne treibt, dann gib es Ärger!"

„Oh Gott. Ohne Gummi?" Mich schüttelte es bei dem Gedanken. Ich nahm ja nicht mal die Pille!

Mir war ganz schwindlig von all den Eindrücken und ich war dankbar, als wir uns zu den Mädchen gesellen konnten. Wie die Hühner auf der Stange saßen wir da.

Claudias Gesicht war versteinert. Ich konnte nicht erkennen, was in ihr vorging. Meine Gedanken fuhren Karussell.

Innerhalb kürzester Zeit stürzten die vielen Informationen mich in ein emotionales Chaos. Ich versuchte, alles ein bisschen zu ordnen. Dazu kam mein ganzes emotionales Chaos. Eine Seite von mir wollte unbedingt Geld verdienen und meinem Elend ein Ende bereiten, die andere Seite jedoch hatte Angst und wollte einfach nur weg.

Als es dann klingelte, schreckte ich regelrecht hoch. Mein Herz setzte für einen Moment aus, um sofort wieder darauf loszujagen. Die Mädchen setzten sich in Positur und der Gorilla sauste zur Tür. Zwei junge Burschen kaum älter als zwanzig betraten den Club. Die beiden bestellten an der Bar zwei Bier und unterhielten sich mit der Bardame. Kurz darauf nickte sie zwei Mädchen links neben mir zu. Aufreizend gingen sie zum Tresen. Beide gingen direkt auf Tuchfühlung und umarmten die jungen Männer. Es dauerte keine zehn Minuten, da verschwanden sie in den Zimmern. Ich hätte gern Mäuschen gespielt.

Claudia stieß mich an.

„Ich kann das nicht!", flüsterte sie mir zu.

Ehe ich mich versah, hatte sie ein Taxi bestellt. Das brauchte keine fünf Minuten und schon war sie weg.

„Ich kann das auch nicht", dachte ich.

Aber meine neunundzwanzig Mark waren um neun Mark geschrumpft, denn umsonst hatte uns das Taxi nicht gefahren.

Panik machte sich in mir breit. Ich fühlte mich im Stich gelassen und war nun auch noch wütend auf Claudia. Voller Wut dachte ich: „Du bist dir dein einziger Freund. Du wirst dir nicht die Blöße geben und das Weite suchen. Du musst es wenigstens versuchen! Also, Augen zu und durch!"

Mein Herz sank tiefer und tiefer. Ich war gar nicht mehr sicher, ob ich das konnte.

Nein, ich war mir sicher, dass ich es *nicht* konnte.

Verstohlen schaute ich mir die übrig gebliebenen Mädchen an. So schön und hübsch zurechtgemacht saßen sie gelangweilt in ihren strassbesetzten Kleidern da.

Ich, in meinem alten Leinen-Mini mit kalkweißen Beinen und abgetragener Bluse konnte mich mit ihnen nicht messen. Ehe ich mich in meine Gedanken weiter vertiefen konnte, klingelte es erneut an der Tür. Der Gorilla schoss wieder vor. Wo versteckte er sich nur die ganze Zeit?

Ein älterer Herr betrat den Raum und eines der Mädels stand sofort auf und begrüßte ihn herzlichst.

„Hallo Paul! Dich habe ich ja schon lange nicht mehr gesehen! Wie schön, dass du heute da bist."

Er wirkte etwas verschüchtert, begrüßte das Mädchen trotzdem mit einem Kuss auf die Wange.

Keine drei Minuten später war sie mit ihm verschwunden. Von diesem Moment an ging es Schlag auf Schlag.

Klingel, Gorilla, eine weniger.

Es dauerte nicht lange, da saß ich allein auf der Couch.

Ich konnte kaum atmen. Was, wenn es wieder klingelte. Was, wenn es nicht klingelte. Ich brauchte Geld. Aber konnte ich so selbstsicher wie diese Mädchen in eines der Zimmer stöckeln? Ich spürte, wie die Panik wieder in mir hochstieg. Mein Herz schlug immer schneller und der Magen drehte sich um.

Und dann klingelte es.

Ein gutaussehender Mann im Anzug betrat den Club und ging zum Tresen. Mir wurde heiß, mir wurde kalt. Jetzt war es wohl so weit. Gesprächsfetzen drangen wie durch Watte an mein Ohr.

„Klara ist oben. Sie wird vor einer Stunde nicht unten sein. Nein, Michelle ist heute nicht da", hörte ich die Puff-Mutter sagen.

Seine Stimme war so leise, dass ich ihn nicht verstehen konnte.

„Sie ist neu hier und Anfängerin", verfolgte ich das Gespräch weiter, hörte aber nur sie reden.

„Wenn du möchtest, kannst du gerne warten. Monique ist gleich frei."

Sie stellte ihm ein Glas Bier vor die Nase und ich begriff langsam, dass dieser Typ sicher nicht mit mir aufs Zimmer wollte.

Im ersten Moment war ich einfach erleichtert. Das Herz versuchte seinen Takt zu finden und ich bemühte mich das Zittern meiner Beine unter Kontrolle zu bekommen. Ich konnte kaum glauben, welches Gefühl mich dann beschlich.

„Eingebildeter Lackaffe!", dachte ich. „Hält sich wohl für besonders schön. Komisch, dass er hier seine Lust abreagieren muss." In mir kochte es vor Wut. Abgelehnt in einem Puff. Mein Ego war am Boden. Aber ich hatte ja schon diese Vorahnung gehabt. Und dann diese schönen Mädchen! Jung, knackig, alle mit Erfahrung und in super Klamotten. Hatte ich mir wirklich eingebildet, dass ich unter diesen Frauen auch nur einen Pfennig verdienen würde?

In dieser Nacht wurde ich zum Opfer meiner Emotionen: Angst löste Wut ab, Hoffnung löste die Angst ab und Müdigkeit brachte irgendwann alles zum Schweigen.

Bis zum frühen Morgen rannten die Mädchen wie verrückt auf die Zimmer. Ich saß da und wurde innerlich immer kleiner. Um fünf Uhr bestellte ich mir ein Taxi und fuhr nach Hause. Auf der Fahrt war mir klar: „Da kannst du nicht nochmal hingehen."

Am nächsten Abend, pünktlich um 21 Uhr saß ich wieder da, derselbe Rock, dieselben Schuhe. Nur die neue Bluse hatte ich mir von einer Freundin geliehen. Und fünfzig Mark, damit ich die Taxikosten zahlen konnte. Die brauchte ich, denn in Nacht zwei hatte ich ebenfalls keinen Pfennig verdient.

In der dritten Nacht wurde ich ruhiger.

Mein Mann hatte sich von einem Kumpel zeigen lassen, wie man die Stromsperre aufbrechen konnte. Wir hatten wieder Strom. Das machte mich etwas gelassener, auch wenn ich nicht wusste, wie lange das gut gehen würde.

Im Club hatte ich viel Zeit, die Gespräche der Mädels zu belauschen, fand eine ganze Menge über Freier heraus und entschied ganz nebenbei, dass dies meine letzte Nacht sein sollte. Ich taugte offensichtlich nicht für diesen Job und vielleicht war das gut so. Musste ich eben andere Lösungen finden. Vielleicht war am Wochenende irgendeine Arbeit in der Zeitung. Ich war entspannt. Das Klingeln brachte mich nicht mehr aus der Fassung. Niemand dieser aufgeblasenen Wichtigtuer würde mich wählen.

Dann hörte ich meinen Namen. Der Schock ging mir durch Mark und Bein. Ich hatte zwar die Türglocke gehört, aber inzwischen abgespeichert, dass sie für mich keine Gefahr darstellte. Steif stand ich auf, ging zum Tresen, wo ein Typ in Jeans und kariertem Hemd Platz genommen hatte.

„Das ist Jens. Er möchte dich eine Stunde buchen", sagte die Puff-Mutter.

Ich konnte nicht antworten, nickte und wusste nicht genau, wo ich hingehen musste.

„Zimmer vier ist frei. Hinten links, das letzte Zimmer", half sie mir auf die Sprünge.

Wie in Trance marschierte ich los.

Im Zimmer zog Jens sich aus, während ich immer noch wie angenagelt an der Tür stand. Jens hatte meine Unsicherheit längst bemerkt und sprach mich darauf an.

„Deine erste Nacht?"

Ich schüttelte den Kopf.

„Drei", brachte ich hervor.

Er schaute mich verwundert an.

Reiß dich zusammen, schoss es mir durch den Kopf und mit einigermaßen ruhiger Stimme sagte ich: „Es ist meine dritte Nacht., aber ich war noch nie mit jemandem auf dem Zimmer."

„Oh", staunte er, „wie kommt es, dass ein nettes hübsches Mädchen wie du hier drei Nächte alleine sitzt?"

„Ich weiß nicht", stotterte ich. Nun fand ich endlich die Kraft mich auszuziehen.

„Mach dir keine Sorgen. Ich bin ein ganz netter Kerl! Außerdem komme ich schon lange hierher."

Er hatte sich aufs Bett gelegt und klopfte mit seiner Hand auf die freie Bettseite. Ich legte mich zu ihm und wusste beim besten Willen nicht, was ich jetzt tun sollte. Was macht man denn in so einer Situation? Greift man ihm direkt zwischen die Beine? Küssen Huren? Allerlei Gedanken gingen mir durch den Kopf, während ich hilflos neben ihm lag. Jens war wirklich nett und übernahm das Ruder.

„Entspann dich. Wir haben Zeit", sagte er, während er mich ausgiebig streichelte. Er gab sich wirklich alle Mühe, versuchte meinen Körper zu erregen, blieb die ganze Zeit sanft.

Irgendwann legte sich tatsächlich die Anspannung und mein Gehirn spielte mir vor, dass wir ein One-Night-Stand hätten. Lust wollte nicht aufkommen, obwohl Jens sicher ein guter Liebhaber war und mich nicht eine Sekunde spüren ließ, dass er eine Hure gebucht hatte.

Als die Stunde vorbei war und mich die Realität schlagartig einholte, verfiel ich sofort wieder in diese schreckliche Nervosität. Ich strich das Bettlaken dreimal glatt, stolperte über meine eigenen Beine und brachte kein Wort hervor.

„War doch gar nicht so schlimm", sagte Jens, als er mich drückte. Ich sammelte die Handtücher auf und hatte nur einen Gedanken: „Raus hier."

Auf dem Flur fragte mich Jens: „Hast du nicht etwas vergessen?" Ich stürmte zurück ins Zimmer, schaute, ob ich das Kondom hatte liegen lassen, ein Kleidungsstück oder irgendwas. Aber ich fand nichts. Zurück auf dem Flur schaute ich ihn mit großen Augen an. Er schmunzelte. „Na, willst du denn kein Geld? Die anderen kassieren immer im Voraus."

Fast hätte ich angefangen zu lachen.

Ich blieb insgesamt vierzehn Tage in diesem Club. Mein Verdienst waren ganze dreihundert Mark.
Bei einem Streit sagte mein Mann: „Du bist doch selbst als Hure zu blöd, um Geld zu verdienen!"

Ich ging nicht mehr hin.

2.

Zweimal die Woche wälzte ich unser Anzeigenblättchen. Es war zum Verrücktwerden. Mir fehlte jegliche Qualifikation und ich hatte nie eine Ausbildung gemacht. Alles, was ich konnte, war Kellnern. In diesem Bereich ließ sich einfach nichts finden. Ich wusste nicht, wann der Stromdiebstahl auffallen würde und von unserem Auto hatten sie mittlerweile die Plakette abgekratzt, da die Steuern nicht bezahlt waren. Die Situation spitzte sich immer mehr zu. Ich lag nachts stundenlang wach, ohne eine Lösung gefunden zu haben. Dann endlich las ich ein Jobangebot, wo ich mir Chancen ausrechnete.

Bedienung für Nachtbar gesucht!
Erfahrungen Voraussetzung.

„Erfahrungen hatte ich ja", schmunzelte ich. Da ich zeitweise in Kneipen gejobbt und nun etwas von dem „Nachtleben" kennengelernt hatte, sah ich darin eine echte Möglichkeit. Kurzerhand griff ich zum Telefon. Noch am selben Abend hatte ich einen Vorstellungstermin.

Der Laden hatte herzlich wenig gemeinsam mit dem Club, in dem ich zuvor versucht hatte, mein Geld zu verdienen. Alles wirkte recht heruntergekommen und billig. Der riesige Empfangsraum erinnerte eher an eine alte Kneipe. Die Sessel waren abgewetzt, kitschige Bilder von Wasserfällen mit kleinen roten Lämpchen hingen an den Wänden und sauber war es auch nicht wirklich.
Der Chef war ein älterer Türke. Er wirkte wenig souverän, eher unseriös und sein Gesicht sah auch nicht freundlich aus. Er erklärte mir, dass hier hauptsächlich seine Landsleute und andere Männer aus dem Ausland verkehrten.

Nur wenige Deutsche waren unter dem Publikum. Dafür mussten die fünfzig Mark extra bezahlen. Warum das so war, wollte er mir nicht erklären. Bei den Getränken war alles gleich. Genau wie im Club konnten die Mädchen hier an dem verdienen, was die Gäste ihnen ausgaben. Ein Cocktail kostete fünfzig Mark; davon bekamen die Frauen zwanzig. Sekt gab es ab Hundertzwanzig, Champagner ab hundertachtzig Mark. Diese Informationen waren wichtig für mich, denn auch ich durfte mir von den Gästen Getränke ausgeben lassen und daran verdienen, wobei alkoholfreie Getränke keine Provisionen brachten.

Ich konnte mir nicht vorstellen, warum irgendwer für so einen Preis Getränke kaufen sollte, geschweige denn, dass ich diese Preise verstehen konnte. Gab es dafür Sex in den Sitzecken?

Der Betreiber erklärte mir, dass die Männer bei mir die Zimmer bezahlen würden und ich alles gut aufschreiben müsste. Es gab schon so manchen Ärger, weil die Thekenkraft vergessen hatte alles richtig zu notieren. Die Mädchen konnten sehr unangenehm werden. Auch da fehlte mir das Verständnis. Es war doch nichts dabei, aufzuschreiben, wer aufs Zimmer ging.

„Das schaffe ich locker", dachte ich. Ehe ich mich versah war ich eingestellt. Für eine Nachtschicht bekam ich achtzig Mark, Trinkgeld zusätzlich. Das war ein verdammt guter Verdienst und würde meine Sorgen drastisch verkleinern. Vor allem war es garantiertes Geld und ich musste mir keine Gedanken darüber machen, ob ich eine Nacht umsonst dort stehen würde. Ich war zufrieden mit der Entwicklung. Endlich sah ich nach langer Zeit wieder Licht am Horizont.

Ich fuhr an diesem Abend nach Hause, denn mein Job würde erst ein paar Tage später beginnen.

Die Eindrücke waren gewaltig. Dieser Laden war so ganz anders als das, was ich im Club kennengelernt hatte. Nun sollte ich Gelegenheit bekommen, die Dinge aus einer anderen Perspektive zu betrachten. Ich fand es spannend, als Beobachterin an dem Rotlicht-Leben teilnehmen zu können, ohne selber dazuzugehören. Ich war mir sicher, dass diese Arbeit als Bardame besser für mich war und so ich freute mich auf meine erste Schicht.

Wenn ich mir eingebildet hatte, dass ich mein Geld mühelos verdienen würde, hatte ich gründlich getäuscht. Nach der ersten Nacht war ich einfach platt, konnte kaum noch stehen und meine Nerven waren so ziemlich am Ende.

Im Club kamen des Nachts etwa fünfzehn bis zwanzig Gäste. Hier ging das Zehnfache ein und aus. Über zwanzig Mädchen aller Nationen hatten sich in der Bar verteilt. Viele von ihnen konnten kaum zwei Wörter Deutsch. Es gab Dicke, es gab Dünne, dunkle Haut, helle Haut, alte Frauen und blutjunge Mädchen. Jede von ihnen verdiente ihr Geld, die eine mehr, die andere weniger.

Tatsächlich suchten hier fast ausnahmslos ausländische Männer ihr Vergnügen. In der ganzen Nacht verirrten sich nur zwei Deutsche in dieses Lokal. Manche Mädchen waren in der Stunde dreimal auf dem Zimmer. Mir war es ein Rätsel, wie schnell hier der Sex erledigt war. Sie waren noch nicht ganz die Treppe hoch, da kamen sie schon wieder herunter. So schnell konnte ich gar nicht alles aufschreiben und ich verstand, warum es anderen schwergefallen sein musste, die Übersicht zu behalten. Aus der einen Ecke schrie jemand nach einer Cola, der nächste Gast wollte einen Tee. Ein Kunde nervte mich, wann Alina denn endlich frei wurde. Ich musste ihm erklären, dass er noch drei weitere Kunden vor sich hatte. Wie in einem Taubenschlag!

Sekt oder Champagner teilte ich in dieser Nacht nicht einmal aus. Die Kundschaft zeigte wenig Interesse an Unterhaltung und suchte nichts anderes als schnellen Sex.

Das alles hier übertraf meine Vorstellungskraft. Noch etwas konnte ich kaum glauben: In dieser einzigen Nacht hatte ich zehn Anfragen, ob ich auch aufs Zimmer gehen würde. Bei der ersten dachte ich, ich hätte mich verhört. Da ich jedoch ununterbrochen zu tun hatte, kam ich nicht zum Nachdenken, schüttelte einfach den Kopf und versuchte meine Arbeit, so gut es ging weiterzumachen.

Die letzte Anfrage war penetrant. Ein gutaussehender Mann, vielleicht achtundzwanzig Jahre alt mit südländischem Touch, fragte mich, ob ich mit ihm nach oben gehen würde. Ich verneinte und beachtete ihn nicht weiter. Nach einer Stunde bemerkte ich, dass er immer noch am Tresen saß. Mir war das total peinlich, denn ich hatte mich kein bisschen darum gekümmert, ob er etwas trinken wollte. Mit einem Lächeln war ich bei ihm, fragte ihn nach seinen Wünschen. Er lächelte zurück und sagte schlicht:

„Dich! Ich will dich!"

„Nein", widersprach ich, „nach oben gehe ich nicht. Mein Job ist hier unten."

Zumal es Bedienungen untersagt war, aufs Zimmer zu gehen.

„Ich gebe dir das Doppelte", versprach er.

„Verstehst du nicht? Nein! Es ist nicht erlaubt. Hier sind genug Mädels. Such dir davon eine aus!"

Damit ließ ich ihn stehen.

Nach einer weiteren halben Stunde saß er immer noch da. Als noch einmal dreißig Minuten vergangen waren, wurde es mir wirklich zu blöd. Es stresste mich ungemein, dass dieser Typ die ganze Zeit da saß, mir bei jeder Bewegung auf den Hintern starrte und ich mich die ganze Zeit beobachtet fühlte. Meine Konzentration war hier wirklich gefragt, der Andrang enorm. Schließlich war es meine erste Nacht. Ich ging zu ihm hin und schnauzte ihn an:

„Verstehst du es nicht? Ich kann und will nicht! Also hau ab!"

Mir war klar, dass dieses vielleicht schnell meine erste und letzte Nacht sein konnte. Aber ich war so genervt! Ich konnte seine Glotzerei einfach nicht mehr ertragen.

„Ich warte, bis du Feierabend hast", sagte er und grinste.

Das schlug dem Fass den Boden aus. Zu diesem ganzen Stress musste ich mir nun auch noch Gedanken machen, wie ich unbeschadet nach Hause kommen sollte! Die Arbeit jedoch ließ keine weiteren Gedanken zu. Erst gegen vier Uhr morgens wurde es endlich ruhiger.

Dieser Typ saß immer noch da.

In der Nacht sah man den Chef kaum. Selten schlurfte er durch die Bar und gab dem einen oder anderen die Hand. Als er nun aber kam, setzte er sich zu diesem Kerl und fing mit ihm ein Gespräch an. Ich war verwundert.

„Wie laufen die Geschäfte?", fragte er ihn.

Der andere nickte nur.

Ich war keine zwei Meter von den beiden entfernt, hatte aber leider das Pech, dass sie in ihre Sprache wechselten und ich kein Wort verstand. Ich spürte, dass sie über mich sprachen. Vielleicht war es Einbildung. Plötzlich stand der junge Typ auf und verließ die Bar. Ich war erleichtert.

Der Chef kam zu mir und wir begannen mit der Abrechnung. Ganz nebenbei erwähnte er: „Mach dir keine Sorgen wegen dem Burschen. Ich habe ihm gesagt, dass er die Finger von dir lassen soll. Ich weiß gar nicht, was das sollte. Er holt sich sonst nur Frauen um die zwanzig."

„Na, dann war das ja ein Kompliment, dass er mit mir nach oben wollte", entfuhr es mir.

„Ein Kompliment, das dich am Ende teuer zu stehen kommen kann."

Ich verstand nur Bahnhof.

„Warum hat er sich nicht einfach eine andere genommen? Es waren doch genug da."

Er schaute mich an und schmunzelte.

„Sie kennen ihn alle und drei der Mädchen arbeiten für ihn."

Da erst wurde mir klar, dass keine der Frauen zu ihm hingegangen war. Keine. Das war ungewöhnlich. Normalerweise stürzten sich sofort mindestens drei Frauen auf den Mann, der das Lokal betrat. Ich hatte meine erste Begegnung mit einem echten Zuhälter!

Während der Abrechnung bekam ich keine Gelegenheit, weiter darüber nachzudenken. Die Mädchen standen Schlange, wollten ausbezahlt werden. Es war unglaublich was einige verdienten, obwohl sie nur fünfzig Mark pro Freier bekamen. Alina brachte es in dieser Nacht auf über tausend Mark. Sie war ein hübsches Mädchen, gerade zwanzig, und wie ich viel später erfuhr, aus Russland. Aber auch die anderen verdienten ihr Geld und keine ging unter dreihundert nach Hause. Der Umsatz in dieser Bar war gewaltig - eine Goldgrube!

„So einen Puff müsste ich haben. Nie wieder Sorgen", dachte ich. Auch mein Verdienst war für mich ein echter Brüller. Zu meiner normalen Bezahlung hatte ich es auf fast fünfzig Mark Trinkgeld gebracht. Geld, was ich dringend brauchte.

Auf dem Weg zum Taxi beschlich mich ein beklemmendes Gefühl. Der Typ fiel mir wieder ein, der die halbe Nacht am Tresen gesessen. Man hörte hier und da von Zuhältern, las etwas in der Zeitung oder sah es im Fernsehen. Aber all das war stets weit weg und niemals Thema für mich gewesen. Nun hatte ich das erste Mal so einen Mann live und in Farbe gesehen.

Ich fröstelte, als ich in das Taxi stieg, obwohl es ein lauer Morgen war.

Erschöpft fiel ich zu Hause in einen tiefen Schlaf. Doch schon bald verfolgten mich Albträume. Ich sah Mädchen, die geprügelt und verschleppt wurden, Männer wie Gorillas, die junge Frauen vergewaltigten. Schweißgebadet wurde ich wach und fragte mich, auf was ich mich da eingelassen hatte.

Aber das Leben lässt einem Menschen nicht immer eine Wahl. Meine Kinder brauchten etwas zu essen, der Strom war immer noch nicht bezahlt und ein anderer Job stand nicht zur Verfügung. Also ging ich am nächsten Abend wieder hin.

Die Nächte waren hart. Die erste Nacht war kein Ausnahmefall. Jede Schicht raubte mir jegliche Kraft. Ich stritt mich mit den „Weibern", wie ich sie inzwischen nannte, um angeblich falsche Abrechnungen. Eine nahm kurzerhand ein Glas und warf es nach mir. Gottlob traf sie nicht. Der Chef hatte sie alle gut im Griff, drohte mit einer Woche Arbeitsverbot und schon kehrte Ruhe ein kehrte Ruhe ein.

Jeden Morgen machte ich die Abrechnungen und konnte kaum glauben, dass eine Frau in einer Nacht so viel Geld verdienen konnte. Ich hatte verstanden, dass man die Verdienstzettel nicht herumliegen lassen durfte, und dass die Zimmer oben offiziell nicht zur Bar gehörten. Denn Geschlechtsverkehr war offiziell hier nicht erlaubt. Es war erstaunlich, dass es selten eine Razzia gab und jedes Mal vorher die Hälfte der Mädchen weggeschickt wurden. Ich konnte mir keinen Reim darauf machen, hatte aber nicht die Zeit darüber nachzudenken. Ärger mit den Freiern gab es so gut wie nie. Sie kamen und gingen so schnell, dass sie meist nicht mal ein Getränk zu sich nahmen. Hin und wieder gerieten die Weiber untereinander in eine Schlägerei. Oftmals gab es mehr als nur ausgerissene Haare. Obwohl ich mich sehr schnell an diese Umgebung gewöhnt und meine Arbeit gut im Griff hatte, war ich nach vier Wochen am Ende meiner Kräfte.

Die Zeit im Club zeigte mir, dass Sven nachts die Kinder zuverlässig betreute. Wenigstens trug er auf diese Weise etwas zu unserem Leben bei und ich brauchte mir in dieser Richtung keine Sorgen zu machen.

Zu Hause hatte ich selten mehr als vier Stunden Schlaf am Stück. Sven saß lieber vor seiner Playstation als mit den Kindern auf den Spielplatz zu gehen oder etwas mit ihnen zu unternehmen, damit ich etwas zur Ruhe kam. Aber Sven sah seine Aufgabe als erfüllt an, wenn er nachts zu Hause war. Wie wenig Schlaf ich bekam, war ihm egal.

Der Strom war inzwischen bezahlt. Es war mir gelungen, vierhundert Mark zu sparen. Dafür ging es mit meiner Psyche rapide bergab. Der ständige Schlafmangel und die anstrengende Arbeit forderten ihren Tribut. Den Kindern gegenüber war ich oft ungerecht. Wegen Kleinigkeiten ging ich an die Wände hoch. Sie wollten doch nur ein bisschen Aufmerksamkeit und verstanden nicht, warum ich morgens länger schlief und sie leise sein mussten. Für sie begann der Tag um halb sieben, wenn ich gerade eine Stunde geschlafen hatte. Mein Sohn war zu klein, um in den Kindergarten zu gehen. Sven hatte keine Lust ihn bei Laune zu halten.

Das Zusammenleben mit Sven war nie leicht. Nun nahm es Dimensionen an, die kaum zu ertragen waren. Er gab viel zu viel Geld aus, welches ich bitter verdient hatte. Neue Klamotten mussten her und endlose Spiele für seine Spielkonsole. Er war maßlos wie ein kleines Kind, das alles haben musste. Ich verdiente eine Menge, aber ich selbst merkte nichts davon. Ich riss mir jede Nacht den hintern auf und die Probleme wurden immer größer! Wütend erwischte ich mich bei dem Gedanken, wie leicht die Weiber doch ihr Geld verdienten! Sie rannten ein paar Mal die Treppe hoch und gingen mit so viel Kohle nach Hause. Davon konnte ich nur träumen. Jeden Morgen, wenn ich die Abrechnung machte, war ich neidisch auf so einen Verdienst. Wie sorglos so ein Leben sein musste - und ich rechnetet die Angebote, die ich Nacht für Nacht bekam, in Geldscheine um.

Mehr als einmal ging ich frustriert nach Hause.

Ich weiß nicht mehr wann ich die Entscheidung traf. Es gab auch keinen speziellen Auslöser. Dass ich körperlich wie seelisch meine Grenzen lange überschritten hatte, war sicher ein Grund und die Tatsache, dass ich jeden Morgen den hohen Verdienst der Frauen sah.

Eines Morgens sagte ich meinem Chef, dass ich vor die Theke wollte.

Ein paar Tage später kam eine neue Theken-Frau und ich begann meine Laufbahn als Hure in einer Bar mit Migrationshintergrund.

3.

Es war nicht so schwer, wie ich es mir vorgestellt hatte. Wenn ich mich an den Club zurückerinnerte, konnte ich die ganze Aufregung nicht mehr verstehen. Vielleicht hat meine Arbeit am Tresen etwas mit meiner Veränderung zu tun gehabt. Ich hatte oft Auseinandersetzungen mit den Weibern und auch einige Diskussionen mit den Freiern, wobei meistens die wenigen Deutschen einen Grund zu meckern fanden. So hatte ich mich schnell in diesem Milieu eingelebt, denn an der Theke musste man hart sein.

Der Gedanke, mit einem der Typen aufs Zimmer zu gehen, machte mir keine Angst mehr.

Mein erster Kunde war ein dicklicher, kleiner Türke, der mich am Tresen ansprach: „Ficki, ficki? Hundert Mark?"

Ich nickte und stieg mit ihm die Treppe hoch.

Vor vielen Zimmern hing eine rote Pappe. Ich wusste diese waren besetzt. Aber das Haus hatte über zwanzig Zimmer. So ließ sich schnell ein freies finden. Die Räume waren kahl und nüchtern eingerichtet, ein Bett, zwei Stühle und mit ein bisschen Glück sogar ein Waschbecken.

Der Mann ließ seine Oberbekleidung an, zog nur die Hose aus. Dabei grapschte er mir an die Brust. Gezahlt hatte er für unten, aber das würde ich ohnehin nie wieder vergessen.

„Ficki, ficki ohne Gummi?", fragte er mich.

„Bist du verrückt?", pflaumte ich ihn an. „Mit Gummi oder nix ficki, ficki!"

„Alle ficki ohne Gummi!", jammerte er.

„Mir egal! Dann geh runter und hol dir eine andere!"

„Nein, nein! Du wunderschöne Arsch. Ficki Arsch?"

„Es reicht jetzt!", schrie ich ihn an. „Du kannst gleich abhauen!"

Ich war erstaunt über meine Selbstsicherheit. Was hatten sechs Wochen Bar mit mir angestellt?

Ich legte mich zu ihm aufs Bett und wollte ihn anheizen, er jedoch sagte: „Nix blasen, mach Hund!"
Damit war nicht gemeint, dass ich bellen sollte. Kaum hatte ich mich umgedreht, war er auch schon hinter mir. Aber war er überhaupt drin? Ein lautes „Oh" und schnell war es vorbei.

Als ich unten auf die Uhr schaute, stellte ich fest, dass ich genau eine viertel Stunde auf dem Zimmer war. Ähnliches wiederholte sich die ganze Nacht durch.

„Ficki, ficki hundert Mark?"
„Ficki ohne?"
„Oh Frau geile Arsch! Ficki Arsch!"
Hier ging es nur um schnellen Sex. Körperliche Nähe und Streicheleinheiten waren hier nicht gefragt, ganz egal, welche Nationalität die Männer hatten. Diese zumeist strammen Burschen wollten Befriedigung, unkompliziert und schnell. Kein Gang aufs Zimmer lag über fünfzehn Minuten. Manchmal war es nicht mal nötig den Rock auszuziehen. Einige verstanden kein Wort Deutsch und brachten nur den einen Satz heraus: „Kosten 100 Mark?".

Die Nacht neigte sich dem Ende zu. Ich hatte mehr als fünfhundert Mark verdient. Dabei war ich lange nicht so kaputt, wie ich es bei der Tresen-Arbeit gewesen war. Erst als ich die Abrechnung auf der anderen Seite machte, stellte sich ein seltsames Gefühl ein. Nun war ich also eine Hure. Und dazu eine, das Geld verdiente. Ein Hochgefühl, gekoppelt mit Zuversicht machte sich breit. Ganz tief in mir wollte sich eine winzige Stimme zu Wort melden. Aber ich weigerte mich ihr zuzuhören.

Zu Hause angekommen weckte ich Sven und erzählte von meiner Nacht. Er freute sich riesig.

Am nächsten Tag kaufte er sich Domani-Stiefel für dreihundertzwanzig Mark.

Mit dem Beginn meiner Prostitution veränderte sich das Verhältnis zu den Weibern. Einige ließen mich spüren, dass ich nicht erwünscht war. Vielleicht fürchteten sie die Konkurrenz. Andere sprachen kein Wort mit mir und ich fragte mich, ob sie wohl der deutschen Sprache nicht mächtig oder stumm waren.

Nur mit einer kam ich ins Gespräch. Sie war weit über vierzig. Das sah man ganz genau, aber sie behauptete, die dreißig noch nicht lange überschritten zu haben. Auf ihrem Kopf hatte sie sich künstliche Dreadlocks machen lassen, das Make-up war viel zu dick aufgetragen und im Dekolleté zeigten sich tiefe Falten. Ihr Künstlername war Nicki.

Ich hatte schon wochenlang das Gefühl, dass hier niemand unter seinem richtigen Namen arbeitete. Da man mich jedoch vom Tresen her kannte, blieb mir keine andere Wahl als meinen Namen beizubehalten.

Nicki war viele Jahre in dem Job und kannte sich mit allem aus, was eine Hure wissen musste. Mit gerade achtzehn Jahren stand sie in Dortmund im Puff und wechselte alle zwei Monate durch die Städte. Sie schimpfte, dass man schon eine ganze Weile nicht mehr „auf Falle" arbeiten konnte, „Blasen" ohne Gummi wohl modern war und die ganzen ausländischen Weiber die Preise kaputt machten. „Auf-Falle-arbeiten", das war mir kein Begriff, aber Nicki war geduldig. Sie erklärte mir, dass es ein Trick war, den Schwanz nur scheinbar vaginal einzuführen, ganz hervorragend auch geeignet, um einen Analverkehr vorzutäuschen.

Das brachte mich auf eine Idee.
Beim nächsten: „Ficki Arsch?", sagte ich: „Ja, klar! Kostet fünfzig Mark extra."

Innerhalb kürzester Zeit war ich Meister im „auf-Falle-arbeiten" und bald sprach es sich herum, dass mein Arsch zur Verfügung stand. Mein Verdienst schoss von diesem Tag an in die Höhe.

Nicki war eine der wenigen Frauen, die länger als acht Wochen in dieser Bar war.

„Hier habe ich einen guten Job", erklärte sie. „Ich verdiene mein Geld und es ist eine saubere schnelle Arbeit."

Aus meiner Tresen-Zeit wusste ich, dass sie im Schnitt dreihundert Mark am Abend verdiente. Im Gegensatz zu den anderen war das recht wenig.

„Die Zeiten haben sich geändert", sagte sie. „Das schnelle Geld ist nicht mehr so leicht zu verdienen."

Ich schaute sie fragend an.

„Als ich angefangen habe, gab es kaum ausländische Mädchen. Die Freier mussten viel mehr bezahlen. Oft hab ich an nur einem Mann siebenhundert Mark verdient. Damals konnte man in diesem Job an einem Tag locker 3000 DM schnappen."

Ich hörte ihr zu, dachte aber, dass sie ganz schön übertreibt.

„Was hat sich denn seit damals verändert?", fragte ich sie und in Gedanken schob ich die Frage: „Was zum Teufel hat sie mit der ganzen Kohle gemacht?", hinterher.

„Es gab weitaus weniger Frauen, die sich verkauft haben", erzählte sie. „Heute stehen sie an jeder Ecke! Wenn ich sehe, wie viele Privat-Wohnungen es gibt, geschweige denn so viele Bars! Das Angebot an Frauen ist zu groß geworden und letztendlich bin ich einfach älter geworden. Mit zwanzig verdienst du ein Vermögen, mit dreißig noch das Notwendigste und mit vierzig bleibst du besser zu Hause, bis du sechzig bist."

Ich konnte mir keinen Reim auf diese Aussagen machen, wollte aber nicht dumm dastehen, also schwieg ich für einen Moment. Viele Fragen brannten mir auf der Zunge.

„Ich bin totaler Neuling", fing ich an „und hab´ überhaupt keine Ahnung von diesem Geschäft. Vielleicht magst du mir die ein oder andere Frage beantworten?"

Ich wollte es mir mit ihr nicht verderben. So redselig hatte ich sie noch nie erlebt und es gab niemanden sonst, den ich hätte fragen können.

„Klar", sagte sie. „Nur zu, ich könnte ein Buch da drüber schreiben."

„Was sind private Wohnungen? Arbeiten dort Hausfrauen?"

Nicki konnte sich ein Lächeln nicht verkneifen.

„Nein. Es sind Frauen wie du und ich. Nur das sie meist tagsüber arbeiten und sich einbilden, dass sie etwas Besseres sind. Sie sitzen in kleinen Wohnungen, meist zu zweit oder zu dritt. Ihre Preise sind oft viel höher als unsere."

„Die Ausländerinnen. Warum machen sie das Geschäft kaputt?" Ich verstand das nicht. Hier arbeiteten sowohl deutsche als auch ausländische Mädchen und alle verdienten irgendwie.

„Das ist ein heikles Thema", erklärte Nicki. „Die Luden schleppen sie meist illegal hier herüber. Dann stehen sie für ein paar Wochen irgendwo. Sie sind jung, sie sind hübsch und sie sind neu. Neue Frauen verdienen immer am Anfang."

Ich dachte an meine Zeit im Club. Da war ich auch neu und hatte nichts verdient. Waren Luden Zuhälter? Ich mochte nicht fragen und hoffte einfach, dass ich später eine Antwort darauf bekam.

„Die meisten von diesen Frauen zocken die Freier ab! Bevor die das kapiert haben, sind sie weg, stehen in der nächsten Bar oder im nächsten Puff."

Das war also der Grund, warum einige Mädchen plötzlich weg waren und durch neue ersetzt wurden.

„Dazu kommt, dass viele von ihnen ohne Gummi schaffen. Das bringt uns die Seuche ins Haus und dass die Freier versaut sind, weil sie nur noch „ohne" wollen."

„Ficki, ficki ohne?", fiel mir dazu ein.

Ich verstand langsam die Zusammenhänge und warum kurz vor einer Razzia viele Mädchen verschwanden. Stellte sich mir die Frage, woher die wussten, wann Kontrolle war?

Leider wurde unsere Unterhaltung unterbrochen. Die Arbeit rief und ich kam in dieser Nacht nicht mehr dazu, weiter mit Nicki zu reden.

Die Situation zu Hause entspannte sich. Ich brachte viel Geld nach Hause und wir konnten uns eine Menge leisten. Sven schien das zu würdigen. Er zeigte sich von seiner besten Seite, war zuvorkommend wie nie in unserer Beziehung, brachte mir Frühstück ans Bett, massierte mir die Füße und war zärtlich ohne Ende. Des Nachts betreute er unsere beiden Kinder und er ließ mich schlafen, bis ich von allein wach wurde. Vor allem sorgte er für Ruhe, die ich so dringend brauchte. So einfach konnte es sein - wenn das Geld stimmt.

Man sollte meinen, dass sich der Sex zwischen uns negativ verändert hätte. Dem war nicht so. Ich glaube, wir hatten den besten Sex in der Zeit, als ich anfing anzuschaffen.

Irgendwann erzählte er mir, dass es ihn total anmachte, wenn er daran dachte, dass ich mit anderen Männern schlief.

Ich erwähnte nicht, dass man das wohl eher nicht als „miteinander schlafen" bezeichnen konnte. Eigentlich erzählte ich nie viel von meiner Arbeit und er fragte nicht.

Alles was ihn interessierte war mein Verdienst!

Innerhalb kürzester Zeit war ich die finanziellen Sorgen los. Wir hatten inzwischen alle ausstehenden Rechnungen bezahlt, und das klapprige Auto wurde durch einen schönen, wenn auch alten BMW ersetzt. Er hatte 3000 DM gekostet. Daran wäre ein paar Wochen zuvor niemals zu denken gewesen.

Damals konnte ich nicht benennen, was der Einstieg in die Hurerei für mich bedeutete. Ich hatte das erste Mal keine finanziellen Sorgen. Das Leben zu Hause war erstaunlich harmonisch und friedlich.

Mit jedem Tag fand ich bei meiner Arbeit ein Stückchen mehr Selbstsicherheit. Die Tatsache, dass viele Männer Geld für ein paar Minuten Sex mit mir ausgaben, machte mich irgendwie stolz. Ich fühlte mich schön und begehrt wie nie. Zweimal die Woche ging ich ins Solarium, hatte mir eine neue Frisur machen lassen und konnte es mir leisten zur Maniküre zu gehen.

Mein Kleiderschrank wurde mit vielen neuen Sachen gefüllt. Nun saß auch ich in Strass-Kleidern auf den alten, abgewetzten Sofas.

Ich glaube nicht, dass es lange gedauert hat, bis sich meine Einstellung Männern gegenüber änderte. Vielleicht kam es schleichend. Es bezog sich am Anfang ausschließlich auf die ausländischen Kunden. Plötzlich konnte ich ihren fremdartigen Geruch nicht mehr ertragen. Ich hatte das Gefühl, dass sie mich nicht als menschliches Wesen betrachteten, sondern als Gegenstand, an dem man seine Lust abreagiert.

Schnell war es vorbei mit dem Stolz begehrt zu sein. Immer mehr spürte ich die Ablehnung in mir und es dauerte nicht lange, da kam Ekel dazu.

Auch mein Wesen veränderte sich nicht schlagartig.
Stückchen für Stückchen wurde ich skrupelloser und härter.
Ich behandelte die Freier wie Dreck, arbeitete hauptsächlich „auf -Falle". Erst als das Kind schon in den Brunnen gefallen war, merkte ich, dass mein Verdienst abnahm.
Auch das kam schleichend und nicht über Nacht.

Hatte ich an manchen Nächten tausend Mark und mehr verdient, gab es plötzlich Zeiten, wo ich gerade fünfhundert mit nach Hause nahm. Von da an ging´s bergab.

Ich fragte Nicki, ob sie eine Erklärung dafür hätte, warum ich in der Verdienstskala fiel.

„Du bist nicht mehr neu, Tina", sagte sie zu mir. „Die Freier sind nicht dumm! Es spricht sich sehr schnell herum, wenn jemand „auf-Falle" arbeitet. Früher, als alle Frauen das gemacht haben, war das kein Problem. Aber in der heutigen Zeit gibt es zu viele, die ihn wirklich reinstecken. Damit kann man nichts mehr werden. Dazu kommt, dass du als unschuldiges Mädchen angefangen hast. Du warst neu und unkompliziert. Nun gehörst du fast zum alten Eisen."

Ich konnte es nicht glauben. Ich war gerade drei Monate hier!

Als ich bei durchschnittlich dreihundert Mark Verdienst angelangt war, fing ich an mir Sorgen zu machen. Man gewöhnt sich so schnell an Geld und auch mein Mann schmiss es mit vollen Händen aus dem Fenster. Er nörgelte, wenn mein Verdienst so gering war, und ließ es mich deutlich spüren, wie wenig ihm das gefiel. Er entzog mir einfach seine Aufmerksamkeit.

Ich war selbst kein besonders sparsamer Mensch. Die vielen Jahre der Entbehrungen wollte ich vor allem für die Kinder wiedergutmachen. So hatten sie das modernste Spielzeug und neue Klamotten bekommen. Auch unser Schlafzimmer war erneuert worden. Das Leben an sich kostete plötzlich so viel mehr als vorher. Ich brauchte Kosmetik, ging zum Nagel-Design und erlaubte mir viele Dinge, auf die ich so lange verzichten musste. Gespart hatte ich nichts, denn ich war es ja gewohnt, dass jede Nacht neues Geld kam.

Eines Tages legte mein Mann mir eine Anzeige aus der Zeitung vor:

Nette Dame für Privat-Club gesucht.
Tagesschicht.

Ich schaute ihn fassungslos an. Immerhin verdiente ich noch ein Vermögen im Vergleich zu manch anderen Menschen.

„Warum soll ich denn wechseln?", fragte ich ihn.

„Wieso wechseln? Du kannst doch zwei zusätzliche Tage machen! Pass mal auf, was ich dir sage. Es dauert nicht mehr lange und du verdienst da keinen Pfifferling mehr! Willst du, dass alles wieder so ist wie früher?"

Ich war stinksauer. Der hatte doch nicht mehr alle Tassen im Schrank! Sechs Nächte in der Woche saß ich in dieser Bar, ließ irgendwelche Kerle über mich drüber rutschen und nun sollte ich noch tagsüber anschaffen?

„Wie soll ich das denn machen? Darf ich vielleicht auch mal schlafen und ein bisschen was von meinen Kindern haben? Stell du doch dein Arsch irgendwo hin! Schaff du die Kohle ran!", schrie ich ihn an.

Ich war so wütend, schmiss einen Aschenbecher an die Wand, stieß Tisch und Stühle um.

Nachdem ich eine Stunde getobt hatte, meine Kinder sich in ihrem Zimmer versteckten und Sven mundtot war, kam ich wieder zu mir. Ich weinte. All die Wut war so plötzlich weg, wie sie gekommen war. Zurück blieb nur eine totale Verzweiflung. Ich wollte nicht zurück in die Armut. Sven nahm mich in die Arme, hielt mich und streichelte mein Gesicht.

„Ich hab es doch nicht böse gemeint", sprach er mit rührender Stimme auf mich ein, „du musst ja nicht dahin gehen."

Doch ich weinte weiter und konnte mich nicht beruhigen. Ich erkannte mich selbst kaum wieder. Undefinierbare Angst schnürte mir die Kehle zu. Was war mit mir geschehen, dass die Wut so heftig aus mir herausbrach und ich meiner Wut so hilflos ausgeliefert war. Ich war schon immer ein Mensch mit viel Temperament gewesen. Solche massiven Ausbrüche kannte ich nicht von mir! Auch diese entsetzliche Angst, die mir den Atem nahm, war neu für mich.

Ein paar Stunden später saß ich wieder strahlend in der Bar.
Es dauerte nicht lange, da gab es Nächte, in denen ich nichts verdiente.

Ich heulte mich bei Nicki aus.

„Hör zu, Tina", sagte sie, „du musst noch viel lernen! Wenn du neu bist, rennen dir die Freier die Tür ein. Wenn du sie Scheiße behandelst, bleibt dir nur eine kurze Zeit, schnelles Geld zu machen und dann musst du wandern. So wie viele andere Mädchen hier. Sie ziehen von Stadt zu Stadt. Bis sie wieder hier sind, hat die Männerwelt sie vergessen. Dann geht das Spiel von vorne los. Wenn du an einem Ort bleiben willst, darfst du nie vergessen, wer dich füttert! Sei nett zu den Männern, schaff dir Stammpublikum. Ich verdiene hier nicht das ganz große Geld. Doch durch meine Stammfreier habe ich alles, was ich brauche."

Sie hatte Recht. Aber diese Einsicht kam für mich zu spät, denn in dieser Bar hatte ich meinen Ruf weg.

Am nächsten Tag rief ich bei der Anzeige an.
Sven hatte den Zettel verwahrt.

4.

Ich stellte mich unter dem Namen Josefine vor. Sven hatte die Idee aus Pornofilmen von Josefine Mutzenbacher. Der Laden lag ein Stück außerhalb der Stadt. Von außen wirkte er nicht wie ein Puff, sondern sah eher wie ein gewöhnliches Wohnhaus aus. Alles wirkte neu, gehobene Ausstattung. Der Chef war ein Mann um die fünfundvierzig Jahre, gepflegt und in teuren Klamotten, mit ruhiger Ausstrahlung. Ich sagte ihm, dass ich nur drei Tage der Woche für höchstens sechs Stunden arbeiten wollte. Er war damit einverstanden und erklärte mir die Konditionen. Wie auch in den anderen Läden musste ich hier die Hälfte meines Verdienstes abgeben. Er sorgte für Kondome, Sauberkeit und Sicherheit.

„Den Namen müssen wir ändern!", sagte er. „Der ist viel zu lang für die Werbung. Kürzen wir ihn ab auf Josy. Das klingt nett, vor allem nicht so gewöhnlich."

War mir auch recht. Ob ich Josy oder Josefine heißen würde, war mir doch egal!

Er zeigte mir den Arbeitsbereich. Dieser hatte eine separate Eingangstür und befand sich im Kellergeschoss. Auch da war alles nagelneu eingerichtet und elegant mit teuren Accessoires ausgestattet.

„Das sieht alles sehr neu aus", staunte ich.

„Ja, wir haben erst vor einer Woche eröffnet. Eigentlich sollte der Laden schon vor vier Wochen aufmachen, aber es dauert seine Zeit, bis man die passenden Mädchen gefunden hat. Du hast bis jetzt nur eine Kollegin. Wichtig ist, dass niemand unter Preis arbeitet! Sandy wird dir gleich alles erklären."

Josy, Sandy. Das passte ja.

Wie ein Mädchen sah Sandy nicht aus. Alternde Hure wäre ein böses Wort gewesen, das aber nicht abwegig war. Sie hatte die Vierzig, wenn nicht gar die Fünfzig schon überschritten. Das Gesicht sah verlebt aus. Doch sie machte einen freundlichen Eindruck und hatte eine erstaunlich gute Figur. Obwohl sie schlank war, hatte sie eine enorme Oberweite.

„Der liebe Gott gab mir nicht viel", sagte sie lachend, „da hab´ ich es mir selbst genommen."

Sandy klärte mich auf, wie der Laden hier lief. Die Preise waren ähnlich wie bei dem Club, indem ich angefangen hatte. Ohne Gummi war hier Todsünde! Sandy bot eine Menge Sonderwünsche an, die extra bezahlt wurden. Analverkehr kostete hundert Mark extra, NS ging erst ab zweihundert los. Was NS bedeutete, hatte ich in der Bar aufgeschnappt. Ich konnte mir kaum vorstellen, dass es Männer gab, die sich anpinkeln ließen und dafür auch noch Geld bezahlten. Aber in diesem Geschäft gab es so vieles, was jenseits meines Horizontes lag.

Sandy machte alles, was sich ein Freier nur wünschen konnte. Sie ließ sich auch fingern und von manchen sogar küssen, was unter Huren eigentlich unmöglich war. Doch was nutzte Unmöglichkeit, wenn der Rubel nicht mehr rollte? Da musste man halt Abstriche machen, war Sandys Devise.

Die Zeitungsanzeige brüstete sich mit einer tabulosen reifen Dame, BH-Größe Doppel D.

Es war mir neu, dass die Freier anriefen.

„Hallo?", meldete sich Sandy am Telefon. „Ja, du sprichst mit Sandy. Los geht es bei hundert Mark", hörte ich sie sagen. „Ja, ich bin tabulos."

Ich konnte immer nur ihre Antworten hören.

„Sicher mache ich es dir ohne Zeitdruck. Komm einfach in die Finkengasse 6. Schellen musst du bei Sommer. Bis gleich, Süßer!"

Sie legte den Hörer auf und erklärte mir: „Du musst am Telefon sexy klingen. Mach niemals Versprechungen, die du nicht halten kannst. Wenn er etwas will, was du nicht bieten kannst, sag einfach, dass du es nicht machst, aber du glaubst, deine Kollegin macht es."

Beim nächsten Anruf ließ sie mich rangehen. Ich meldete mich mit aufreizender Stimme. Früher hatte man mir mal gesagt, ich hätte eine Telefon-Sex-Stimme. Damals war ich total entrüstet.

Der Freier ließ sich Zeit mit dem Gespräch, fragte nach dem Service und wie wir gebaut waren. Ob wir etwas ohne Gummi machten und ob die Dame, die Anal machte, auch schön eng wäre. Seine Stimme wurde hektischer. Ich ahnte bereits, was kommen würde. Noch ehe ich die Adresse nennen konnte, hatte er aufgelegt.

Ich machte ein verdattertes Gesicht. Sandy prustete los. Ich hatte einen Telefonwichser erwischt.

„Fass dich kurz. Erkläre ihm in kurzen Sätzen, was ihn erwartet. Wenn du bemerkst, dass er das Gespräch hinauszögert, sag ihm, den Rest erzählst du ihm gerne hier."

Ich war wieder ein bisschen klüger.

An diesem Tag war ich nur wenige Stunden im Laden. In der Zeit schellte ein Freier. Er entschied sich für Sandy und sie verschwand mit ihm eine Stunde aufs Zimmer.
Ich hörte sie stöhnen und quieken. Das hatte ich in der ganzen Zeit in der Bar nie so gehört. Es konnte doch unmöglich eine Hure geben, die dabei Spaß hatte!
Ich nahm mittlerweile kein Blatt mehr vor den Mund und fragte sie direkt nach diesem Vergnügen.
Sie lachte: „Schätzchen, mach ihm eine gute Show, dann kommt er bestimmt wieder."

Ein einziger Tag im Privat-Club, und ich hatte so viel gelernt. Abends saß ich in der Bar und dachte darüber nach.
Ich hatte genug Zeit dazu.

Zu Hause wurde es ungemütlich. Mein Mann war von den Kindern genervt, da er beide den ganzen Tag an der Backe hatte. Dazu hatte meine Tochter die Nacht über erbrochen und als ich um halb sechs zu Hause war, fand ich beide als Nervenbündel vor. Ich war auch fix und fertig von meiner Doppelschicht; konnte nicht mal Geld vorweisen. Sven war außer sich.

Wir stritten noch fast zwei Stunden. Bis ich in den Schlaf kam, war es schon neun Uhr. Um zwölf stand ich schon wieder auf, denn das Geld war knapp. Ich hoffte im Privat-Club etwas verdienen zu können.

Tatsächlich kamen einige Freier und einer blieb bei mir hängen. In Sandy hatte ich eine echte Konkurrenz, was ich nie gedacht hätte. Aber ich machte den Service nicht, den sie anbot. Mit ihrer Oberweite konnte ich auch nicht mithalten.
Der Kunde, der sich für mich entschieden hatte, buchte eine Stunde und es war die Hölle. Er bekam keinen hoch, egal wie sehr ich mich bemühte. Am Ende der Zeit wollte er sein Geld zurück, weil er nicht zum Schuss gekommen war. Er beleidigte mich, brüllte mich an und einen kurzen Moment sah es so aus, als wollte er mich schlagen. Gott sei Dank war Sandy sofort zur Stelle. Geschickt manövrierte sie ihn hinaus, ohne dass es zu Handgreiflichkeiten kam.
Für einen Moment dachte ich an die Zeit in der Bar, wo ich jeden Morgen mit den Taschen voll Geld nach Hause ging. Die Freier dort waren unkompliziert, das Geld relativ einfach verdient. Für diesen Tag hatte ich die Schnauze voll, fuhr nach Hause und meldete mich in der Bar krank.

Am Abend trank ich eine ganze Flasche Wodka, stritt mit Sven und anschließend kotzte ich mir die Seele aus dem Leib.
Sven hatte am nächsten Morgen kein Erbarmen. Er weckte mich zeitig, damit ich pünktlich im Club erscheinen konnte.

Sandy war wirklich eine ganz Nette und ich konnte super mit ihr reden. Ich erzählte ihr von meinen Problemen und war dankbar für ihr offenes Ohr. Ich hatte immer noch einen dicken Kopf. Mein Magen hatte sich auch noch nicht beruhigt. Sie kochte mir einen Tee und ich war ganz verwundert, dass sie eine mütterliche Seite hatte. Noch erstaunter war ich, als sie mir erzählte, dass sie Mutter von vier Kindern war. Sie waren inzwischen alle erwachsen, aber sie hatte sie unter schwersten Bedingungen allein großgezogen. Noch nie hatte mir eine Frau aus dem Milieu solche privaten Dinge erzählt.

„Du hast deinen Weg falsch angefangen", erklärte Sandy mir. „Eigentlich brauchst du in die Bar nicht wieder hinzugehen. Diese Chance ist vertan. Für den privaten Bereich musst du noch viel lernen. Du hast eine natürliche Ausstrahlung und kannst daraus eine Menge machen. Es gibt so viele perfekte Mädchen, jung und sexy. Aber es gibt auch viele Freier, die vor solchen Frauen Angst haben oder sich denken, dass sie nur abgezockt werden. Dass du am Anfang so viel verdient hast, lag daran, dass du unschuldig ausgesehen hast - kein kaltes Gesicht, nichts Berechnendes an dir."

Mich erstaunte diese Aussage, denn ich fand mich schrecklich berechnend.

„Nein", sagte sie, „das kam ganz sicher erst nach ein paar Wochen. Das Schlimmste, was einem Mädchen passieren kann ist, dass es niemand richtig in das Geschäft einführt."

Diese Gelegenheit sollte ich bald bekommen, denn als ob er bestellt gewesen wäre, klingelte ein Freier. Er wollte einen flotten Dreier machen.

„Magst du?", fragte Sandy mich und war schon dabei zu kassieren. Ich nickte, obwohl ich keinerlei Ahnung hatte, was mich da erwartete.

Sandy bewegte sich tänzelnd auf den Gast zu, streichelte ihn und zog ihn langsam aus. Schnell war sie aus ihrem Kleid gestiegen, drückte ihre Brüste gegen seinen Körper. Er schloss die Augen und genoss ihre Berührungen. Langsam zog sie ihn aufs Bett, streichelte ihn immer weiter, ließ dann ihren ganzen Körper über ihn gleiten. Ich lag ein wenig hilflos daneben, aber sie lächelte mich an und so kümmerte ich mich um sein bestes Teil.

„Du machst mich ganz geil!", gurrte Sandy.

Ich merkte, wie der Freier immer mehr in Fahrt kam und bemühte mich meinen Teil dazu beizutragen. So richtig sicher war ich mir nicht bei dem, was ich ihm bot. Ich kannte nur den schnellen Sex in der Bar. Da war weder Fantasie noch Erotik gefragt. Sandy jedoch verwöhnte den Mann so, als ob sie aus purer Lust handelte. Ich hätte in diesem Moment beim besten Willen nicht sagen können, ob sie nicht doch geil auf den Typen war.

Nach einer Stunde war alles vorbei. Ich fand, es war gut gelaufen. Der Typ machte einen zufriedenen Eindruck, und als er sich verabschiedete, sagte er: „Bis bald, ihr Süßen."

Leider war Sandy nicht ganz so zufrieden.

„Du musst wirklich noch viel lernen! Versuch dir einfach vorzustellen, du hast den besten Sex mit dem schönsten Mann der Welt. Zeig mehr Gefühl! Es ist wurscht was du fühlst! Wichtig ist, was der Mann glaubt, dass du geil bist und er ein hervorragender Liebhaber! Eine gute Hure ist eine gute Schauspielerin."

Ich nahm mir ihre Worte zu Herzen.

In der Bar meldete ich mich weiterhin krank und erklärte, dass ich wahrscheinlich einige Tage für die Genesung brauchte. Mir gefiel es in dem Club besser, auch wenn mein Verdienst nicht besonders hoch war.

Niemals hätte ich geahnt, was zu Hause auf mich wartete.

„Du kommst spät!", empfing mich Sven. „Die Schicht in der Bar hat schon angefangen! Hat dich ein Freier aufgehalten?"

„Nö. Ich hab mich krankgemeldet."

„Bist du noch bei Trost? Ist dir klar, wie wenig du in der letzten Zeit verdient hast? Da kannst du dir das nicht erlauben, einen auf „Krank" zu machen!"

Seine Stimme hatte einen vorwurfsvollen Klang angenommen.

„Das sagt der Richtige! Der seinen Arsch seit Jahren nicht hochbekommen hat und nun fett von meinem Geld lebt!", konterte ich, ohne mir erklären zu können, warum ich neuerdings so schnell auf hundertachtzig war und ihn am liebsten erwürgt hätte.

„Bildest du dir ein, ja? Ich mach ja auch nichts dafür! Der Haushalt putzt sich von selbst, ja? Einkaufen, kochen und mich vierundzwanzig Stunden um die Blagen kümmern!"

Er kam in Fahrt, ich nicht minder.

„Klar! Der teuerste Hausmann der Welt! Um deinen Stundenlohn beneiden dich sicher viele! Und in der Zwischenzeit? Playstation lässt grüßen!"

„Du bist ein Miststück! Kümmere ich mich nicht liebevoll um dich? Lass dir Badewasser ein, massiere dir die Füße, halte dir jeden Stress vom Leib! Jetzt kommst du mir so um die Ecke?"

Für einen Moment war ich mundtot.

„Weißt du was? Ich verpiss' mich jetzt! Sieh' doch zu, wie du mit allem fertig wirst!", schrie er, schmiss die Tür hinter sich zu und weg war er.

Ich kochte vor Wut, musste mich aber beherrschen, weil mein kleiner Sohn in seinem Bettchen zu weinen anfing. Ich versuchte mich zusammenzunehmen und den kleinen Burschen zu beruhigen, doch es fiel mir verdammt schwer. Nach Mitternacht war endlich wieder eingeschlafen. Von Sven fehlte jede Spur. Ich wollte eigentlich nicht klein beigeben, aber plötzlich hatte ich Angst, dass er wirklich nicht mehr nach Hause kommen würde.

„Hey, wo bist du? Ich mach mir Sorgen!", schrieb ich ihm in einer SMS.

Eine ganze Stunde lang musste ich auf die Antwort warten.

„Was willst du?", kam endlich als SMS zurück.

„Wissen, wann du nach Hause kommst!"

„Vergiss es! Ich lass mir nicht noch mal sagen, dass ich von deinem Geld lebe!"

Ich wusste nicht, was ich darauf schreiben sollte, denn ich war doch im Recht! Nach einiger Zeit schrieb ich: "Wir können doch noch mal zusammen reden."

Langsam bekam ich Panik, dass er wirklich wegbleiben würde.

Ich liebte diesen Mann! Plötzlich fand ich, dass er zum Teil auch Recht hatte. Er kümmerte sich wirklich um alles und war mir gegenüber liebevoll und fürsorglich.

Wenn das Geld stimmte ...

Aber das hatte ich in dieser Nacht noch lange nicht begriffen.

„Bitte komm nach Hause! Ich liebe dich!", schrieb ich, als er sich nicht wieder meldete.

Es war inzwischen zwei Uhr vorbei. Doch das Handy schwieg. Ich legte mich ins Bett und versuchte mich zu beruhigen. Mein Herz hämmerte in meiner Brust. Ich bekam kaum Luft. Regelrechte Panik übermannte mich und ich hätte nicht erklären können, warum.

Um fünf Uhr morgens hörte ich den Schlüssel in der Tür. Ich stürzte aus dem Bett und fiel ihm in die Arme. Sofort brach ich in Tränen aus. Sven hielt mich und streichelte mir über die Haare.

„Schon gut, mein Mädchen. Ich weiß ja, du hast es nicht so gemeint. Manchmal gehen die Nerven mit dir durch. Aber ich bin ja jetzt da!"

Am nächsten Tag saß ich wieder im Club und abends in der Bar.

Sechs Tage die Woche schuftete ich Doppelschichten. Sechs Stunden Club, anstatt drei Stunden, wie ich es ursprünglich vor hatte und dazu noch im Anschluss acht Stunden Bar. Mein Wochenverdienst lag bei etwa bei 2500 DM.

Sven war liebevoll und fürsorglich, wenn ich denn mal zu Hause war und nicht schlief.

Im Club gefiel es mir gut. Ich hatte fast immer gute Laune. Die meisten Männer waren gepflegt und zum größten Teil wirklich nett., auch wenn sie viel anstrengender als meine Kunden aus der Bar waren, da sie mehr erwarteten als nur eine schnelle Nummer. Sie wollten verwöhnt werden, genossen Streicheleinheiten und waren oftmals bereit ein bisschen zurückzugeben. Ich begann ihnen zuzuhören, wenn sie von ihren sexuellen Träumen sprachen oder von den Problemen mit ihren Ehefrauen. Das gefiel ihnen gut. Mein Service wurde besser, denn ich hatte mir Sandys Ratschläge sehr zu Herzen genommen und begegnete den Freiern anders. Sie belohnten mich dafür, indem sie wiederkamen und gern mal ein Scheinchen mehr ausgaben.

Eines Tages klingelte es an der Tür und Sandy öffnete sie.
„Hey, euch habe ich ja schon eine Weile nicht gesehen. Kommt rein! Wollt ihr einen Kaffee?"
Eine Frau und ein Mann betraten den Club. Ein Paar hatte ich noch nie in diesem Etablissement gesehen.
„Hallo Sandy, und wen haben wir denn da?", begrüßten sie mich. Ich setzte mein erotisches Lächeln auf und säuselte:
„Ich bin die Josy."
Sandy machte den Kaffee fertig. Ich fragte, ob die beiden aufs Zimmer wollten. Das Lachen der beiden war schon fast herzlich.
„Nein, wir sind von der Kontrolle."
Seltsam, dachte ich, im Privatclub Kontrolle?
In der Bar sah das immer anders aus. Da kamen sie um zu überprüfen, ob die ausländischen Mädchen Papiere hatten und um sicherzustellen, dass in der Bar kein Geschlechtsverkehr stattfand. Während Sandy ein paar Kekse zusammenstellte, sagte sie zu mir: „Geh mal an meine Tasche. Da ist mein Bockschein drin. Bring deinen auch gleich mit."
Bockschein? Ich musste sie ziemlich dumm angestarrt haben, denn sie holte das verlangte Papier selber, das wie ein Ausweis aussah und legte es auf den Tisch.
„Josy?" Sie stieß mich an. „Deinen Bockschein!"
„Bockschein", stammelte ich, „keine Ahnung."
„Du weißt nicht, wo er ist?", fragte Sandy mich.
„Nein", sagte ich, „was das ist weiß ich nicht!"
„Du machst mir Spaß!" Sandy schaute mich entsetzt an.

„Wie lange arbeitest du hier?", fragte die Beamtin.

„Sie hat vor drei Tagen angefangen", antwortete Sandy für mich.

Ich wollte widersprechen, kam aber rechtzeitig zur Besinnung.

„Ja, ich bin ganz neu", warf ich kleinlaut ein.

„Hast du vorher irgendwo angeschafft?", fragte nun der Mann.

„Nein", sagte ich, „das erste Mal hier."

„Und du warst noch nicht beim Bock?"

„Ich weiß nicht, was ein Bock ist!"

Nun wurde mir aber langsam komisch.

„Zweihundertfünfzig Mark Strafe, wenn du das erste Mal ohne Schein erwischt wirst. Fünfhundert beim zweiten, und beim dritten Mal ein Monat Arbeitsverbot mit einer Strafe bis zu fünftausend Mark", erklärte der Mann.

Ach du dicke Neune.

Sandy ergriff das Wort: „Es ist meine Schuld! Ich hätte sie fragen und aufklären müssen. Ich hab´s einfach vergessen. Schließlich kann sie die Vorschriften nicht kennen, denn sie hat vorher noch nie angeschafft! Ich arbeite auch nicht so oft mit Neulingen und habe wirklich nicht daran gedacht."

Sie versuchte, meinen Hintern zu retten. Ich war ihr dankbar dafür. Die beiden Beamten tauschten untereinander Blicke aus.

„Ok. Wir wollen das jetzt einfach so glauben. Wir kommen nächste Woche wieder. Dann muss der Schein da sein! Heute gibt es eine Verwarnung. Erwischen wir dich erneut, wird es teuer!"

Man, da war ich aber erleichtert, auch wenn ich immer noch keine Ahnung von dem hatte, was sie von mir wollten. Die beiden tranken ihren Kaffee aus, ließen sich noch meinen Personalausweis zeigen und verschwanden wieder.

„Das hätte ins Auge gehen können!", sagte Sandy. „Warum bist du denn nicht zur Untersuchung gegangen?"

„Was für eine Untersuchung denn?" Inzwischen war ich aufgebracht.

„Beim Gesundheitsamt! Alle zwei Wochen Abstrich und alle drei Monate Blutuntersuchung. Alle Frauen müssen das. Sie bekommen dann diesen Schein, in dem steht, dass du da warst. Damit bist du registriert."

„Mir hat noch nie jemand was davon gesagt."

„Das gibt es doch gar nicht." Sandy war fassungslos.

„Haben sie das in der Bar nicht verlangt?"

„Nö. Davon war nie die Rede."

„Was ein Dreckstall! Montag gehen wir direkt zum Gesundheitsamt. Ich bin dann sowieso dran. Ich hol dich ab. Wo wohnst du denn genau?"

Ich erklärte ihr meine Anschrift und montags um neun Uhr pünktlich stand sie vor dem Haus.

Auf dem Gesundheitsamt tummelten sich erstaunlich viele Frauen. Sandy schien einige davon zu kennen. Als ich das Vorzimmer betrat, war ich ganz schön nervös. Zwar machten mir Frauenarzt-Besuche keine Angst, aber die Ungewissheit, dass ich mich mit irgendetwas Schlimmerem angesteckt haben könnte, nagte in mir. Obwohl ich nie ohne Gummi gearbeitet hatte, fielen mir doch meine One-Night-Stands ein, bei denen ich nicht immer so pingelig gewesen war. Oft war Alkohol mit im Spiel. Da vergaß man schnell das ein oder andere.

Ich musste meinen Personalausweis zeigen und wurde gefragt, unter welchem Namen ich arbeitete. Danach wurde ein Dokument mit Datum und Art der Untersuchung angefertigt. An diesem Tag bekam ich das volle Programm: HIV und Syphilis wurden im Blut untersucht, Tripper, Pilze und Bakterien bei einem normalen Abstrich. Die Arzthelferin fragte mich, ob ich auch Hepatitis untersucht haben wollte oder ob ich dagegen geimpft sei. Ich verneinte beides. Für heute hatte ich genug von den Untersuchungen.

Weiter erklärte sie, dass meine Ergebnisse innerhalb einer Woche vorliegen würden. Sie gab mir einen Zettel mit der Nummer 106. Darunter war eine Telefonnummer vermerkt.

„Unter dieser Nummer können Sie anonym anrufen. Das Sekretariat sagt Ihnen, ob alles in Ordnung ist oder Sie wieder herkommen müssen. Sie sind nun offiziell registriert. Falls Sie irgendwelche Probleme haben, können Sie die Nummer auf der Broschüre anrufen."

Sie drückte mir meinen Bockschein und ein Heftchen in die Hand. Ich steckte beides in die Tasche und war froh, als ich wieder draußen stand.

Sandy wartete schon auf mich.

„Ist doch alles gut gelaufen!", sagte sie.

Ich nickte, war in diesem Moment aber alles andere als glücklich. Registriert, ...was hieß das für mich? Offiziell als Prostituierte geführt zu werden. Was hatte das für Auswirkungen? Ich war ziemlich durcheinander. Doch mein Alltag schluckte meine Gedanken und Gefühle, denn schon bald stand ich wieder im Club und ging meiner Arbeit nach.

Nach einer Woche rief ich die Nummer an.

Gott sei Dank, ich war gesund!

Diese Zeit war sehr anstrengend für mich. Tagsüber im Club, nachts in der Bar und ich fühlte, wie meine Kräfte schwanden. Ich wusste, ich musste mich bald entscheiden. Auf Dauer würde ich das nicht aushalten. Dazu kam, dass ich meine Kinder kaum noch sah. Die wenige Zeit, die mir mit ihnen blieb, war sehr kurz und für private Aktivitäten gab es keine Möglichkeiten. Das Geld hatte sich irgendwie verselbstständigt. Es reichte wohl zum Leben, aber nicht, um großartig sparen zu können. Dabei hatte ich Träume, die ich mir verwirklichen wollte. Ich war fast achtundzwanzig Jahre und hatte nicht mal einen Führerschein!

Sven fuhr mittlerweile einen schicken BMW und ich war auf Taxen angewiesen.

Der Zufall oder was auch immer half mir auf die Sprünge. Eines Tages stand unser Chef vom Club bei uns im Laden.

„Hallo Mädels! Ich hab´ da was für euch, was euer Taschengeld erheblich aufbessern wird!", begrüßte er uns.
Neugierig warteten wir auf das, was folgen sollte.
„Für unsere Pornofilm-Produktion suchen wir neue Darsteller."
„Nichts für mich", dachte ich sofort. Sandy aber reagierte anders.
„Was für einen Film dreht ihr denn?", fragte sie.
„Es geht nicht darum, dass ihr in dem Film mitspielen sollt."
„Sondern?", fragte Sandy.
„Wir müssen die neuen Darsteller prüfen, ob sie für einen Film tauglich sind. Das wäre euer Job."
Nun war ich neugierig geworden.
„Prüfen? Wie soll das denn aussehen?"
„Nichts anderes als das, was ihr jeden Tag im Club macht. Nur, dass eine Kamera mitläuft. Allerdings werden diese Szenen nicht veröffentlicht, sondern dienen nur der Auswertung der Bewerber", antwortete er mir.
„Was gibt es dafür?", fragte Sandy.
„Zwischen drei- und fünfhundert Mark. Kommt darauf an, wie viele Teilnehmer es gibt."
Pornofilme drehte man ohne Gummi. Ich hatte zumindest bei den Filmen, die mir bekannt waren, noch nie eines gesehen. Das war mir ein Dorn im Auge und ich sagte das sofort.
„Nein, macht euch deswegen keine Sorgen. Erstens müssen alle Bewerber einen aktuellen HIV-Test vorlegen und zweitens sind alle Probeaufnahmen nur mit Kondom!"
Das hörte sich doch gut an. Nun wollte ich noch wissen, wie oft und wann das Treffen stattfinden sollte.
„Ein- bis zweimal die Woche. Je nachdem wie viele Bewerber es gibt."
Damit könnte ich der Bar den Rücken kehren. Denn mehr als 700 DM in der Woche verdiente ich dort nicht mehr.
„Ich würde mir das gerne anschauen", sagte ich.

„Morgen Abend um 18 Uhr ist hier im Haus der erste Termin. Wir haben oben eine Wohnung ausgebaut, in der auch später die Filme gedreht werden", erklärte der Chef.

Deshalb war das Haus nicht bewohnt. Ich hatte mich schon immer gewundert, warum hier nie irgendjemand zu sehen war.

An diesem Abend meldete ich mich in der Bar krank. Ich wollte noch nicht sagen, dass ich nicht mehr komme. Schließlich wusste ich nicht, ob mir diese Dreharbeiten zusagen würden. Dennoch war ich total neugierig und gespannt auf die Dinge, die da kommen würden.

Wir hatten am nächsten Tag den Freiern am Telefon gesagt, dass wir nur bis 17 Uhr erreichbar sind. Zur Vorsicht hängten wir ein Schild an die Eingangstür: Heute ab 17 Uhr geschlossen.

Sandy hatte eine Flasche Sekt mitgebracht.

„Gegen die Aufregung!", sagte sie. Ich war dankbar dafür. Aufgeregt war ich sehr, auch wenn mich Sex mit fremden Männern überhaupt nicht mehr in Panik versetzte. Aber Sex vor der Kamera hatte ich noch nie gemacht und bei meiner sonstigen Arbeit ging es immer darum, den Freier zu befriedigen. Diesmal jedoch sollte die Leistung der Männer überprüft werden. Ich war gespannt, wie das Casting ablaufen würde.

Pünktlich um 18 Uhr waren wir oben. Es hatten sich schon einige Bewerber eingefunden. Ich war erstaunt, dass dort Männer saßen aus aller Altersklassen, einige in Jeanshose, andere sogar im Anzug, große Männer, kleine Männer, dicke und dünne. Innerhalb einer halben Stunde war die Anzahl der Herren auf über dreißig gestiegen.

Nun machte ich mir doch ein wenig Sorgen. Wenn Sandy und ich alle ausprobieren sollten, würden wir die ganze Nacht brauchen! Da war das versprochene Geld aber verdammt wenig für diesen Aufwand! Dann kam noch eine junge Frau, vielleicht zwanzig Jahre alt und ich verstand schnell, dass sie mit zu unserer Truppe gehörte.

Der Chef kam und hielt eine kurze Ansprache.

„Hallo zusammen. In den Einzelgesprächen haben wir bereits das Nötigste besprochen. Ich zeige euch nun die Umkleide. Dort ist für jeden ein Spind. Bitte legt eure Bekleidung und Wertsachen dort hinein. Behaltet den Schlüssel bei euch. Unterwäsche könnt ihr anlassen. Wer duschen möchte, findet am Ende des Flurs auf der rechten Seite das Badezimmer."

Er sprach sehr professionell, dass ich dachte: „Der macht das schon ewig".

„Wir treffen uns alle wieder hier. Auf den Tischen stehen Wasser und Kaffee zur freien Verfügung. Es wird so sein, dass wir euch zum Teil einzeln, aber auch zu mehreren in den Arbeitsraum holen. Bei Fragen wendet euch einfach an mich oder an das Team."

Ans Team? Ich hatte nirgendwo jemand anderen gesehen.

„Die Mädchen kommen am besten gleich mit mir", sagte er noch und ließ alle anderen einfach so stehen.

Wir folgten ihm in den nächsten Raum.

Mitten in diesem Zimmer stand ein riesiges Bett. Das war bestimmt viermal vier Meter groß. Um dieses riesige Monstrum herum waren drei Kameras aufgebaut, Strahler und verschiedene andere Geräte, die ich in meinem Leben noch nie gesehen hatte. Es tummelte sich eine Handvoll Menschen im Raum. Sie wirkten alle sehr beschäftigt.

Mir wurde ganz elend.

Plötzlich war es für mich unvorstellbar, vor diesen vielen Menschen mit irgendjemandem Sex zu haben. Auch wenn ich mich in den letzten Monaten so manches Mal geehrt gefühlt hatte, wenn ein hübscher Mann für ein bisschen Sex mit mir ordentlich Geld auf den Tisch legte, so war mein Selbstbewusstsein noch nicht so weit auf der Höhe, wie ich es für diesen Job gebraucht hätte. Sicher hätte es niemand von mir erwartet, aber ich schämte mich allein bei dem Gedanken, dass mir alle möglichen Leute beim Sex zu sehen sollten.

Der Chef gab uns Kleidungsstücke. Das bisschen Stoff konnte man eigentlich nicht so nennen. Es handelte sich dabei um winzige Slips, hauchdünne Strümpfe mit Strapsgürtel und einen BH, der die Brust umrahmte, aber nicht verdeckte.

„Zieht euch um", sagte er. „Es geht gleich los!"

„Nie im Leben ziehe ich diesen Fummel an!", dachte ich und marschierte dem Chef hinterher.

„Der passt mir nicht mal", sprach ich ihn an.

„Dann geh halt nackt", war seine Antwort.

Im Stillen dachte ich an meinen Bauch, der durch das Kinderkriegen alles andere als schön war.

„Nein. Hast du nicht etwas anderes?"

Er schaute mich irritiert an.

„Da drüben steht Steffi. Die mit den roten Haaren. Geh zu ihr und erkläre ihr dein Problem."

Damit ließ er mich einfach stehen.

Ich dackelte zu dieser Frau. Es war mir peinlich, ihr mein Anliegen zu erklären. Aber sie war sehr freundlich und führte mich in einen kleineren Raum. Dort gab es einige Kleiderständer mit verschiedenen Dessous.

„Welche Kleidergröße hast du?", fragte sie mich.

„44 passt mir."

„Auf dem rechten Ständer sind alles Klamotten von Größe 40 bis 48. Such dir etwas raus. Achte darauf, dass Brust und Intimbereich frei bleiben."

Sie ließ mich allein.

Ich fand auf dem Ständer eine Menge Dessous. Einige waren aus Leder, verziert mit Nieten und Ketten, andere aus hochwertiger Spitze, im Schritt offene Slips, BHs, die keine waren und die Brüste anhoben. Ich entschied mich für eine brustfreie Korsage, die recht weit nach unten geschnitten war und somit meinen Bauch verdeckte, dazu einen Lederslip, der im Schritt einen Reißverschluss hatte. Den konnte ich zwischen den Aufnahmen geschlossen halten und fühlte mich nicht ganz so nackt.

Als ich mich umgezogen hatte, fand ich das Ergebnis akzeptabel. Ich ging zurück in den Aufnahmeraum. Dort sah ich Sandy auf dem großen Bett mit zwei Männern. Den einen beglückte sie mit dem Mund und der andere nahm sie von hinten. Gebannt blieb ich stehen, staunte darüber, wie leichtfertig und schamlos sie vor der Kamera war.

„Schnitt! Du solltest ihn so langsam mal hochbekommen", sagte ein blonder Typ zu dem Oralbeglückten.

Dieser bekam sofort einen roten Kopf. Statt einer Erregung, schmolz sein bestes Stück regelrecht zusammen.

„Nummer zwei, raus!", brüllte der blonde Kerl.

Da erst sah ich, dass der Mann, der nun verlegen vom Bett herunterrutschte, auf dem rechten Arm eine große Zwei aufgemalt hatte. Nummer eins hielt inne und wartete weitere Befehle ab. Prompt kamen sie auch.

„Nummer eins, du hast eine Minute Zeit für einen sauberen Orgasmus. Außerhalb der Frau, bitte!"

Nach drei Minuten rief der Blonde: „Nummer eins! Du bist raus."

Ohne Worte, aber dafür mit einer Mords-Erektion, schlich er sich davon.

Nach fünf Männern war Frauenwechsel. Ich musste auf das riesige Bett. Mir war total elend. Wie konnte ich mich nur auf so etwas eingelassen haben? Die Menschen um mich herum machten mich furchtbar nervös und ich schämte mich entsetzlich.

Der blonde Mann brüllte ständig auf mich ein:

„Das rechte Bein höher, Josy! Dreh dich halb links! Wir sehen ja nichts von deinem Mund!", und alles solche verwirrenden Anweisungen. Es war mir so peinlich! Jeder konnte mir zwischen die Beine schauen. Ich fühlte mich nackt und ausgeliefert.

Gott sei Dank ging es viel schneller vorbei als ich dachte und trotzdem kam mir jede Minute ewig lang vor. Auch ich hatte im ersten Lauf fünf Männer „zu testen". Das Ganze dauerte nicht länger als 45 Minuten. Ich hörte bei jedem Mann ausschließlich:

„Du bist raus."

Nun war das junge Mädchen an der Reihe. Professionell bewegte sie sich auf dem Bett, als ob sie ihr Leben lang nichts anderes gemacht hatte. Die Männer, die sie beglückte, kamen alle zu früh und jeder von ihnen hörte den Satz: „Du bist raus!"

In der zweiten Runde war das Ergebnis auch nicht besser. Die einen brauchten etwas länger, bis der befürchtete Satz erklang, bei den anderen ging es etwas schneller. Aber am Ende war es immer dasselbe. Die junge Frau musste ein drittes Mal auf das Bett. Für Sandy und mich war die Sache vorbei.

Obwohl es nicht so lange gedauert hatte, war ich kaputt und ausgelaugt. Ich hatte ja schon die Vorahnung gehabt, dass es mir schwerfallen würde mich vor der Kamera frei zu bewegen, aber dass es mir so dreckig dabei gehen würde, war mir nicht klar gewesen. Wenngleich ich mich schon eine ganze Weile den Männern für Geld zur Verfügung stellte, war das doch etwas anderes. Am liebsten wäre ich im Fußboden versunken. Ich bestand nur noch aus Scham und Selbstzweifeln. Am liebsten hätte ich sofort das Weite gesucht.

Ich hörte noch, wie der Chef den Bewerbern sagte, dass noch nichts entschieden sei und erst eine genaue Auswertung des Materials erfolgen müsste. Er würde sich innerhalb von zwei Wochen melden, wenn es einer der Prüflinge geschafft hätte. Für die anderen, die dann durchgefallen waren, gäbe es keine Benachrichtigung.

Er drückte mir fünfhundert Mark in die Hand und ich war froh, dass ich mir ein Taxi bestellen konnte.

Zu Hause erzählte ich Sven von dem, was ich erlebt hatte. Er war begeistert, wie schnell ich die fünfhundert Mark verdient hatte. Meine Erzählungen törnten ihn so gewaltig an, dass er mich über unseren Küchentisch schmiss und seine Lust an mir abreagierte. Meine Verzweiflung hatte er weder bemerkt, noch gehört. Ich hatte nicht mehr die Kraft mich dem zu widersetzen und ließ es einfach geschehen.

Trotz meiner negativen Gefühle gegenüber der Kamera rief ich am nächsten Abend in der Bar an, um ihnen mitzuteilen, dass ich nicht mehr kommen würde. Das Geld war mit den Probeaufnahmen schneller und sicherer verdient. Ich hoffte, dass ich mich an die Aufnahmen gewöhnen und meine Unsicherheit überwinden würde.

Nach dem dritten Abend stellte sich dann so langsam eine gewisse Routine ein und meine Scham nahm ab.

Der Mensch ist ein Gewohnheitstier.

Fortan durchsuchte ich die Zeitungen, denn ich wollte wissen, wie man Menschen für Pornofilme anwarb. Es dauerte nicht lange, da entdeckte ich die Anzeige für die Probeaufnahmen:

Werden Sie Pornostar!

Wir suchen neue, männliche Darsteller.
Rufen Sie uns heute noch an!

Schlagartig wurde mir klar, warum ich nach dieser Anzeige gesucht hatte. Warum sollte nur ich meinen Arsch verkaufen? Sven konnte doch genauso seinen Teil dazu beitragen! Ich schnitt die Anzeige aus und schrieb einen kleinen Brief:

„Hallo mein Schatz!
Wie wäre es denn, wenn du einen Job hättest, der dir Spaß machen würde? Ruf da an!
Du bist bestimmt der Held.
Kuss, Tina."

Beides legte ich auf den Wohnzimmertisch, bevor ich mich zur Arbeit aufmachte.

Den ganzen Tag war ich gespannt, wie Sven reagiert hatte. Ich konnte es kaum erwarten, nach Hause zu kommen. Als ich dann endlich im Wohnzimmer stand, lag die Anzeige genau dort, wo ich sie hinterlassen hatte.

„Hast du angerufen?", fragte ich ihn.

Er schüttelte nur den Kopf.

Ich fühlte, wie die Wut in mir hochkochte.

„Warum nicht? Verdammt noch mal!"

„Ich hab da keinen Bock drauf!", erwiderte er.

„Soll das ein Scherz sein? Ich halte jeden Tag meinen Arsch für irgendeinen Scheiß-Freier hin! Meinst du, ich habe da Bock drauf?"

„Hör doch auf! Das macht dir doch sicher Spaß, jeden Tag mit anderen Kerlen zu vögeln!"

„Spinnst du?"

Dieser Mann brachte mich in Sekunden in eine Wut, die sich kaum kontrollieren ließ. Am liebsten wäre ich ihn angesprungen und hätte ihn geohrfeigt. Seine Vorwürfe waren unfair. Diese Arbeit machte mir ganz sicher keinen Spaß. Das Leben ließ mir nicht einmal die Möglichkeit darüber nachzudenken, was sie überhaupt mit mir machte. Ich wusste, ich hatte mich verändert. Meine Nerven waren ständig angespannt und mein Körper reagierte darauf. Häufig hatte ich Magenschmerzen, oftmals war ich unnötig gereizt.

Ich fand, Sven konnte auch etwas zu unserem Lebensunterhalt beitragen. Schließlich lebten wir besser als je zuvor und Pornofilme drehen ist für ihn sicher keine Arbeit, die ihn kaputt macht. Ich verstand nicht, warum er sich mit Händen und Füßen dagegen wehrte. Er war gut im Bett, hatte enormes Stehvermögen und sah fantastisch aus. Was also veranlasste ihn, so bockig zu reagieren?

Als die Stimmung sich etwas beruhigt hatte, sagte ich ihm genau das. Ich spürte sofort, dass ich seine Eitelkeit berührt hatte und schmierte ihm kräftig Honig ums Maul.

„Meinst du wirklich, ich kann das?", fragte er mich.

Ich merkte sofort, dass er aus Angst vor Versagen dort nicht angerufen hatte.

„Ja, das weiß ich ganz bestimmt", beruhigte ich ihn.
„Und ich bin doch dabei! Kann doch nichts schief gehen!"
Kaum ausgesprochen wurde mir erst klar, dass Sven dann mit anderen Frauen Sex machen würde. Wollte ich das wirklich? Konnte ich damit leben?
Ich hatte keine Antwort auf diese Fragen. Was ich jedoch wusste: Meine Verantwortung war viel zu groß. Dieser ständige Druck, genügend Geld verdienen zu müssen, lag mir schwer auf der Brust. Ich empfand es einerseits als echte Möglichkeit, Sven mit in die Verantwortung zu nehmen, anderseits machte es mir großes Kopfzerbrechen, ob ich es ertragen konnte. Ich würde nicht nur davon wissen, sondern auch noch beim Casting danebenstehen. Zumindest hoffte ich, dass nicht ich am Ende mit ihm auf der Matratze landete! Ich war mir sicher, dass ich das auf keinen Fall aushalten konnte mit meinem eigenen Mann vor Publikum eine Show abzuziehen. Aber nun hatte ich mich in diesen Mist hineinmanövriert und Sven hatte angebissen. Während ich meinen Gedanken nachhing, schwärmte er plötzlich von seiner Karriere als Pornostar.

Am nächsten Tag rief er tatsächlich dort an. Er wurde zu einem Vorstellungsgespräch eingeladen. Kaum zu glauben, dass er Bewerbungsunterlagen mitbringen sollte. Auch einen Bluttest musste er vorher machen lassen.
Da ich ihn nicht begleiten konnte und stattdessen im Club saß, erzählte er mir erst am Abend, wie es gelaufen war.
„Das war ein Gespräch, als hätte ich mich bei einer Firma beworben. Ganz sachlich wurde ich zu meinen sexuellen Vorlieben befragt", erzählte er mir stolz.
„Warum ich denke, dass ich als Pornofilm-Darsteller gute Chancen hätte. Was ich im sexuellen Bereich ablehnen würde und ob ich auch Homo-Filme drehen würde."
Mir drehte sich der Magen um.
„Ich hoffe, du hast denen klar gemacht, dass Homo nicht drin ist!"

„Was denkst du denn? Glaubst du, ich will mit Kerlen rumvögeln?", schnappte er. „Ich soll am Donnerstag an dem Probe-Casting teilnehmen. Allerdings muss ich dreihundert DM als Kaution hinterlegen."

„Bitte was?" Ich dachte, ich hör´ nicht richtig.

„Du sollst Geld verdienen und nicht ausgeben!", empörte ich mich.

„Nun mal langsam", fing er zu erklären an, „die dreihundert sind doch nur eine Art Kaution. Der Typ hat mir erklärt, dass sich Hunderte von Männern auf so eine Anzeige melden, weil sie denken, sie könnten umsonst einen wegstecken. Daher die Kaution. Wenn er mich aber nimmt, bekomme ich mein Geld wieder! Und ein Vielfaches dazu! Pro Drehtag gibt es zwischen sechs- und achthundert Mark!"

Das hörte sich gut an! Ich könnte an seinen Drehtagen Pause machen. Mich um die Kinder kümmern und vielleicht ein bisschen so tun, als wären wir eine normale Familie.

„Hat er gesagt, wie oft Filme gedreht werden? Wieviel Geld in einem Monat zusammenkommt?", fragte ich.

„Ich habe mich danach erkundigt. Er meinte, das kommt auf den ersten Film an, wie gut man wirklich ist und ob er sich verkaufen lässt. Sollte sich herausstellen, dass ich das Zeug zum Pornostar habe, komme ich im Monat locker auf 10 bis 15 Drehtage."

Sven war voller Vorfreude. Ich fiel in ein Wechselbad der Gefühle. Sollte er es schaffen, dann musste ich vielleicht gar nicht mehr ackern. Mit 6000 DM oder gar 8000 DM konnte eine Familie perfekt leben. Ich könnte einfach für meine Kinder da sein und er würde seinen Körper verkaufen.

Seitenverkehrt. Verrückte Welt.

Aber wenn ich ehrlich zu mir war, dann war das auf jeden Fall die bessere Alternative.

Er hatte kein Problem damit, dass ich mich verkaufte. Ich würde sicher lernen, damit andersherum auch keine Probleme zu haben.

Der Tag des Castings kam. Ich war sehr aufgeregt.
Hoffnungen, Ängste und Eifersucht machten sich in mir breit. Ich wusste nicht so recht wie mir geschah, als ich den verwirrenden Gefühlen ausgesetzt war. Plötzlich hatte ich massive Zweifel und hätte mir gewünscht alles rückgängig machen zu können. Aber Sven ging auf keinerlei Gespräch ein. Viel zu sehr hatte er Blut geleckt und wollte das große Geld verdienen.

Sven und ich hatten verabredet, dass wir so tun würden, als ob wir uns nicht kennen. Da Sven nie mit jemandem aus der Szene Kontakt gehabt hatte, hoffte ich, dass diese Rechnung aufging. Ich hatte nur Sorge, dass es auffliegen würde, wenn ich tatsächlich mit ihm auf die Matte musste. Doch das war ganz unberechtigt.

An diesem Abend waren wir zu viert, das Trio vom letzten Mal und dazu eine schwarze Schönheit. Ausgerechnet sie bekam meinen Sven. Die Dame hatte wirklich was auf dem Kasten. Sie war nicht nur sexy sondern Profi. Das ließ sie alle im Raum spüren. Vor Sven hatte sie vier Bewerber und alle konnten ihren Höhepunkt nicht länger als zehn Minuten hinauszögern. Aber ich hatte mich in meinem Mann nicht getäuscht. Der Kameramann konnte so viel brüllen, wie er wollte und die Mieze ließ nichts aus, was ihn zum Wahnsinn trieb. Er hielt durch! Ich war schon fast ein bisschen stolz, als eine halbe Stunde vorbei war und jemand brüllte: „Abschuss!"

Nun ist es aber eine Kunst den Höhepunkt zeitnah herbeizuführen. Sven schien überreizt. Daher schaffte er es nicht unmittelbar.

Aus der Ecke rief jemand: "Nun mach schon!"

Sven standen die Schweißperlen auf der Stirn. Es vergingen fast fünf Minuten und bei jeder Minute wartete ich auf den Satz: „Du bist raus!", aber der kam nicht.

Stattdessen kam Sven. Mir zog es das Herz zusammen. Nur am Rande bekam ich mit, dass jemand sagte: „Gar nicht so schlecht."

Mir war einfach nur elend.

Der nächste Typ wurde aufgerufen. Ich war an der Reihe ihn zu testen. Aber ich konnte nicht und bat Sandy für mich zu übernehmen. Ich rannte zum Klo und heulte mir die Augen aus dem Kopf.

Als ich wieder herauskam, sah ich Sven mit der dunkelhäutigen Frau reden. Er lachte und scherzte mit ihr. Das alles war zu viel für mich. Ich schaffte es nicht einmal mein Geld abzuholen, zog hastig meine Klamotten über und stürzte nach draußen. Dort rief ich von meinem Handy ein Taxi. Die Bilder gingen mir nicht mehr aus dem Kopf. Sven auf dem Bett mit dieser schwarzen Schönheit, seine Begierde und anschließend sein Schäkern mit ihr.

Zu Hause angekommen war ich fix und fertig mit den Nerven.

Claudia hatte auf die Kinder aufgepasst, die friedlich in ihren Bettchen schlummerten.

„Wie siehst du denn aus?", empfing sie mich. „Was ist passiert?"

Ich konnte nicht reden, schluchzte nur und stand kurz vor dem Hyperventilieren. Meine Brust war zugeschnürt, das Herz raste und mir war übel. Claudia schob mich auf die Couch und holte einen kalten Waschlappen. Es dauerte eine ganze Weile, bis ich ihr von dem Abend erzählen konnte.

„Was hast du erwartet, Tina?", fragte sie mich.

„Ich weiß nicht", stammelte ich.

„Du wirst dich entscheiden müssen, was du willst. Soll er sich verkaufen, oder willst du dich verkaufen?"

Sie hatte eine so gradlinige Art an sich, die ich gern mochte. Aber an diesem Abend kam ich damit nicht zurecht.

Ich heulte wieder los und schrie: "Warum muss sich überhaupt jemand verkaufen? Warum kann ich nicht eine ganz normale Familie haben, wie alle anderen auch?"

„Es war beides deine Idee! Vergiss das nicht. Du hast entschieden Anschaffen zu gehen und du hast ihm die Anzeige unter die Nase gerieben!"

„Nein. So war das nicht!", wollte ich erwidern.

Aber ich hatte keine Kraft mehr. Ich konnte nicht denken, nicht diskutieren, nicht streiten. In meinem Kopf hallte immer nur: „Das habe ich nicht gewollt. Das habe ich alles nicht gewollt. Ich wollte bezahlte Strom- und Gasrechnungen, genügend Essen im Kühlschrank, glückliches Kinderlachen im Haus, einen Mann, der Verantwortung übernimmt und einem vernünftigen Job nachgeht. Das hatte ich gewollt!" Doch diese Gedanken fanden nicht den Weg zu meinem Mund.

Dann ging die Tür auf. Sven kam strahlend herein.

Meine Sicherungen brannten durch. Ich ging auf ihn los und prügelte auf ihn ein. Er war so verdattert, dass er sich nicht mal wehrte. Ehe er reagieren konnte, rannte ich aus dem Haus. Ich lief durch die Nacht, bis ich keine Luft mehr bekam.

Niemand folgte mir. Irgendwann gaben meine Beine nach. Ich schleppte mich am Rand der Straße in eine Baumgruppe. Atemlos blieb ich dort sitzen.

Eine Stunde? Zwei Stunden? Ich weiß es nicht mehr. Mein Kopf konnte immer noch nicht klar denken.

Was war nur geschehen?

Als der Morgen schon anbrach, schleppte ich mich nach Hause. Sven lag friedlich im Bett und schlief.

Irgendwann schlief auch ich vor Erschöpfung ein. Der Duft von frischem Kaffee weckte mich.

Sven saß auf der Bettkante und streichelte mein Gesicht.

„Guten Morgen, Süße. Geht es dir wieder besser?"

Ich war perplex und wusste nicht, was ich sagen sollte.

Dunkel zogen die Erinnerungen der letzten Nacht durch meinen Kopf. Ich fühlte mich so unendlich schuldig.

„Ich habe noch lange mit Claudia gesprochen. Ich kann dich gut verstehen", sprach Sven liebevoll auf mich ein.

„Du musst dir keine Sorgen machen. Ich liebe nur dich und du wirst sehen, wir schaffen das!"

Ich konnte immer noch nichts erwidern.

„Heute bleibst du mal zu Hause! Lässt dich von mir verwöhnen und später gehen wir mit den Kindern ein Eis essen."

Träumte ich?

„Nun ruh dich noch ein bisschen aus. Ich gehe mit den Kids Brötchen holen." Er küsste mich und weg war er.

Langsam sortierten sich meine Gedanken. Ich konnte immer noch nicht verstehen, warum ich so ausgeflippt war, aber ich war froh, dass Sven mir keine Szene machte. Lange dachte ich über Claudias Worte nach und musste mir eingestehen, dass sie Recht hatte.

Ich hatte das alles angezettelt - es war meine eigene Schuld.

Der Tag wurde sehr schön. Sven kümmerte sich rührend um mich. Ich war dankbar, dass ich einen ganzen Tag mit meinen Kindern verbringen konnte. Was am Abend zuvor geschehen war, verdrängte ich und auch Sven erwähnte es nicht mehr.

Mit gemischten Gefühlen wartete ich auf den Bescheid von der Pornofilm-Firma. Zwei Wochen waren vergangen und niemand hatte sich gemeldet. In der dritten Woche nervte Sven mich mit seiner Ungeduld. Niemand hatte mit ihm Kontakt aufgenommen. Das konnte nur bedeuten, dass sie ihn nicht genommen hatten. Eine Erklärung dafür fand ich nicht. Ich war der Meinung, dass er sich gut dargestellt hatte und ich zweifelte nicht einen Augenblick, dass sie ihn nehmen würden. Zudem war ich bei allen anderen Proben dabei und hatte niemanden gesehen, der gleichwertig oder besser war.

„Du hast doch sicher die Nummer noch", sagte ich zu Sven.

„Ruf doch einfach an und frag, was daraus geworden ist."

Ein paar Tage später muss er dort angerufen haben. Ich war nicht dabei. Irgendwann, als wir schon zu Bett gegangen waren, ließ er verlauten, dass sie ihn nicht genommen hatten. Ich war erleichtert. Da ich mir das aber nicht anmerken lassen wollte, spielte ich die Entsetzte.

„Warum denn nicht? Du bist einer der Besten, die ich da gesehen habe! Haben sie gesagt, warum sie dich nicht wollten?"

„Nein. Sie sagten nur, dass sie sich gemeldet hätten, wenn sie Interesse gehabt hätten. Mein Geld bekomme ich nicht wieder."

Das war mir bei einer Absage klar. Sven wirkte geknickt.

„Mach dir nichts draus", versuchte ich ihn zu trösten. „Ich verdiene doch genug Geld."

Immerhin brachte ich im Monat gut 8000 DM nach Hause. Das war zwar lange nicht so viel, wie ich zu Anfang in der Bar verdient hatte, doch trotzdem genug, um ein gutes Leben zu führen.

„Ja", nörgelte Sven, „aber ich wollte ein anderes Auto kaufen! Wir wollten umziehen in eine größere Wohnung! Wie sollen wir das denn hinbekommen, wenn du nur so wenig verdienst?"

„Das ist nicht dein Ernst?"

„Überlege doch mal, Tina! Jetzt verdienst du noch recht viel. Und wie sieht das in einem Monat aus? Das hatten wir doch schon alles!"

„Ich habe meine Arbeitsmoral geändert und habe nun Stammfreier."

„Meinst du, die bleiben für immer bei dir? Dafür hast du keine Garantie!"

„Da kann ich mir Gedanken drüber machen, wenn sie nicht mehr kommen!"

Ich versuchte wirklich, ruhig zu bleiben. Die Nacht der Eskalation war noch gut in meiner Erinnerung. Ich wollte die Kontrolle nicht wieder verlieren.

„Vielleicht solltest du noch ein zweites Standbein haben", meinte Sven.

„Warum und wofür? Ich mach den Privatclub und die Probeaufnahmen. Was denn noch?" Nun schrie ich doch.

„Jetzt rege dich nicht so auf! Ich will dir doch nichts Böses! Aber wir müssen doch auch an die Zukunft denken!"

Ich wollte an gar nichts mehr denken, und ob ich mit diesem Mann eine Zukunft hatte, wagte ich mittlerweile zu bezweifeln.

„Schau mal Tina", fing Sven wieder an, „wie schön wäre es, wenn wir nicht mehr in dieser winzigen Wohnung leben müssten? Vielleicht ein Häuschen im Grünen? Hast du nicht schon immer von einem eigenen Pferd geträumt? Wie schön wäre das für die Kinder?"

Ja, das wäre schön, dachte ich. Aber der Preis dafür war enorm hoch.

„Von 8000 DM werden wir das nie schaffen. Das reicht gerade um alle Kosten zu decken und für ein bisschen Luxus."

Vielleicht hatte er Recht. Das Leben war ganz schön teuer. Ich verstand oft nicht, wo das Geld eigentlich blieb. Seit ich den ganzen Tag arbeitete, hatte Sven den Einkauf und den Haushalt übernommen. Ich bekam von den Ausgaben kaum etwas mit und hatte selber selten mehr als hundert Mark in der Tasche. Dass nie etwas übrigblieb, hatte ich bemerkt. Ich wollte so gern meinen Führerschein machen. Auch dafür blieb einfach nichts übrig. Klar, wir hatten viele Anschaffungen gemacht und deutlich über unsere Verhältnisse gelebt. Trotzdem war es erschreckend, wie das Geld durch die Finger rann.

Sven riss mich aus meinen Gedanken.

„Ich wollte auch so gern das große Geld verdienen!"

Bei diesen Worten machte er ein verzweifeltes Gesicht.

„Du weißt nicht, welche tollen Pläne ich gehabt habe", setze er seine Ansprache fort. „Wie schön wäre es gewesen, wenn das geklappt hätte!"

Ich glaubte ihm jedes Wort. Wahrscheinlich war ich nur zu überspannt gewesen, um zu sehen, wie wichtig es ihm war, auch Geld ins Haus zu holen. Jetzt war es sowieso zu spät. Er hatte den Job nicht bekommen.

„Dennoch können wir nicht meckern", versuchte ich es noch mal. „Ich verdiene im Moment wirklich gut und glaube, dass mein Verdienst sich eingependelt hat."

„Ja, wahrscheinlich hast du Recht. Vielleicht können wir ein bisschen sparen und uns in zehn Jahren ein Häuschen im Grünen leisten."

Zehn Jahre „Anschaffen"? Zehn Jahre jeden Tag fremde Männer an mich heranlassen? So sollte meine Zukunft aussehen? Ich sagte nichts mehr an diesem Abend, drehte mich einfach um und stellte mich schlafend.

Tatsächlich lag ich noch Stunde um Stunde wach und versuchte meine Gedanken zu ordnen. Leider ohne Erfolg. Immer wieder kamen mir zehn Jahre Ackern in den Kopf. Dabei wollte ich damals doch nur meine Stromrechnung bezahlen! Von jahrelangem „Anschaffen" war nie die Rede.

Ich trug das ganze Szenario in den Schlaf, hatte wirre Albträume, sah mich als billige, alte Straßenhure, die für zwanzig Mark die Beine breitmachte.

Einige Zeit blieb alles friedlich. Sven jammerte zwar immer, was er alles so dringend neu brauchte und dass das Geld nicht ausreichen würde. Ansonsten ließ er mich in Ruhe. Mein Verdienst hielt sich konstant bei 8000 DM im Monat. Übrig blieb nichts.

Ob es ewig so geblieben wäre, weiß niemand zu sagen.
Ich war sicher nicht glücklich zu diesem Zeitpunkt, aber ich gab mir alle Mühe zu funktionieren.
Am Tag hatte ich im Schnitt zwei Freier. Damit machte ich mich nicht kaputt. Regelmäßig brachten die Probeaufnahmen zusätzliches Geld ein. Mittlerweile waren wir dort vier Frauen und der Andrang der Herren nicht mehr so groß wie am Anfang. Im Ganzen gesehen kam ich gut klar.

Zu Hause war es ruhiger geworden. Sven jammerte nicht mehr so viel und wir konnten alle Rechnungen bezahlen. Auch wenn mir oft meine Kinder fehlten, so nahm ich die Dinge, wie sie waren. Es hätte alles so bleiben können.

Blieb es aber nicht!

Wie jeden Tag fuhr ich mit dem Taxi zum Club. Nur selten ließ ich mich von Sven fahren, denn dann mussten die Kinder mit und ich hatte Angst vor den Fragen meiner Tochter. Ich zahlte, stieg aus und klingelte an der Tür. Einen Schlüssel hatte ich nie bekommen. Warum auch? Sandy war stets vor mir da, denn sie fing meist schon morgens vor zehn an.

An diesem Tag öffnete mir niemand. Von Sandy war nichts zu sehen. Auch als ich um das Haus herum ging, fand ich niemanden. Verdattert stand ich da und wusste nicht so recht, was ich nun anstellen sollte. Dann fiel mir ein, dass mir Sandy irgendwann einmal ihre Handynummer gegeben hatte. Ich suchte die Nummer raus und rief sie an.

„Hey Sandy! Ich bin es, Josy! Wo steckst du denn? Ich stehe vorm Club, aber von dir ist nichts zu sehen!"

„Gut, dass du anrufst. Ich hatte keine Nummer von dir! Der Club ist zu. Heute Morgen waren die Bullen da."

„Was? Warum das denn?"

„Ich kann das jetzt nicht alles am Telefon erzählen. Kennst du das Café Bremer? Komm da hin. Ich bin in einer halben Stunde da." Schon hatte sie aufgelegt.

Ich rief erneut ein Taxi und fuhr zu dem Café.

„Heute Morgen, als ich zum Club kam, war die Polizei da", erzählte Sandy. „Sie haben mich mit auf die Wache genommen. Ich sollte eine Aussage machen."

„Eine Aussage? Wozu denn eine Aussage?"

„Der Chef ist hochgenommen worden. Sitzt in Untersuchungshaft. Zuhälterei, Betrug und noch eine ganze Menge anderer Vergehen."

„Ach du heilige Scheiße." Mehr fiel mir dazu nicht ein.

„Sie werden dich auch vorladen! Du musst aufpassen, was du sagst!"

„Warum das denn? Ich verstehe im Moment nur Bahnhof."

„Sie werden dich fragen, ob er dir Geld abgenommen hat."

„Hat er doch nicht. Hat mir ja eher noch was gegeben."

„Mann, Josy! Du bist echt naiv! Er hat dir doch 50 Prozent abgenommen."

„Ja, klar! Aber das machen sie doch überall so! Die hat er mir nicht abgenommen. Das war eine Vereinbarung."

„Erzähl das bloß nicht so! Du musst denen sagen, dass du Tagesmiete gezahlt hast. Dreißig Mark am Tag! Und sonst musstest du nichts bezahlen. Du darfst es nicht anders sagen!"

„Ja, ist ja gut."

„Und zu den Probeabenden sagst du am besten gar nichts."

„Soll ich sagen, dass ich nicht dabei war? Aber dafür gibt es doch total viele Zeugen!"

„Sag einfach, du hast das aus Neugier gemacht."

„Bist du verrückt? Das glaubt mir doch kein Mensch!"

„Besser es glaubt dir niemand, als wenn dir etwas passiert."

„Wie meinst du das?"

„Was glaubst du, was los ist, wenn du den Chef belastest? Hast du nicht schon davon gehört, dass sie Huren tot aus dem See gezogen haben?"

Mir blieb der Mund offenstehen.

„Also stell dich einfach dumm. Sag einfach, du weißt es nicht mehr genau. Bleib dabei, dass er dir nie was abgenommen hat und dass du vielleicht ein- oder zweimal beim Shooting dabei warst. Aus Neugierde!"

Ich war mundtot. Vielleicht war ich bald ganz tot.

Oh Gott. Auf was hatte ich mich da eingelassen?

Angst kroch in mir hoch und mein Magen setzte sich sofort in Bewegung.

„Mir ist schlecht", stammelte ich noch, bevor ich zum WC rannte und mich erbrach.

Als ich zurückkam, war Sandy weg.

Für einen Moment setzte ich mich und ließ mir das Gespräch durch den Kopf gehen. Das war also der Grund, warum Sven damals keine Chance bekommen hatte. Es ging nie darum, einen Pornofilm zu drehen und dafür Darsteller zu finden. Es ging um die Kautionen, die die Herren bezahlten und nicht wiederbekamen. Wenn ich an den großen Andrang dachte, kam da ein nettes Sümmchen zusammen.

Ganz schön gerissen, dachte ich.

Ich zahlte, rief ein Taxi und fuhr nach Hause.

Ich wollte meinem Mann so schnell wie möglich erzählen, was sich zugetragen hatte und wie sehr wir aufs Kreuz gelegt worden sind.

Aber Sven war nicht da.

Die Kinder wurden von Claudia beaufsichtigt.

„Wo ist Sven?", fragte ich sie.

„Der wollte in die Stadt. Einkaufen."

„Warum hat er die Kinder nicht mit?"

„Keine Ahnung! Er hat mich gefragt, ob ich auf sie aufpasse. Sie wären immer so stressig in der Stadt."

Ich hätte ihr gern erzählt, was sich heute zugetragen hatte, aber ich war wütend, dass Sven nicht da war und wollte nur allein sein.

„Nun bin ich ja da. Du kannst also nach Hause gehen."

„Ok. Ganz wie du willst. Gibt Sven mir mein Geld oder du?"

„Was für ein Geld?"

„Für das Babysitten!"

„Was habt ihr denn ausgemacht?"

„Sven gibt mir immer zehn Mark die Stunde. Also für heute dreißig."

„Wie, immer?" Ich war von den Socken.

„Du warst drei Stunden hier? Ich bin ja gerade mal drei Stunden weg!"

„Sven hat mir gestern gesagt, ich sollte heute um zwölf Uhr kommen."

Ich war um halb zwölf gefahren.

„Nun ist es kurz vor drei. Das sind drei Stunden."

Claudia schien beleidigt zu sein.

Ich zog dreißig Mark aus meinem Portemonnaie und gab sie ihr. „Bin etwas durcheinander. Ich komme heute Abend mal rüber. Dann erkläre ich dir alles."

Damit schob ich sie aus der Tür.

Ich wählte Svens Nummer. Er ging nicht dran. Ich ließ das Telefon immer und immer wieder bimmeln. Plötzlich hob er ab.

Ehe ich etwas sagen konnte, schrie er in das Telefon: „Ich melde mich gleich. Bin mit den Kindern in der Stadt! Total stressig. Ich ruf gleich an!" Ein Klicken, und die Leitung war tot.

Es war, als hätte mir jemand ein Brett vor den Kopf gedonnert. Er war mit den Kindern in der Stadt? Die Kinder spielten munter vor meinen Augen! Wo war er? Warum belog er mich?

Ich wartete auf seinen Rückruf. Als eine halbe Stunde vergangen war, sah ich ihn, wie er sein Auto parkte und auf das Haus zu eilte. Die Wohnungstür ging auf und Sven erstarrte.

„Was machst du denn hier?"

„Was machst du hier nicht?"

Ich brachte die Kinder ins Kinderzimmer, denn ich wusste, gleich würde es krachen.

„Wo warst du?"

Meine Stimme war bedrohlich leise und ich spürte regelrecht, dass es nicht lange dauern würde, bis ich explodierte.

„Ich war in der Stadt!"

„Warum warst du ohne die Kinder in der Stadt?"

„Ich wollte in Ruhe einkaufen! Sie machen dabei immer so ein Theater. Muss ich mich dafür abmelden?"

In mir kroch die Galle hoch.

„Wo ist der Einkauf?"

„Ich hatte ja keine Gelegenheit zum Einkaufen! Kaum war ich in der Stadt, da hast du schon angerufen und da bin ich sofort wieder nach Hause gekommen!"

„Du lügst!"

„Warum sollte ich lügen? Spinnst du?"

„Claudia hat gesagt, sie war seit zwölf hier."

„Das kann gar nicht sein! Und das hat sie ganz sicher nicht gesagt!"

Die Wut ergriff immer mehr Besitz von mir. Ich konnte nicht mehr denken, nichts mehr sagen. Ehe ich mich versah, nahm ich eine Tasse vom Tisch und warf sie ihm an den Kopf. Ich traf ihn mit voller Wucht. Sie zerplatze an seiner Stirn. Hässlich klaffte die Haut auseinander. Blut schoss sofort aus der Wunde, lief ihm in die Augen. Er schrie auf und just in diesem Moment kam meine Tochter aus dem Zimmer.

„Papa, Papa! Du blutest! Mama! Tu doch was!", rief sie.

Ich versuchte, aus meiner Starre zu erwachen, doch ich konnte mich kaum bewegen.

„Mama! Mama!", schrie sie mich an und zog an meinem Pullover.

Sven ging zu Boden. Dicke Blutstropfen fielen auf den Teppich. Er sank auf die Knie, fiel aber nicht um. Im Kinderzimmer kreischte der Kleine. Ich bewegte mich wie in Zeitlupe Richtung Badezimmer, nahm einen Waschlappen und hielt ihn unter kaltes Wasser.

„Geh zu dem Kleinen! Ihr bleibt im Zimmer!", wies ich meine Tochter an. Mit großen, ängstlichen Augen schaute sie mich an und verschwand.

Ich legte den Waschlappen auf die Wunde und half Sven auf die Beine. Er war leichenblass und ließ sich auf einen Sessel fallen. Vorsichtig wollte ich mir die Wunde anschauen. Aber er zischte nur: „Fass mich nicht an! Fass mich nie wieder an!"

Ratlos stand ich im Raum. Ich wusste nicht wohin mit mir und meinen Gedanken. Das schlechte Gewissen hatte längst Besitz von mir ergriffen, aber meine Wut war noch nicht verraucht. Alles stürmte auf mich ein. Das Erlebnis heute am Club, das Gespräch mit Sandy, die Angst vor der Polizei und zum Schluss das bittere Ereignis mit meinem Mann. Zu allem Übel war ich nun auch noch arbeitslos.

Hilflos setze ich mich auf die Couch. Ganz plötzlich bekam ich keine Luft mehr. Mein Brustkorb fühlte sich an, als hätte jemand einen Metallring darumgezogen. Das Herz raste, mir wurde schwindelig. Voller Panik schrie ich auf und versuchte verzweifelt, mehr Luft zu bekommen. Ich atmete schneller, mein Herz wurde noch schneller, mein Sichtfeld immer kleiner.

Als ich zu mir kam, lag ich in einem Krankenwagen. In meinem Arm steckte eine Nadel und auf meiner Brust war ein EKG befestigt.

„Da sind Sie ja wieder!", empfing mich der Notarzt.

„Was ist passiert?", fragte ich.

Sofort setze wieder die Panik ein. Auf dem EKG-Monitor sah ich, wie meine Herzfrequenz sofort anstieg.

„Sie hatten einen Schwächeanfall."

„Keinen Herzinfarkt?"

„Nein. Mit ihrem Herzen scheint alles in Ordnung zu sein. Auch der Blutdruck ist nur leicht erhöht. Aber weitere Untersuchungen werden im Krankenhaus gemacht."

Sie behielten mich drei Tage im Krankenhaus. Alle Untersuchungen waren ohne Auffälligkeiten.

Sven hatte mich an keinem Tag besucht.

An meinem Entlassungstag musste ich mir ein Taxi nehmen, um nach Hause zu kommen. Dort war die Stimmung erdrückend.

Sven sprach nur das Notwendigste mit mir und ich erzählte ihm auch nur die Kurzfassung, warum ich arbeitslos war. Selbst die Kinder waren erstaunlich still. Über sein „Einkaufs-Ereignis" wurde gar nicht mehr gesprochen.

Zehn Tage hielt diese Stimmung an.

In dieser Zeit wurde ich von der Polizei geladen. Ich hielt mich genau an Sandys Anweisungen und gab Wort für Wort wieder, was sie mir eingetrichtert hatte.

Ich hörte von dieser ganzen Geschichte nichts mehr.

Am elften Tag legte Sven mir eine Anzeige vor mit dem üblichen Text:

<u>Nette Kollegin gesucht.</u>

Mir war klar, ich brauchte schnellstens wieder einen Job. Mein Wunsch war es, dass ich irgendwo kellnern konnte oder etwas Ähnliches finden würde. Ich hatte alle Stellenanzeigen studiert, doch es gab nichts, was zu mir passte.

So biss ich in den sauren Apfel und fuhr hin.

5.

Auch dieser Laden war ein Privat-Club.
Er war nett aufgemacht, wenn auch nicht so edel wie der letzte Club. Es arbeitete dort nur eine Frau. Sie schien um die fünfundzwanzig zu sein und kam aus Italien. Ihr Deutsch war nahezu perfekt, ihr Aussehen war durchschnittlich. Nicht so schön wie manch andere Mädchen, die ich kennengelernt hatte, aber dennoch attraktiv. Sie nannte sich Emilia und erzählte mir, dass das Geschäft ihrem italienischen Freund gehörte. Die Wohnung war winzig. Sie bestand nur aus zwei Räumen und einem Bad. Ein großes Bett, darüber viele Spiegelkacheln und zwei Regale zierten den „Arbeitsraum". Im Empfangsraum stand eine Zweiercouch in knallrotem Leder mit zwei kleinen Sesseln. Dazu befand sich im Raum ein Kühlschrank, eine kleine Ablagefläche mit Mikrowelle, Kaffeemaschine und eine Spüle. Ein paar Bilder an den Wänden sollten die Räume verschönern. Aber sie wirkten trotzdem irgendwie kalt und wenig einladend.

Ich wollte hier nicht einziehen, sondern arbeiten. Von daher konnte es mir gleich sein, wie es hier aussah. Wichtig war für mich, dass Geld zu verdienen war. So war ich gespannt, wie es hier laufen würde. Emilia erklärte mir die Preise. Die waren jedoch auch nicht anders, als ich sie kannte. Sie erzählte, dass hier wie üblich auf 50 Prozent gearbeitet wurde und ihr Freund Antonio, kurz Toni genannt, abends das Geld abholte.

„Ok", dachte ich, „dann kann es ja losgehen."

Ich saß schon fast drei Stunden da, bevor es das erste Mal klingelte. Emilia ging zur Gegensprechanlage und sagte:
"Hallo. Komm in die dritte Etage!"
Ich erfuhr, dass das Haus voll mit Mädels war, die privat arbeiteten und wie wichtig es war die Etage zu nennen. Sonst

könnte es passieren, dass der Kunde vor einer anderen Tür landete. Kaum stand der Freier im Raum, rasselte Emilia die Preise runter und fragte ihn, wen er wollte. Er entschied sich für sie. Die beiden verschwanden für eine dreiviertel Stunde ins andere Zimmer. Als sie wieder rauskamen und der Gast weg war, sagte sie: „Nur hundert Mark!", und legte den Geldschein in eine kleine Kassette. Dafür war sie aber lange weg, dachte ich.

Es dauerte wieder eine Weile, bis ein neuer Kerl kam. Auch er ging mit ihr aufs Zimmer. Ich hatte das Nachsehen. Nach einer halben Stunde kamen sie raus. Das Spiel mit der Geldkassette wiederholte sich.

An diesem Tag kamen für sie fünf Freier. Alle hatten nur hundert Mark gezahlt, aber keiner war unter einer halben Stunde auf dem Zimmer gewesen. Ich hatte zwei Gäste. Auch die bezahlten nur hundert Mark. Allerdings war ich nach zwanzig Minuten wieder draußen. Ich sagte nichts und ließ mir meine Verwunderung nicht anmerken. Um 22 Uhr kam ihr Macker und holte die Kohle ab. Mit mir sprach er kaum ein Wort. Dafür meckerte er über die Tageseinnahme.

„Es sind schlechte Zeiten!", erklärte Emilia. „Das Haus ist voll, die Preise sind im Arsch!"

Ich hatte hundert Mark verdient. Nicht die Welt, aber immerhin etwas.

So ging es einen Tag nach dem anderen. Ich kam selten auf mehr als zwei Freier. Emilia hatte im Schnitt auch nicht viel mehr. Nie tat sie mehr als hundert Mark in die Kasse, selbst wenn sie über eine Stunde im Zimmer war. An einem guten Tag, sie hatte ausnahmsweise sieben Freier, nahm sie einfach zweihundert aus der Kasse raus und meinte: "Der muss auch nicht alles wissen."

Ich war schon zwei Monate da und wie jeden Tag klingelte ich um 10 Uhr bei Emilia, um meinen Job anzutreten.

„Heute geschlossen!", kam es aus der Sprechanlage.

„Ich bin es, Josy!"

„Ach so! Komm rauf!", nuschelte sie.

Als sie mir die Tür öffnete, traf mich fast der Schlag.

Ihre Oberlippe war aufgeplatzt, das rechte Auge zugeschwollen und leuchtete in allen Farben.

„Was ist denn mit dir passiert!?"

„Nichts", schluchzte sie.

„Nun sag schon!"

Sie weinte bitterlich und sagte nur immer wieder: „Ich muss hier weg!"

„Nun mal mit der Ruhe! Erzähl mir, was passiert ist. Vielleicht kann ich dir helfen!"

„Niemand kann mir helfen! Niemand!"

Nachdem ich eine halbe Stunde auf sie eingeredet hatte, fing sie an zu erzählen.

„Toni hat herausbekommen, dass ich nicht alles abgeführt habe, was ich verdient habe. Er hat zwei Schein-Freier geschickt. Beide haben dreihundert gezahlt. Abends stimmte die Kasse nicht. Da er hat mich so zugerichtet."

„Oh Gott! Du musst ihn anzeigen!"

„Bist du wahnsinnig? Der bringt mich um!"

Dazu fiel mir dann auch nichts ein.

„Was willst du denn jetzt machen?", fragte ich sie.

„Ich hau ab! Zu meinen Verwandten nach Italien!"

„Bist du sicher, dass er dich dort nicht finden wird?"

„Er wird nicht nach mir suchen. Zumindest nicht im Ausland. Dafür habe ich ihm nicht genug Kohle rangeschafft."

Ich hatte auch keine andere Lösung für sie und so half ich ihre Sachen zusammenzusuchen und keine Stunde später war sie weg.

Nun saß ich da allein in der Wohnung und hatte Angst. Angst vor Toni, Angst davor, mit den Gästen allein zu sein. Man hörte so viel von durchgeknallten Freiern und mörderischen Zuhältern. Es klingelte und ich wusste nicht, vor was ich mehr Angst hatte: Toni zu sagen, dass ich nichts verdient hatte oder vor einem Irren, der vielleicht vor der Tür stand. Ich entschied mich den Freier hereinzulassen. Das stufte ich als weniger gefährlich ein. Drei Kunden hatte ich an diesem Tag, hundertfünfzig Mark verdient. Toni stand abends pünktlich um 22 Uhr auf der Matte.

„Wo ist Emilia?", waren seine ersten Worte.

„Ich weiß es nicht. Als ich kam, sagte sie mir, dass sie dringend wegmüsste."

„Wohin?"

Mir lief es eiskalt den Rücken runter und ich hatte Angst wie nie in meinem Leben.

„Ich weiß es nicht!"

„Du solltest mich besser nicht anlügen!"

Nun brach in mir endgültig die Panik aus.

Was sollte ich denn nur machen? Erzählte ich ihm, wohin sie war, würde er sie vielleicht umbringen. Erzählte ich es ihm nicht, würde ich womöglich aussehen wie sie oder Schlimmeres.

Er machte sich in aller Seelenruhe einen Kaffee.

„Wenn du willst, dass wir Freunde sind, solltest du vor allem eines wissen! Ich dulde keine Lügen und keine Betrügereien! All meine Frauen haben es sehr gut bei mir. Solange sie ehrlich sind."

Schon fast trotzig schoss es mir durch den Kopf: "Ich bin keine Frau von ihm!"

„Emilia hat mich seit Monaten geprellt! Ich habe sie gewarnt! Dass der Laden nicht besonders viel abwirft, ist mir klar. Aber mir dann noch Geld zu unterschlagen, geht gar nicht! Also: Wo ist Emilia?"

Er nahm mein Kinn in die Hand und zwang mich in seine eiskalten Augen zu schauen.

„Auf dem Weg nach Italien", sagte ich kleinlaut.

„Braves Mädchen. Hat sie den Schlüssel mitgenommen?"

„Nein, der liegt hier."

„Gut. Ich werde auf die Schnelle kein anderes Mädchen finden, was hier arbeiten will. Das Haus ist voll und hat auch keinen besonders guten Ruf. Du kannst hier Geld verdienen, wenn du deine Erwartungen nicht zu hoch ansetzt. Aber denke daran, niemand prellt mich ungestraft! Jeden Abend will ich meine Provision vorfinden!"

Ich wollte keinen einzigen Tag allein in dieser Wohnung sein und auch Toni wollte ich niemals wieder begegnen. Doch ich nickte nur. Als er ging, sagte er noch: „Siehst du, wir werden sicher gute Freunde. Vergiss den Schlüssel nicht."

Ich brauchte eine halbe Stunde, bis ich mich soweit beruhigt hatte, dass ich mir ein Taxi rufen konnte. Zu sehr hatte mich das Gespräch mit Toni aufgewühlt.

Ich schloss die Tür ab und nahm den Schlüssel mit, obwohl ich mir sicher war, dass ich niemals mehr in diese Wohnung zurückkehren würde.

Zu Hause erzählte ich Sven von den Ereignissen. Ich hoffte inbrünstig, dass er Verständnis zeigen und mich sogar davon abhalten würde, je wieder einen Fuß in diese Wohnung zu setzen.

„Das muss man nicht dramatisieren! Er hat doch Recht, wenn sie ihm die Kohle unterschlägt! Arbeite da vernünftig und bescheiß ihn nicht. Dann hast du sicher keine Probleme", war alles, was er dazu sagte.

„Ich habe Angst, Sven!"

„Wovor denn? Glaubst du, wenn jemand in den anderen Puffs beschissen hätte, wäre das anders gelaufen?"

Sicher war das wohl richtig. Ich wäre nie auf die Idee gekommen mir von den Abgaben etwas einzustecken. Deshalb hatte ich mir auch keine Gedanken darüber machen müssen, welche Konsequenzen so etwas haben konnte. Aber nun hatte ich erlebt, was einem Mädchen passieren kann und ich fragte mich, für welche Vergehen man wohl noch die Hucke voll bekam, ganz zu schweigen davon, dass in der Welt da draußen genügend Verrückte herumliefen!

„Aber was ist, wenn ein Irrer kommt, der mich abschlachtet?", versuchte ich Sven meine Ängste zu erklären.

„So ein Quatsch! Die wollen doch nur vögeln!"

„Ich habe trotzdem Angst und will da nicht mehr hin!"

Sven schaute mich abschätzend an.

„Das meinst du doch nicht ernst! Du bist nun lange genug dabei, um zu wissen, dass nie etwas passiert!"

„Sagst du! Ich sehe das anders! Da gehe ich nicht wieder hin!", sagte ich entschlossen.

Wider Erwarten nahm mich Sven in den Arm und küsste mich zärtlich.

„Ach Süße! Wenn du so viel Angst hast, dann passe ich eben auf dich auf!"

Ich glaubte meinen Ohren nicht zu trauen.

„Du willst auf mich aufpassen?"

„Ja, ich möchte doch auch nicht, dass dir etwas passiert!"

„Du meinst das wirklich ernst?"

„Aber sicher, mein Schatz! Ich frag Claudia, ob sie die Kinder betreut und ich bleibe bei dir im Club."

Doch Claudia wollte nicht auf Dauer so viele Stunden auf die Kinder aufpassen. So gab ich eine Anzeige auf und suchte eine Tagesmutter. Es dauerte nicht mal eine Woche, bis ich eine gefunden hatte, die nett erschien. Auch die Kinder mochten sie. Dennoch war mir nicht wohl bei der ganzen Sache. Meine Kinder den ganzen Tag in fremden Händen zu wissen, machte mich nicht glücklich. Es war für mich schwer genug, dass sie mich so wenig sahen und nun sollte ihnen auch der Vater genommen werden. Es war eine verzwickte Situation und am liebsten hätte ich alles hingeschmissen. Ich versuchte, Sven meine Gefühle und Ängste klar zu machen. Aber er reagierte ungehalten: „Denkst du, die Kinder sind glücklicher, wenn sie nichts zu essen haben? Oder keine Klamotten am Arsch? Hast du schon vergessen, wie es war, als sie uns den Strom sperrten?

Glaub mir, Tina, so ist es für alle am besten und die Tagesmutter wird sich gut um die Kleinen kümmern."

Für ihn war das Thema damit durch, doch ich quälte mich mit meinen Gedanken. Ich erkannte, dass das Dilemma mit Toni für mich ein Anlass sein könnte, um aus dem Milieu auszusteigen. Ich wollte das alles nicht mehr. Aber ich sah auch die finanziellen Belastungen. Meine Angst, dass es den Kindern an irgendetwas fehlen könnte, war genauso groß wie meine Angst in diesem Geschäft weiterzumachen. Sven hatte genau dieses Gefühl berührt und so ging ich am darauffolgenden Tag zu Toni. Ich fragte ihn, ob es ein Problem sei, wenn Sven mit in der Wohnung wäre.

„Ein Mann im Haus kann nicht schaden", sagte er.

„Sieh nur zu, dass die Freier ihn nicht sehen."

Damit war auch dieses Thema erledigt und ich fand mich damit ab, dass ich aus dieser Nummer nicht rauskam.

Sven hatte sich einen kleinen Fernseher gekauft, an dem er seine Spielkonsole anschloss. Ich war dankbar, dass ich nun einen Schutz hatte und den Freiern nicht hilflos ausgeliefert war. Bei jedem Klingeln verschwand er in den Flur. Er blieb dort solange sitzen, bis der Kunde wieder weg war. Das Haus war hellhörig und so fühlte ich mich sicher.

Es war erstaunlich, dass Sven keinerlei Reaktionen zeigte, wenn ich mit einem Gast in das Arbeitszimmer ging. Oft fragte ich mich, ob das wirklich Liebe sein konnte. Eifersucht schien bei ihm kein Thema zu sein. Auch sonst kamen von ihm nie Fragen außer nach der Kohle.

Die Stunden zwischen den einzelnen Freiern verbrachte ich vor dem Fernseher oder las ein Buch. Manchmal saß ich einfach nur da und starrte aus dem Fenster. Meine Gedanken waren oft bei meinen Kindern und bei der Frage, ob ich nun das Leben führte, das ich führen wollte oder ob es nicht andere Möglichkeiten gab. Irgendetwas in mir wollte sich damit nicht abfinden die nächsten Jahre als Hure zu verbringen. Aber so viel ich auch nachdachte und immer mal wieder die Zeitungen nach einem anderen Job durchkämmte, ich fand keine Lösung. Selbst wenn ich in diesem Club nicht viel verdiente, war es immer noch sehr viel mehr als in einem anderen Job.

Jeden Abend holte Toni die Hälfte meines Verdienstes ab. Das war nicht viel, denn ich kam selten auf mehr als dreihundert Mark.

„Ich muss den Laden loswerden", jammerte er. „Die Kosten sind höher als die Einnahmen!"

Eine Woche hörte ich mir das, ohne den Sinn zu erfassen an. Dann hatte ich eine Idee.

„Sag mal, Toni", sprach ich ihn eines Abends an. „Was heißt das denn, den Laden loswerden? Kannst du ihn nicht einfach zu machen?"

„Nein, dann habe ich zu viel Verlust."

„Warum Verlust? So hast du doch viel mehr Verlust."

„Ich habe nicht mal den Abstand raus."

„Was denn für einen Abstand?"

„Jede Wohnung, die eröffnet oder übernommen wird, ist mit einem Abstand belegt."

„Wer bekommt den Abstand?"

„Der Vorbesitzer oder der Vermieter des Hauses."

An diesem Tag war er gesprächig und ich neugierig.

„Dann gib mir doch den Laden!"

Er lachte. „Du bist aber witzig! Du kannst doch den Laden nicht übernehmen! Das können nur Männer!"

„Warum das denn?"

„Es gibt in der Stadt ‚Vermieter', die das Haus zur Verfügung stellen. Das sind die ganz Großen."

„Die Großen was?"

Er grinste wieder.

„Sagen wir mal so: Die bestimmen das Geschäft. Dann gibt es Männer wie mich, die die Läden mieten, um unseren Frauen einen sicheren Arbeitsplatz zu bieten. Wir müssen an die Großen Abstände zahlen und jeden Monat unsere Miete. Was die Frauen verdienen, gehört uns."

„Kluges Geschäft. Wie hoch ist so ein Abstand?"

„Das kommt darauf an, wie groß die Wohnung ist und wie viele Frauen dort arbeiten können."

„Zum Beispiel hier?"

„Liegt in etwa bei 30.000 Mark."

Ups, das war viel Geld.

„Und wenn ich dir jetzt 30.000 gebe, kann ich alleine arbeiten?"

„Na, wenn du so viel hättest, könnten wir darüber reden. Aber erst mal muss ich das in der Chef-Etage besprechen."

„Kein Zuhälter würde mir das wegnehmen?"

Wieder lachte er. „Das ist alles Verhandlungssache!"

„Ok. Erkundige dich. Für dich lohnt sich der Laden nicht, aber ich kann davon leben."

Er schüttelte ungläubig den Kopf, als könnte er nicht begreifen, dass er so ein Gespräch mit mir geführt hatte.

Ich rechnete meinen Verdienst durch: Dreihundert Mark durchschnittlich an sechs Tage die Woche. 1800-mal vier gleich 7.200 DM. Davon ging die Hälfte runter. Wäre alles meines, hätte ich den Abstand in einem Jahr wieder raus. Und wer weiß ... Vielleicht würde ich es ja schaffen, dass ich mehr verdiente! Als Toni weg war, schimpfte mich Sven aus.

„Bist du nun total daneben? Wie willst du denn an 30.000 Mark kommen?"

„Keine Ahnung. Aber ich will auch nicht auf ewig die Hälfte abdrücken!"

„Kannst du nicht einfach woanders einen Laden aufmachen?"

„Nein. Dann bekomme ich richtig Ärger! Denn jeder Lude hat sein Revier. Die ganze Stadt ist eingeteilt. Die machen dir die Hölle heiß, wenn du alleine arbeitest."

„Woher weißt du das?"

„Hat mir mal irgendwann eine Kollegin erzählt."

Ich wollte das Gespräch nicht weiter vertiefen, denn ich war mir nicht sicher, ob mein Plan aufgehen würde. Das Geld für den Abstand hatte ich nicht, aber vielleicht ließ sich Toni auf einen Deal ein. Dafür musste ich jedoch abwarten, was am großen Tisch entschieden wurde.

Es dauerte ein paar Tage, ehe Toni das Gespräch mit mir suchte.

„Du kannst den Laden haben!", überraschte er mich an einem Abend.

„Was soll er denn nun kosten?"

„30.000 Abstand. 10.000 extra, wenn du deine Ruhe vor Zuhältern haben willst. Das garantiere ich dir."

„Ich habe kein Geld. Du weißt selber, wie schlecht der Laden läuft."

„Ohne Kohle keinen Laden!"

„Ich biete dir Zinsen, wenn du mir ein halbes Jahr Zeit lässt das Geld zu verdienen."

„Wie hoch sollen da die Zinsen sein? Das lohnt sich in keinem Fall für mich."

„Ich biete dir eine Garantie plus 10.000 DM Zinsen."

Er lachte.

„Mädchen, was für eine Garantie willst du mir bieten? Hast du ein Haus? Juwelen, Sparverträge?"

„Nein. Mein einziges Kapital bin ich. Wenn ich es nicht schaffe dir in sechs Monaten das Geld zu bezahlen, arbeite ich für dich."

„Du arbeitest auch jetzt für mich. Das ist eine schlechte Garantie."

„Ich trete dir 90 Prozent für ein Jahr ab."

Er schaute mich durchdringend an.

„Du meinst es ernst."

„Ja, ich meine es verdammt ernst."

„Zwei Jahre."

Ich zögerte nicht eine Sekunde.

„Abgemacht. Wir haben einen Deal."

„Wir haben einen Deal", sagte er und ich war mir sicher, dass er sich über mich lustig machte.

Sven flippte aus, als er hörte, auf was ich mich eingelassen hatte.

„Bist du wahnsinnig? Wovon sollen wir denn leben, wenn das schief geht? Das schaffst du nie und nimmer!"

Ich ließ mich auf keine Diskussion ein. Ich hatte mir in den Kopf gesetzt meinen eigenen Laden zu haben und weigerte mich Svens Warnungen zu hören.

Stattdessen brauchte ich eine gute Idee, wie ich das Geschäft ins Laufen bringen könnte. Wer konnte mir dabei besser helfen als meine Freundin Claudia?

So ließ ich Sven einfach stehen und ging ins Nachbarhaus.

Claudia staunte nicht schlecht, als ich ihr von den neusten Ereignissen erzählte. Im Gegensatz zu Sven hatte sie keinerlei Zweifel, dass ich es schaffen konnte dem Luden das Geld zu bezahlen.

„Ich brauche eine gute Anzeige. Etwas anderes als das Übliche - „Junges Girl verwöhnt dich" oder „Tabulose Dame besorgt es dir"-", sagte ich.

„Machst du irgendwas, was die anderen nicht anbieten?"

Bei mir klingelte es sofort. Ich nahm ein Blatt und einen Stift und schrieb:

Küssen verboten?
Bei mir nicht!

Claudia malte darunter Beine in Strapsen und hohen Pumps. Ich war begeistert.

Schon am nächsten Tag ging ich zur Zeitung und ließ die Anzeige schalten. Mich beschlich ein seltsames Gefühl: „Zum ersten Mal trat ich in der Öffentlichkeit als Hure auf! Das war jetzt natürlich jedem klar!"

6.

Es kam so wie ich es erwartet hatte.
Die Annonce war ein Renner! Das Telefon stand nicht still.
„Ja, hallo?", begrüßte ich die Freier an der Strippe mit erotischer Stimme, beschrieb mich als leidenschaftliche Frau, die Spaß am Sex hatte und es nicht nur wegen des Geldes machte. „Wer guten Sex haben will, sollte auf das Küssen nicht verzichten müssen", erklärte ich den Freiern.
„Klingeln musst du bei Josy", säuselte ich in das Telefon.
Kaum war ich morgens um zehn im Laden, da ging die Schelle schon. Ich erinnerte mich an Sandys Worte und legte mich kräftig ins Zeug. Ich empfing die Männer nicht in einem Strass-Kleid. Stattdessen trug ich eine schwarze Korsage, Strapse und hohe Schuhe. Ich machte sie langsam heiß und bot ihnen etwas zu trinken an. Selbstverständlich kostenlos. Erst wenn sie es sich gemütlich gemacht hatten, erklärte ich ihnen meine Preise. Mit dem höchsten Preis begann ich zuerst.
„Für dreihundert Mark können wir uns so richtig Zeit nehmen! Wir können lecken, blasen und du kannst sooft kommen wie du willst."
Allein die Aussicht, dass sie mehrmals zum Höhepunkt kommen könnten, ließ viele Männer bei diesem Preis schwach werden. Eigentlich war es nur eine Farce, denn in Wirklichkeit waren die meisten nach dem ersten Mal satt, ließen sich vielleicht noch eine Rückenmassage verpassen und waren schnell wieder weg.
Wenn einer nicht anbiss, verringerte ich den Preis.
„Das Gleiche kannst du für zweihundert bekommen. Aber da haben wir nur eine halbe Stunde Zeit."
Nur ganz selten ging ich auf hundert Mark.
Das war auch nicht nötig, denn dafür gab es nicht viel

und ein bisschen Komfort wollten fast alle.

Von nun an lief es wie am Schnürchen. Oft gaben sich die Freier die Türklinke in die Hand.

Während ich auf der Matte arbeitete, saß Sven manchmal stundenlang im Hausflur.

Ich konnte kaum glauben wie oft die Klingel ging. In den ersten zwei Wochen war es besonders wild. Ich schaffte am Tag zwischen zehn und fünfzehn Freier. „Auf Falle" arbeitete ich längst nicht mehr und jeder Kunde bekam eine Behandlung, als wäre er der König persönlich. Das führte dazu, dass ich manchmal meine Pussy mit einem Waschlappen kühlen musste und oftmals wund war.

Hin und wieder verirrte sich ausländische Kundschaft zu mir. Das kam nur selten vor, denn es hielt sich eisern das Gerücht, dass ich teurer war als andere Mädchen und meist waren es nur Deutsche, die bereit waren so viel Geld auszugeben. Eines Tages stand dennoch ein alter türkischer Mann vor der Tür.

„Ficki, ficki? Hundert Mark?", fragte er, lächelte und ließ seine Goldzähne blitzen.

Geschockt schlug ich ihm die Tür vor der Nase zu. Ich erinnerte mich nicht gern an die Zeit in der Bar. Wirkliche Gründe hätte ich dafür nicht nennen können, aber dennoch war irgendwie ein schlechtes Gefühl geblieben, was es mir schwer machte mit ausländischen Mitbürgern Sex zu haben.

Am nächsten Tag stand derselbe Mann wieder vor der Tür.

„Hau ab!", brüllte ich ihn ohne ersichtlichen Grund an und wie ein geprügelter Hund schlich er davon doch nur, um am nächsten Tag wieder zu klingeln.

„Kapierst du es nicht? Bei mir nix ficki ficki!"

Er verstand mich ganz genau, auch wenn er der deutschen Sprache nicht besonders mächtig war.

„Du schöne Frau! Warum nicht ficki mit mir?"

Nun schauten mich seine braunen Hundeaugen traurig an. Was sollte ich ihm sagen? Dass ich genug seiner Landsleute gevögelt hatte und ich das nicht mehr ertragen konnte? Was hatte der arme Kerl mir denn getan? Mürrisch ließ ich ihn ein. Es dauerte nicht lange, da war die Arbeit getan.

Obwohl ich nie nett zu diesem Mann war, wurde er ein Stammgast, der zweimal die Woche kam und das all die Jahre, die ich Anschaffen ging.

Mit den anderen Gästen gab ich mir wirklich alle Mühe. Egal, ob einer viel oder wenig bezahlte, ich vermittelte ihnen das Gefühl der König in meinem Bett zu sein. Tatsächlich gab es eine Handvoll Männer, bei denen ich vergessen konnte, dass sie mich für meinen Job bezahlt hatten. Vor allem zwei gutaussehende, junge Typen hatten es mir angetan. Sie waren so unglaublich zärtlich und konnten lecken, wie es in der Welt nicht oft zu finden ist. Keiner der beiden hat je mehr als hundert Mark gezahlt. Beide waren nie unter einer Stunde wieder draußen.

Trotz all meiner Bemühungen gab es auch Kritik.

Eines Tages beschwerte sich ein Gast bei mir: „Du sagst, du bist selber geil, stöhnst wie verrückt und machst eine gute Show. Aber ich glaube dir keine Sekunde!"

„Wie kommst du denn darauf?"

Ich war erstaunt. Andere hatten sich nie beschwert.

„Dein Körper spricht seine eigene Sprache", verriet er mir.

„Eine Frau, die geil ist, sollte feucht sein. Du bist furztrocken! Und deine Nippel stehen auch nicht."

Das brachte mich zum Nachdenken.

Klar, er hatte Recht! Mit den meisten Kerlen war es einfach kein Spaß! Das war knallharte Arbeit und da konnte wohl niemand erwarten, dass ich feucht wurde.

Doch meinen Erfolg verbuchte ich nicht, weil ich so hübsch oder jung war. Die Freier glaubten, ich fände es mit ihnen richtig geil. Das war das Geheimnis. Damit das Geld auch in Zukunft gewährleistet war, musste ich mir etwas einfallen lassen.

Mal wieder half mir der Zufall auf die Sprünge.

An diesem besagten Tag hatte ich schon vier Stundenfreier, alle direkt hintereinander. Als ich ein paar Minuten Pause hatte, schmierte ich mir die Pussy mit einem Gel ein. Das kühlte wunderbar und hielt mich da unten geschmeidig. Nun klingelte es jedoch unmittelbar nach dem Eincremen. Der Typ war in der Woche schon zweimal bei mir, fackelte nicht lang und schmiss mich sofort aufs Bett. Ich kam nicht mehr dazu noch ins Badezimmer zu gehen, um mir das Gel abzuwaschen.

„Oh man", stöhnte er. „Du bist ja schon so richtig nass! Du bist einfach ´ne geile Sau!"

Bingo! Bei nächster Gelegenheit holte ich mir in der Apotheke ein geruchs- und geschmacksloses Gleitgel. Vor jedem Freier huschte ich ins Bad und drückte mir mit der Tube etwas davon in meine Muschi. Wenn der Freier nun mit seinen Fingern in mir stocherte, beförderte er automatisch das Gel nach vorne. Fast jeder bestaunte meine „natürliche Geilheit" und war von mir begeistert. Eine Garantie, dass er wiederkam.

Vier Wochen nach meiner ersten Anzeige in der Zeitung zog ich Bilanz. Ich hatte über 30.000 DM verdient. Nun war die Miete für meine kleine Arbeitswohnung mit 2500 DM sehr hoch; Strom und Telefon mussten bezahlt werden. Die Werbungskosten lagen auch bei gut tausend Mark im Monat.

In der Zeit wurde zu Hause gut gelebt. Allein die Tagesmutter verschlang 1200 im Monat. Aber immerhin hatte ich 17.000 DM in meinem Wohnzimmerschrank deponiert. Ich hatte zum ersten Mal so richtig etwas gespart! Mein Sieg war mir gewiss! Ich würde es schaffen dem Luden sein Geld zu bezahlen. Da war ich mir sicher.

Es war nicht immer heiler Sonnenschein in meinem Geschäft. Oft waren die Männer verschwitzt und rochen unangenehm. Trotzdem blieb ich die nette Hure, die es so richtig besorgt haben wollte. Es gab Kunden, die meckerten trotz aller Bemühungen an meinem Service und einige blieben erst gar nicht, weil ich ihnen nicht gefiel. Der häufigste Diskussionsgrund war das Kondom.

Wie oft hörte ich, dass die meisten Huren wenigstens ohne Gummi blasen würden. Aber allein bei dem Gedanken bekam ich das Kotzen. Wenn ich nur daran dachte, wie verdreckt die meisten Schwänze waren! Pfui Spucke! Die nahm ich bestimmt nicht ohne Gummi in den Mund! Dennoch musste ich mir etwas einfallen lassen. Das Geschäft war hart, die Konkurrenz schlief nicht. „Blank-blasen" stand hoch im Kurs und die meisten Frauen boten es an.

Eine Lösung musste also her.

„Am besten", dachte ich, „wenn der Freier es nicht merkt - so eine Art >auf-Falle-blasen<". Perfekter Gedanke. Ich nahm eine Banane und übte das Ding mit dem Mund darüber zu ziehen. Und siehe da, das funktionierte.

Abends zu Hause im Bett packte ich das Kondom ungesehen aus, verwöhnte meinen Sven mit der Hand, steckte mir das Gummi unauffällig in den Mund und stülpte es dann leidenschaftlich über sein bestes Stück. Ich achtete darauf, dass ich so mit meinem Rücken zu ihm lag, dass er nichts sehen konnte. Fünf Minuten später gab ich die Sicht frei.

„Wo kommt denn das Gummi her?", staunte Sven.

„Gut, nicht?"

Ich war zufrieden, Test bestanden! Von nun an beantwortete ich die Frage nach „Blank-blasen" anders:

„Am Anfang ohne ist kein Problem, aber dann kommt irgendwann das Gummi drauf."

In den ganzen Jahren gab es nur einen einzigen Fall, wo das Geheimnis aufflog. Der Typ wollte unbedingt dabei zusehen und hatte wohl gute Augen.

Die meisten Kunden waren sehr nett. Alle Altersklassen waren vertreten: Von achtzehn bis -ich glaube- fünfundachtzig. Der ließ mich jede Woche zu sich nach Hause kommen. Schon über zwanzig Jahre bekam er keinen mehr hoch, erfreute sich jedoch an einer Show mit meinem Dildo. Zum guten Schluss wollte er, dass ich ihm über die Hand pinkele und er war damit rundherum zufrieden. Jeden Donnerstag lud er mich zu sich ein. Ich mochte den alten Mann, nicht nur, weil er sich als sehr großzügig erwiesen hatte. Oftmals hatte er ein paar Tüten mit Süßigkeiten zusammengepackt und gab sie mir für die Kinder mit. Ich hatte ihm nie erzählt, dass ich Kinder hatte, aber er sagte trotzdem immer: „Für die Kleinen!". Meist legte er noch einen Zehn-Mark-Schein mit rein.

An einem Donnerstag rief er mich aus dem Krankenhaus an.

„Josy, du kannst heute nicht kommen", sagte er traurig.

„Hey, was ist passiert?"

„Ich bin im Krankenhaus! Ich bin gefallen und habe mir einen Beckenbruch zugezogen!"

„Das wird schon wieder! Melde dich einfach, wenn es dir besser geht."

Drei Tage später rief er erneut an.

„Josy, ich bin noch im Krankenhaus und ich glaube, ich sterbe!"

„Ach, nein! Wie kommst du denn nur darauf! An einem Beckenbruch stirbt man nicht!"

„Würdest du mich besuchen kommen? Ich möchte mich so gern von dir verabschieden."

Auch wenn ich nicht glauben konnte, dass er es mit dem Sterben ernst meinte, so wollte ich dem alten Mann seinen Wunsch nicht abschlagen und fuhr zum Krankenhaus.

Er sah auf einmal schrecklich alt aus!

„Josy! Ich bin bald bei meiner Frau! Meinst du, sie ist böse auf mich wegen dir? Aber ich habe sie doch nie betrogen!"

„Mach dir keine Sorgen! Sie ist sicher nicht böse und du noch lange nicht im Himmel."

Er war so dankbar für meine Worte, drückte mir beim Abschied die Hand und eine Träne lief ihm aus dem Auge.

Ein paar Tage später fuhr ich wieder ins Krankenhaus.

Die Schwestern teilten mir mit, dass er an dem Abend, als ich ihn zuletzt besucht habe, verstorben war.

Ich weinte wie ein kleines Kind.

Einmal brachte mir ein griechischer Stammkunde seinen Sohn mit. Der war gerade achtzehn geworden und noch jungfräulich. Ein hübscher Bursche, gut gebaut, mit strahlend weißen Zähnen. Ich mochte Männer mit schönen Zähnen gern, denn die waren meistens sehr gepflegt.

„Josy, ich verlass mich auf dich! Weih ihn in die Liebe ein!", sagte sein Vater zu mir und legte mir fünfhundert DM auf den Tisch, bevor er ging. Dem jungen Burschen war das unangenehm. Verschämt schaute er auf den Boden. Nachdem sein Vater gegangen war, zog ich ihn langsam aus. Trotz seiner Scham hatte er eine riesige Erektion. Die hielt allerdings nicht lange. Denn schon bei der ersten Berührung kam es ihm. Danach war nichts mehr zu machen. Mit hochrotem Kopf lag er neben mir und wäre wohl am liebsten im Erdboden verschwunden.

„Komm", sagte ich, „ich mach dir eine schöne Rückenmassage!"

Dankbar drehte er sich um und ließ sich eine Stunde von mir massieren. Als sein Vater ihn abholte, sagte ich zu ihm: „Das wird mal ein toller Liebhaber! Pass gut auf ihn auf."

Dankbar lächelte der Bursche.

Ich hatte meinen Club schon zwei Monate, als ich das erste Mal ein ernstes Problem mit einem Freier hatte. Es fing schon beim Empfang an. Die unterste Preisklasse war diesem Herrn immer noch zu teuer und er diskutierte bestimmt fünfzehn Minuten wegen des Verhüterlis. Mir fehlte mit solchen Typen die nötige Erfahrung, denn sonst hätte ich ihn kurzerhand vor die Tür gesetzt. So einigten wir uns auf hundert Mark, Gummi inklusive. Ich setzte meine Freier selten unter Druck. Aber wenn einer nur so wenig bezahlen wollte, musste der Spaß nach zwanzig Minuten vorbei sein. Als diese Zeitspanne überschritten war, hielt ich inne.

„Du, sei mir nicht böse, doch wenn wir weitermachen sollen, musst du noch ein bisschen was draufzahlen."

Der Typ wurde aber böse! Er riss sich das Kondom von seinem Schwanz und brüllte:

„Daran ist nur das bescheuerte Ding schuld!"

„Komm, ich mache es dir ohne Gummi mit der Hand", wollte ich noch beschwichtigen. Aber der Kerl schmiss mich zurück aufs Bett, drückte mir die Beine auseinander und wollte blank in mich eindringen.

Die Rechnung hatte er ohne den Wirt gemacht.

Aus Sicherheitsgründen behielt ich im Bett stets meine Pumps an. Zwölf Zentimeter hohe spitze Absätze, richtig eingesetzt, sind sie eine Art Lebensversicherung! Genau das tat ich. Ich setzte sie richtig ein: Mit vollem Schwung rammte ich die Absätze in seine Eier. Er flog regelrecht aus dem Bett und klatschte vor die Wand. Ich rappelte mich hoch, stürzte zu seinen Klamotten, nahm alles einschließlich der Schuhe und schmiss es aus dem Fenster. Dann rannte ich in den Hausflur. Laut rief ich nach Sven. Inzwischen stand der Kerl wieder auf seinen Beinen. Er winselte.

Von Sven war nichts zu sehen. Ich ging zurück in die Wohnung und brüllte den Typen an:

„Raus hier! Sofort! Oder ich rufe die Bullen!"

Mit schmerzverzerrtem Gesicht bewegte er sich durch die Wohnung und jammerte nur: „Meine Sachen, wo sind meine Sachen?"

„Die findest du auf der Straße! Jetzt raus hier!"

Gebeugt ging er zur Tür, blieb ratlos im Türrahmen stehen. Ich stieß ihn von hinten ins Kreuz und er fiel nach vorne. Schnell hatte ich die Tür verschlossen. Wo war Sven, dieses verdammte Arschloch?

Zu allem Übel klingelte es auch noch.

Ich ging an die Gegensprechanlage und wollte sagen, dass ich besetzt bin. Stattdessen hörte ich diesen miesen Freier:

„Das wirst du mir bezahlen, du billige Nutte!"

Ich legte den Hörer auf und fing an zu weinen.

Eine Stunde heulte ich wie ein Schlosshund. Nur schwer konnte ich mich beruhigen. Von Sven keine Spur und es klingelte ständig. Aber ich traute mich nicht mehr an die Sprechanlage. Ich hatte `zigmal versucht Sven ans Telefon zu bekommen, doch das Ding war ausgeschaltet. Immer und immer wieder wählte ich seine Nummer.

„Der Teilnehmer ist vorübergehend nicht erreichbar", war alles, was ich zu hören bekam.

Ich wollte nach Hause, traute mich aber nicht vor die Tür.

Irgendwann ging mein Handy und Sven war am Apparat.

„Ich habe schon dreimal geklingelt! Bist du noch besetzt oder warum lässt du mich nicht rein?"

„Komm rauf", war alles, was ich sagen konnte.

Als er mich sah, war er bestürzt. Mein Make-up war verschmiert, meine Augen verheult.

„Was ist passiert?", fragte er.

Unter Tränen erzählte ich die Ereignisse.

Er nahm mich in die Arme.

„Alles gut, mein Mädchen. Es ist dir ja nichts passiert und du wusstest dir zu helfen."

„Wo warst du? Warum bist du weggegangen?"

„Ich hatte Hunger, bin etwas essen gegangen."

„Drei Stunden? Du warst über drei Stunden essen?"

„Ich habe einen Kollegen getroffen und die Zeit vergessen."

„Du hast mich allein gelassen! Ich könnte tot sein!"

„Nun mach doch nicht so ein Drama daraus! Ich war nur etwas essen! Du lebst! Außerdem konntest du dir wunderbar helfen!"

„Dein Handy war aus! Warum hast du dein Handy ausgemacht?"

„So ein Quatsch! Ich habe mein Handy nicht ausgemacht! Ich hatte bestimmt keinen Empfang!"

In mir schrie alles vor Verzweiflung, Wut und Enttäuschung, aber ich bekam kein Wort mehr heraus.

Sven nahm mich behutsam an die Hand und brachte mich nach Hause. Er ließ mir eine heiße Wanne ein. Überall im Raum stellte er Kerzen auf.

Ich war immer noch fertig mit den Nerven und schaute apathisch in den Kerzenschein.

„Nun komm, Tina! So schlimm war es doch nun wirklich nicht! Solche Typen gibt es halt. Du hast bewiesen, wie stark du bist."

Er holte eine Flasche Wodka und goss mir ein Glas ein.

„Hier, meine Süße! Trink, das beruhigt dich. Du wirst sehen, gleich geht es dir wieder besser."

Ich trank den Wodka, aber besser wurde nichts.

In mir war etwas zerbrochen.

Am nächsten Tag ging ich in ein Waffengeschäft, kaufte mir einen Elektroschocker, CS-Gas und ein großes Messer.

Ich wusste nun, auf Sven war kein Verlass. In keiner Beziehung. Mein Vertrauen war gestorben. Es war nicht das erste Mal, dass er sich herausredete und mich belog. Das war mir klar. Aber ich konnte ihm nichts beweisen, hatte nicht einmal ansatzweise eine Ahnung, warum er das tat und wohin er stundenlang verschwand. Tagelang machte ich mir Gedanken, ob er ein Verhältnis hatte. Ich beobachtete ihn genau, fand aber keine Anzeichen dafür. Heimlich kontrollierte ich sein Handy. Hatte er mit irgendjemand telefoniert? Waren heimliche SMS´s hin und her geschickt worden? Ich fand nichts.

Die Tage nach diesem Erlebnis waren im Laden nur schwer zu ertragen. Bei jedem Freier hatte ich Angst und es fiel mir schwer eine gute Show zu liefern. Oft lief ich halb nackt auf den Flur, um zu sehen, ob Sven noch da war. Er saß stets auf der Treppe. Irgendwann dachte ich, dass ich wirklich übertrieben reagiert hatte und er tatsächlich nichts Böses im Schilde führte. Unsere Beziehung entspannte sich wieder.

Das nächste Schock-Erlebnis ließ nicht lange auf sich warten. Auch wenn es diesmal nicht um einen Freier ging, der mir ein Leid antun wollte, so war es für mich ein einschneidendes Erlebnis.

Der Kunde war schon häufiger bei mir und buchte mich immer für eine Stunde. Er hatte eine Wahnsinns-Ausdauer und scheuchte mich regelrecht durchs Bett. Dabei war er nicht unangenehm, wenn auch anstrengend. Für meine Pussy war das eine echte Herausforderung, denn das Gleitgel hielt nicht ewig. Oftmals rettete ich mich mit der Aussage, dass ich schnell für kleine Mädchen musste, um ein bisschen nachzuschmieren.

An diesem Tag hatte ich keine Chance einen Moment zu entfliehen. Ununterbrochen poppte er mich fast eine halbe Stunde. Als er dann endlich fertig war, sah ich die Bescherung. Das Gummi war geplatzt und er hatte seine ganze Soße in mich ergossen. Ich geriet sofort in Panik. Eine meiner größten Ängste war die Ansteckung mit Krankheiten und da ich die Pille nicht vertrug keinen Schutz vor Schwangerschaft hatte. Er versuchte mich zu beruhigen: „Mach dir keine Sorgen, Josy! Ich bin gesund. Ich gehe regelmäßig zum Blutspenden!"

Doch ich konnte mich nicht beruhigen. Ich bat ihn schnellstens vor die Tür und stürzte ins Badezimmer, um mir die Suppe mit der Dusche raus zu spülen. Dort stand eine Flasche Desinfektionsmittel, mit der ich das Bad sauber hielt. Kurzerhand sprühte ich mir das Zeug in meine Vagina.

Oh Gott, wie das brannte! Mir war der Schmerz egal, denn der Gedanke an AIDS setzte mir enorm zu. Meine kompletten Schleimhäute waren verätzt. Die Schmerzen wurden unerträglich. Ich musste zum Notarzt. Der war fassungslos, wie eine Frau so etwas machen konnte.

„Das werden Sie aushalten müssen", sagte er. „Dagegen gibt es kein Mittel. Ich kann Ihnen nur eine Creme verschreiben."

„Ich brauche die Pille danach!", heulte ich.

Er verschrieb mir beides und gab mir den guten Rat, wenn ich noch einmal auf so eine Idee käme, sollte ich besser ein Mittel nehmen, das allgemein zur Desinfektion im Vaginal-Bereich zugelassen wäre.

Woher sollte ich wissen, dass es so etwas gab?

Tagelang war meine Muschi unbrauchbar. Ich hatte starke Schmerzen. Trotzdem war ich im Laden und erklärte meinen Freiern, warum Verkehr gerade nicht möglich war. Dafür gab es Handarbeit und Blasen billiger, denn ich wollte meine Freier nicht gleich wieder verlieren.

Nach zwei Wochen war es ausgestanden und alles wieder in Ordnung. Die Angst vor irgendeiner Ansteckung blieb. Vor allem bei der nächsten Untersuchung schwitzte ich Blut und Wasser. Zum Glück waren alle Ergebnisse ohne Befund. In mein Notfall-Set wanderten nun auch noch eine Jod-Tinktur und ein Blasebalg, mit dem man das Zeug in die Vagina einbringen konnte. Trotz dieser Möglichkeit blieb meine Angst, dass ein Gummi platzen könnte. Ich entwickelte eine regelrechte Panik vor jeder Untersuchung und eine unsagbare Angst mich mit irgendetwas angesteckt zu haben.

Der Club lief wie geölt. Jeden Tag besuchten mich `zig Freier. Viele davon blieben, um ihren Spaß zu haben und die meisten kamen wieder. Auch im dritten Monat verringerte sich die Anzahl der Kunden nicht.

Oft lag ich mit einem auf der Matte und ausgerechnet in der Zeit klingelte es mehrmals. All das war verlorenes Geld, denn mehr als einen konnte ich schließlich nicht bedienen. Dieser Gedanke ließ mich nicht mehr los. Ich hatte immer noch Angst, dass ein durchgeknallter Freier auftauchte und außerdem schaffte ich die Arbeit nicht mehr allein. Die Lösung lag auf der Hand. Ich setzte eine Anzeige in die Zeitung:

„Nette Kollegin gesucht."

Ich staunte nicht schlecht, als mich viele Frauen anriefen und bei mir arbeiten wollten.

Beim ersten Vorstellungsgespräch war ich nervös, denn ich fühlte mich unsicher in meiner Position als Chefin.

Wir trafen uns in einem Bistro und nicht im Geschäft. Eine hochgewachsene, schlanke Frau saß vor mir. Sie erzählte von ihren Erfahrungen in Bars und Privat-Clubs. Ihr Alter ließ sich auf Mitte dreißig schätzen, aber sie wirkte kalt und abgezockt. Diese Frau würde mein Geschäft nicht bereichern. Das sagte ich ihr durch die Blume. Sie war sehr erbost und hielt mir vor, wie schwer eine vernünftige Frau zu finden sei.

Es folgten einige Gespräche mit ähnlichen Frauen. Ich war mir sicher, wenn ich nur eine davon einstellte, wäre mein Club schneller am Ende als ich gucken konnte. Also stellte ich keine von ihnen ein und hatte die Hoffnung schon fast aufgegeben. Da rief mich eine junge Frau an.

„Hey. Ich bin Mira. Neunzehn Jahre alt und Studentin. Ich muss mein Studium ab jetzt allein finanzieren. Ich brauche einen Job, der genügend Kohle einbringt."

Ich fand diese Vorstellung spannend. Noch am selben Abend traf ich mich mit ihr.

Mira war ein bisschen pummelig, hatte einen schönen großen Busen und trug eine Nickelbrille. Sie sah so jugendlich und natürlich aus.

„Prima", dachte ich, „genauso eine Frau brauchst du!" Ich zeigte ihr den Laden und erklärte ihr die Konditionen.

„Nee!", entrüstete sie sich. „50 Prozent? Ich kann nur zweimal die Woche. Da bleibt für mich ja kaum was übrig."

Sie hatte eine richtige Kodderschnauze. Ich mochte sie auf Anhieb. Deshalb ließ ich mich breitschlagen und bot ihr 60/40 an. Damit war sie einverstanden.

„Allerdings", sagte ich, „habe ich auch ein paar Bedingungen."

Sie schaute mich mit ihren großen, grünen Augen an.

„Ich arbeite nach ganz bestimmten Prinzipien! Du wirst nach denselben arbeiten müssen!"

Mira hatte noch nie irgendwo gearbeitet und so hatte ich den Vorteil, dass sie unerfahren und vor allem unwissend war.

„Hier wird geküsst! Das lockt die Freier an. Verkehr gibt es immer nur mit Gummi. Französisch wird zum Teil auch ohne angeboten. Das kannst du machen, wie du willst. Wenn es dich davor ekelt, zeige ich dir einen Trick. Handarbeit darf ohne Gummi gemacht werden. Es wird nichts an den Preisen gedreht."

Ich war noch lange nicht fertig mit meiner Liste. Sie hörte staunend zu.

„Ich will, dass die Freier denken, du hast Spaß an der Sache. Bevor du anfängst, gehst du ins Bad und schmierst dir Gleitgel in die Muschi."

Ihre Augen wurden immer größer.

„Die ersten drei Freier machen wir zusammen, damit du lernst, wie es abläuft."

Nun fielen ihr die Augen bald aus dem Kopf. Aber sie wirkte nicht eingeschüchtert. Ganz im Gegenteil. Sie strotzte vor Selbstbewusstsein und machte keinen ängstlichen Eindruck.

Dienstags und donnerstags sollte sie zur selben Zeit arbeiten wie ich.

Damit das möglich war, musste ich den Empfangsraum umbauen. Ich kaufte eine Schlafcouch, die sich ruck-zuck in ein Bett verwandeln ließ. So konnte eine von uns im Zimmer und die andere in der Küche arbeiten. Ein Text für ihre persönliche Annonce in der Zeitung war schnell gefunden. Ich mogelte einfach ein Lebensjahr von ihr runter und schrieb:

Studentin gerade 18!
Neu, aber nicht unverdorben!
Gefühlsecht!

Meine Erwartungen wurden erfüllt. Das Telefon stand nicht still. Am ersten Tag war sie dann doch ein bisschen aufgeregt. Sie hatte sich in Schale geschmissen und Kontaktlinsen eingesetzt.

„Nein, nein!", sagte ich zu ihr. „Setz die Nickelbrille auf, zieh das Kleidchen aus und behalte das Top an. Zieh dir halterlose Strümpfe und hohe Pumps an."

Sie tat wie geheißen. So sah sie einfach supersexy aus. Der erste Freier bekam eine Überraschung:

„Heute gibt es für einen Vorzugspreis von dreihundert Mark zwei nette Liebesdamen."

Da konnte er nur zuschlagen!

Beim ersten Mal war Mira sehr zurückhaltend. Sie beobachtete mich genau und staunte nicht schlecht, als die Nummer mit dem Kondom im Mund kam. Bei der zweiten Nummer stöhnte sie schon fast so gut wie ich. Ich hatte die richtige Wahl getroffen, das war mir nach der dritten Nummer klar!

An Miras Tagen, ging es richtig rund im Laden! Wir mochten uns gern und als ein Freier eine Lesbenshow wollte, sagte sie nicht nein. „Was für ein Naturtalent!", staunte ich. Manchmal konnte ich kaum glauben, dass sie nicht vorher schon irgendwo angeschafft hatte. Sie kannte kaum Tabus. Anal war kein Problem und auch Natursekt konnte sie gut verkaufen.

Es dauerte nicht lange, da hatte Mira mehr Kunden als ich. Arbeitslos war ich deshalb noch lange nicht. Es klingelte immer noch regelmäßig und oft machte keiner auf, weil wir beide besetzt waren.

Abends saß ich zu Hause und zählte mein Geld. Vier Monate waren vergangen. Stolze 40.000 DM lagen in meinem Wohnzimmerschrank. Ich hatte noch zwei Monate Zeit, um den Luden auszuzahlen. Das würde ich locker schaffen, dachte ich. Aber das Denken sollte man den Pferden überlassen. Die haben die größeren Köpfe!

Eines Abends traf mich der Schlag. 20.000 DM fehlten aus dem Schrank. Total hysterisch schrie ich Sven an: „Wo ist das Geld? Wo hast du das Geld versteckt."

„Wieso ich? Ich habe nichts versteckt! Frag doch das Kindermädchen! Vielleicht hat die dich beklaut!"

Ich rief sofort bei dem Kindermädchen an. Sie beteuerte, nicht mal etwas von dem Geld gewusst bzw. auch nur einen Pfennig davon genommen zu haben. Ich war durcheinander. Was sollte ich nun glauben? Niemand außer den beiden hatte Zugang zu dem Geld. Trotzdem war es verschwunden und ich in argen Schwierigkeiten.

Wen sollte ich beschuldigen? Wie konnte ich es beweisen? Sollte ich das Kindermädchen entlassen? In meinem Kopf drehte sich alles. Ich war verkauft, wenn ich das Geld nicht wieder auftreiben konnte.

Es klingelte. Verwundert darüber, wer abends nach 23 Uhr noch bei mir klingelte, öffnete ich die Tür. Da stand das Kindermädchen mit ihrem Mann. Sie hatte Tränen in den Augen. Wollte sie nun alles beichten und gute Gründe für diesen Diebstahl vorbringen?

„Katja würde niemals etwas stehlen! Sie war immer gern für die Kinder da und freute sich über den guten Lohn! Wir haben keine finanziellen Probleme! Auch ich habe einen gut bezahlten Job! Sie hat nicht mal einen Grund euch zu beklauen!", polterte ihr Mann los, mächtig sauer über diese Verdächtigung.

Er war mächtig sauer über diese Verdächtigung.

„Katja soll ihre Sachen packen und dann war es das hier!"

Böse funkelte er uns an. Katja suchte weinend ein paar Dinge von sich zusammen.

„Du musst nicht gehen", sagte ich.

„Ich habe das Geld nicht genommen, Tina! Ich schwöre dir, ich habe es nicht genommen! Ich liebe deine Kinder wie meine eigenen. Bitte glaube mir!"

Ihr Mann nahm sie am Arm und zog sie zur Tür.

„Fragt sich, warum dein Auto immer an der Spielhalle gegenüber von unserem Haus steht!", blaffte er Sven an. Dann verließ er die Wohnung.

Was in diesem Moment in mir vorging, lässt sich mit Worten kaum beschreiben. Mir fielen die vielen Stunden ein, die ich Sven nicht erreichen konnte. Es war, als ob man mir einen Vorhang von den Augen weggezogen hatte. Ich erkannte die Zusammenhänge. Da waren also die ständig fehlenden Stunden - die Tage mit Mira im Laden und von Sven keine Spur. Ich wartete auf die Welle, die Welle der Wut, die über mich hereinbrechen würde. Aber sie kam nicht. Ich sackte auf der Couch zusammen.

„Du hast es verspielt!"

Sven sagte nichts.

„Sag mir, dass das nicht wahr ist! Sag es mir!"

Er schwieg verbissen.

„Es ist also wahr!"

Sven reagierte immer noch nicht. Ich konnte meine Tränen nicht zurückhalten.

„Ich wollte es verdoppeln. Wollte auch mal zu den Gewinnern gehören. Ich war im Casino. Habe Black Jack gespielt. Am Anfang habe ich gewonnen."

Er redete leise und auch ihm standen Tränen in den Augen.

„Aber dann wurde das Spiel schlechter. Ich verlor immer mehr. Ich wollte es unbedingt zurückgewinnen und plötzlich war alles weg."

Mein Kopf war leer, mein Körper wie aufgelöst. Das konnte alles nicht wahr sein. Das musste ein schlechter Traum sein!

„Ich bin verloren!", schluchzte ich. „Du hast mich verkauft!"

Nun weinte auch Sven bitterlich.

„Ich wollte das nicht, Tina! Ehrlich, ich wollte das nicht!"

Immer mehr heiße Tränen liefen über sein Gesicht. Ich war hin und her gerissen zwischen Wut, Verzweiflung und unendlicher Trauer.

Zwei Stunden saßen wir beieinander und blieben stumm. Die Müdigkeit übermannte mich. Ich stand mit wackligen Beinen auf und ging zu Bett. Sven trottete hinter mir her. Im Dunkeln spürte ich, dass er noch lange wach gelegen hatte, doch ich war zu keinem Gespräch in der Lage.

Die Zeit hält nicht still und so ging auch diese furchtbare Nacht zu Ende. Erst als der Wecker klingelte, war mir klar, dass ich irgendwann eingeschlafen war.

Egal wie ich mich fühlte, egal wie sehr alles in mir durcheinander war, ich musste arbeiten. Ich hatte keine andere Wahl. Der Club lief immer noch super. Auch an diesem Tag kamen genug Kunden. Ich weiß nicht, woher ich die Kraft genommen habe zu lächeln, zu stöhnen und den Freiern eine gute Show zu bieten. Als der Letzte gegangen war, saß ich auf dem Bett und weinte. Es war plötzlich alles so hoffnungslos.

Ich wollte damals doch nur meinen Strom bezahlen! Nun steckte ich in diesem Schlamassel. Ich war verraten und verkauft. Ich hatte noch knapp acht Wochen, bis ich meine Schulden zahlen musste. Acht Wochen für 30.000 DM!

Wegen der Kündigung meines Kindermädchens war Sven nicht mehr vor Ort. Die Angst allein im Club zu sein, war immer noch gegenwärtig. Dazu kam die Panik, dass ich mich an einen Zuhälter verkauft hatte.

„Du musst nachdenken, Tina! Du musst eine Lösung finden!", ging es mir immer und immer wieder durch den Kopf. Aber ich fand keinen Ausweg. Ich bestellte mir ein Taxi und fuhr nach Hause.

Am nächsten Tag rief ich das Kindermädchen an. Ich bat sie, wiederzukommen. Ehrlich erklärte ich ihr meine Situation. Dass ich dieser Art „Job" nachging, wusste sie. Allerdings hatte sie von der Zuhältergeschichte keine Ahnung. Sie versprach es mit ihrem Mann zu besprechen.

Auch in den nächsten Tagen schleppte ich mich gequält durch den Arbeitsalltag. Ich war nervös und übellaunig. Sogar Mira fiel auf, dass mit mir etwas nicht stimmte.

„Was ist denn nur los mit dir?", wollte sie wissen.

Ich wollte nichts erzählen, aber ich war so randvoll, dass ich ihr unter Tränen meine Situation schilderte. Letztendlich war auch sie ratlos.

Am Abend rief mein Kindermädchen an, um mir mitzuteilen, dass sie wiederkommen wollte. Ein Lichtblick in dieser düsteren Zeit.

Jeden Tag, wenn die Einnahme gut war, redete ich mir ein, dass ich es immer noch schaffen konnte.

Nach weiteren vier Wochen musste ich mir endlich meine Niederlage eingestehen. Mir fehlten immer noch 15.000 DM. Es waren nur noch 26 Tage bis zum Zahltag.

Die Nächte waren schrecklich. Ich konnte schlecht einschlafen. Wenn ich dann endlich schlief, verfolgten mich schlimme Albträume. Immer wieder sah ich mich auf dem Straßenstrich, kaputt und vom Leben gezeichnet. Aber genau diese Träume brachten mich auf eine Idee.

Ich besuchte Claudia und fragte sie, ob sie bereit sei einige Nächte auf meine Kinder aufzupassen. Sie war einverstanden, denn schließlich lagen die Kleinen friedlich in ihren Betten und sie konnte das Baby-Phon mit in ihre Wohnung nehmen. Sven wies ich an mich abends von meinem Club abzuholen.

„Warum?", fragte er mich erstaunt.

„Weil ich nicht für einen Zuhälter arbeiten will!", antwortete ich ihm gereizt.

Pünktlich um 22 Uhr holte er mich ab. Ich hatte über meine Strapse einen kurzen, engen Rock angezogen und trug eine weit ausgeschnittene Bluse, die meinen Busen mehr als nur erahnen ließ.

„Fahr zur Autobahn", fordere ich Sven auf.

Er wollte etwas erwidern, doch mein eisiger Blick ließ seine Worte im Ansatz ersticken.

„Fahr auf den nächstgrößeren Parkplatz!"

Er tat wie geheißen, konnte es sich aber nicht verkneifen zu fragen, was ich vorhatte.

„Ich fick nun die Brummifahrer", sagte ich ordinär.

Kaum stand der Wagen, sprang ich aus dem Auto und marschierte auf einen Lkw zu. Aber nach nur zehn Schritten gaben meine Beine nach. Eben noch war ich so sicher. Nun ging es mir einfach nur dreckig und ich traute mich nicht an die Fahrertür des parkenden Lkws zu klopfen. Ich ging zurück zu unserem Auto.

Ich war wütend. Wütend auf meine Feigheit, wütend auf Sven, wütend auf die ganze Welt.

„Fahr zur nächsten Tankstelle!", schnauzte ich Sven an.

Dort kaufte ich eine Flasche Wodka und trank ihn unverdünnt in großen Schlucken.

„Zurück zum Parkplatz!"

Sven hielt den Mund und tat einfach nur noch was ich sagte. Angeheitert vom Alkohol, hatte ich nun genug Mut und ging zu dem ersten Brummifahrer. Der staunte nicht schlecht, als ich an seine Tür klopfte.

„Wen haben wir denn da?", fragte er. „So gern ich dich auch mitnehmen würde, aber ich fahre heute nicht mehr!"

„Ich will nicht fahren!", erwiderte ich. „Ich will schmutzige Dinge tun!"

„Na, da sag ich ganz sicher nicht nein! Husch rein in meine Kabine!"

„Kostet aber hundert Mark!"

„Du willst mich wohl verscheißern. Das bekomme ich am Straßenstrich billiger!" Damit schlug er mir die Tür vor der Nase zu.

Ich dackelte zurück zum Auto und goss noch mal den Wodka nach. Dann ging ich wieder hin.

„Fünfzig", schlug ich vor, als er seine Tür öffnete.

„Ok", sagte er, fummelte die Kohle aus seiner Jeans und drückte sie mir in die Hand.

Ich stieg mit ihm in die enge Kabine und war dankbar für den Rausch, den ich hatte. Er zog mir mit einem Ruck den Slip runter, stülpte sich das Kondom über und rammte mich unerbittlich. Sein Körpergeruch war unerträglich. Sein Gewicht drückte mich platt. Nach zehn Minuten war alles vorbei. Ich schleppte mich zurück zu Sven, der im Wagen wartete. Einer meiner Strümpfe war zerrissen, meine Haare zerzaust und mir war elend.

„Du siehst so heiß aus", empfing mich Sven.

„Vergiss es!", blaffte ich. „Fahr zum nächsten Parkplatz!"

Dort standen fünf Lkws. Bei vieren landete ich mit derselben Nummer. Nummer fünf meinte, er hätte Familie. Das könnte er ihnen niemals antun, denn mit der Treue würde er es sehr ernst nehmen. Die anderen hatten damit kein Problem, obwohl ich bei einigen Fotos ihrer Kinder auf den Ablagen sah.

Es war schrecklich, billig und ekelhaft.

Ich stank mittlerweile nach Schweiß, der mir nicht gehörte und ekelte mich vor mir selber.

Die Flasche Wodka war mehr als zur Hälfte geleert und ich besoffen. Ich weiß nicht, wie viele Parkplätze wir angefahren haben. Am Ende war die Flasche leer, ich sternhagelvoll und um neunhundertfünfzig Mark reicher. Zu guter Letzt ging mein Mann über mich drüber. Im Anschluss kotzte ich mir auf die Schuhe.

Vierzehn Tage habe ich diese Art „Doppelschicht" durchgehalten. Ohne Alkohol hätte ich das nicht ertragen können.
In dieser Zeit gab es keine Nacht, in der ich mehr als vier Stunden Schlaf bekam. Im Club waren die Einnahmen konstant, und als der Zuhälter Toni vor meiner Tür stand, überreichte ich ihm das geforderte Geld.

Ich brauchte Wochen, um mich von diesen Erlebnissen zu erholen. Seelisch wie körperlich.

7.

Nun war es mein Club! Mein ganz eigener Club und mit der Auszahlung des Abstands fielen mir viele Vorteile in den Schoß. Plötzlich war ich Besitzerin und nicht nur eine Hure, die „Anschaffen" ging. Ich erfuhr, dass einmal im Monat Konferenzen innerhalb der Luden-Gemeinschaft abgehalten wurden, die in diesem Haus auch ihre Läden hatten. Beim ersten Treffen war das mehr als nur ein komisches Gefühl. Da saß ich mit den Herren am Tisch, hörte erstaunt zu, wie über den Austausch von Frauen gesprochen wurde, Veränderungen am Haus in Planung gingen und über andere „Ringe" diskutiert wurde, die unseren Gebieten zu nahekamen. Unseren ... Ich hatte gerade mal ein einziges Mädchen, zweimal die Woche für mich arbeitete und saß mit alteingesessenen Zuhältern am Tisch, von denen die meisten mindesten zwanzig Frauen „am Laufen" hatten.

Bei dem ersten Gespräch blieb ich zurückhaltend. Ich war nicht unfreundlich aufgenommen worden, ganz im Gegenteil. Aber ich hätte keinen Kommentar das abgeben können. Als die Sitzung vorbei war, nahm mich einer der Luden an die Seite. Ich schätzte ihn auf mindestens sechzig Jahre und ich ging davon aus, dass er einer der höheren „Tiere" war, wenn nicht gar das höchste.

„Es ist nicht so ungewöhnlich, dass du hier am Tisch sitzt. Es gab schon einige Frauen, die versucht haben, einen eigenen Laden zu führen."

Ich stand neben ihm, ganze zwei Köpfe kleiner und war sehr eingeschüchtert.

„Keine von ihnen hat es geschafft", erzählte er weiter.

Ich nahm meinen Mut zusammen und fragte ihn, warum das so sei.

„Drogen, falsche Geschäftsmoral und vor allem die Männer haben ihnen das Genick gebrochen."

Ich überlegte, ob das „Genick gebrochen" wörtlich gemeint war.

„Was war mit den Männern? Haben sie ihnen ihren Laden weggenommen?", fragte ich vorsichtig.

„So kann man es nicht nennen. Aber sie haben sich blenden lassen. Sind der ‚Liebe' erlegen und hatten am Ende nichts mehr."

Ich schluckte.

„Wenn du Probleme hast, dann melde dich bei mir. Ganz egal worum es geht. Hier ist meine Nummer. Ich bin Tag und Nacht erreichbar." Damit ließ er mich stehen.

Erst viel später erfuhr ich, dass er es war, der in der Stadt die Zügel in der Hand hielt.

Mein Laden lief immer noch gut. Mira war ein prima Zugpferd und arbeitete so vernünftig, dass die Männer auch gern wiederkamen. Da sie nur zwei Tage die Woche da war, musste sie bald Termine machen. Sie kam morgens um zehn Uhr, schaffte gerade mal mittags eine kurze Essenspause und war durchgängig bis 22 Uhr besetz. Ich konnte nicht klagen. Denn 40 Prozent ihrer Einnahmen wanderten in die Geschäftskasse.

Mir fiel ein Kunde auf, der an beiden Tagen in der Woche kam und sie mindestens für zwei Stunden buchte. Ich war erstaunt, denn der Bursche mochte vielleicht um die fünfundzwanzig Jahre sein und ich fragte mich, woher er das nötige Kleingeld dafür nahm. Ich sprach Mira darauf an.

„Der hat sich in mich verliebt und möchte am liebsten den ganzen Tag bleiben!", erzählte sie stolz.

„Pass bloß auf dich auf!"

„Wie meinst du das?"

„Es könnte jemand sein, der dich abwerben will!"

„So ein Blödsinn. Der ganz sicher nicht!"

„Pass einfach auf und wenn er irgendetwas Seltsames tut oder sagt, melde dich sofort bei mir!"

„Du machst dir zu viele Sorgen! Ich hab das im Griff", meinte Mira und war davon hundertprozentig überzeugt.

Nach vier Wochen erzählte mir Mira, dass dieser Mann unbedingt wissen wollte, wo sie wohnt und was sie privat machte.

„Ich habe es ja geahnt!", schimpfte ich. „Erzähl ihm bloß keine privaten Details von dir! Sag ihm einfach, du wohnst hier und dass, wenn er weiter nervt, er nicht mehr wiederkommen darf."

Mira verstand die ganze Aufregung nicht. Schließlich war er ihr bester Kunde! Sie war beleidigt, dass ich sie als so naiv hinstellte und beteuerte mir, sie würde niemals in einem anderen Laden arbeiten wollen. Ich glaubte ihr, blieb aber misstrauisch, was den Typen anging. Ganz genau beobachtete ich ihn, wenn er kam. Er schleppte Geschenke für Mira an, Pralinen, riesige Blumensträuße und ließ weiterhin eine Menge Geld da.

An einem Mittwochmorgen fuhr ich wie üblich mit einem Taxi gegen neun Uhr in den Laden. Ich war am Vorabend etwas eher gegangen, weil mein Sohn krank geworden war. Da Mira im Laden die Stellung hielt, zuverlässig und ehrlich war, konnte ich es mir leisten manchmal etwas früher zu gehen.

An diesem Tag konnte das Taxi nicht vor dem Haus halten. Alles war zugeparkt mit Feuerwehr, Krankenwagen und Polizei.

„Oh Gott", dachte ich, „da hat wieder ein Mädel auf die Fresse bekommen." So etwas geschah von Zeit zu Zeit in diesem Haus und meist waren es die Freunde der Frauen, die mit den Einnahmen nicht zufrieden waren. Ich habe selten erlebt, dass dabei mehr als ein blaues Auge oder eine aufgeplatzte Lippe herausgekommen ist. Diesmal jedoch schien es richtig schlimm zu sein. So ein großes Aufgebot hatte ich hier noch nie gesehen. Die Frauen, die im Haus anschafften, standen im Flur. Die Feuerwehr baute ein Sprungtuch auf. Brannte es im Haus? Und wenn ja, warum blieben die Frauen im Haus? Ich schlängelte mich durch die Menschenmenge und fragte bei einer Kollegin nach.

„Wen hat es denn diesmal erwischt?"

„Das ist in deiner Wohnung, Josy!"

„In meiner Wohnung?", fragte ich entsetzt und hechtete die Treppe hoch.

An meiner Wohnungstür machten sich zwei Feuerwehrleute zu schaffen. Auch die Polizei stand dabei. Vor meinem geistigen Auge sah ich Mira tot in der Wohnung liegen und mir wurde angst und bange.

„Bleiben Sie zurück!", sagte ein Polizist.

„Das ist meine Wohnung! Was ist überhaupt hier los?"

Ein Beamter zog mich ein Stück zur Seite und wollte meinen Ausweis sehen. Ich gab ihm mit zitternden Händen das Dokument.

„Bitte klären Sie mich auf! Ist was mit Mira passiert?", flehte ich ihn an.

Krachend flog die Wohnungstür auf.

„Wir wissen noch nicht, wie viele Menschen sich in der Wohnung aufhalten. Ein Notruf hat uns erreicht, dass sich in ihrer Wohnung ein Selbstmörder befindet", erklärte mir der Polizist.

In der Zwischenzeit waren Feuerwehrleute, Notarzt und auch Polizei in die Wohnung eingedrungen. Mich hielt man zurück, sodass ich nicht erkennen konnte, was dort passierte. Nach fünf Minuten brachten sie einen Mann auf einer Trage raus. Von Mira fehlte jede Spur. Mein Herz klopfte bis zum Hals und meine Beine wurden weich wie Gummi.

Endlich ließ man mich in die Wohnung. Ein heilloses Durcheinander empfing mich. Möbel waren umgestoßen, Gläser zu Bruch gegangen und die Gardinen vom Fenster heruntergerissen. Was war hier nur passiert? Statt Antworten zu geben, stellte der Beamte eine Menge Fragen an mich.

„Wer arbeitet hier noch? Wann waren Sie das letzte Mal hier?"

„Mira war gestern Abend zuletzt hier. Ich bin um 21 Uhr gegangen. Da hatte sie noch einen Gast."

„Wer ist Mira und wo wohnt sie?"

Ich gab ihren richtigen Namen und ihre Adresse preis und fragte mich, ob sie noch lebte.

„Bitte sagen Sie mir doch endlich, was hier passiert ist!"

„Wir haben heute Morgen einen Notruf von einem Mann bekommen. Der hat behauptet, dass man ihn gekidnappt hätte und er in der Wohnung eingesperrt wäre. Die ganze Nacht hätte man ihn hier festgehalten und nun wolle er aus dem Fenster springen. Der Mann war stark alkoholisiert."

Ich war fassungslos. Wer sollte hier irgendjemanden in meiner Wohnung gekidnappt haben?

Der Beamte ließ mich erst mal stehen. Ich sollte bis auf weiteres vor Ort bleiben.

Ich nahm mein Handy und wählte Miras Nummer. Es ging nur die Mailbox dran. Deshalb schickte ich ihr eine SMS: „Bitte melde dich SOFORT bei mir! NOTFALL!"

Keine fünf Minuten später ging mein Telefon.

„Hey, ich bin es. Mira! Was ist denn los bei dir?"

„Bei mir? Mann! Ich hab gedacht, du bist tot!"

„Wie bitte? Wie kommst du denn darauf?"

In kurzen Sätzen erklärte ich ihr, was hier vorgefallen war. Sie war entsetzt.

„Ist dir gestern Abend irgendetwas aufgefallen?"

„Nö. Nur der Typ, der mir ständig den Hof macht, war gestern Abend wieder da. Sonst war alles wie immer. Ich habe um 22 Uhr alles abgeschlossen und bin dann nach Hause gegangen."

„War er dein letzter Kunde?"

Mein Kopf versuchte sich daran zu erinnern, wie der Mensch auf der Trage aussah. Aber ich war so perplex von der ganzen Sache, dass ich mich einfach nicht an das Gesicht erinnern konnte. Hatte ich es überhaupt gesehen?

„Ja, er war der Letzte. Er ging, als ich unter der Dusche war", erklärte Mira.

„Weißt du, wie er heißt?", fragte ich sie.

„Thomas. Thomas irgendwas. Nachname hat er mir mal gesagt, aber den hab ich vergessen."

„Ich melde mich noch mal", sagte ich und legte auf.

Ich ging zu dem Beamten und fragte ihn, ob der Betrunkene Thomas hieß.

„Sie kennen ihn also doch?"

„Das versuche ich gerade herauszubekommen."

„Ja, der Vorname ist Thomas."

Ich rief wieder bei Mira an.

„Kannst du herkommen? Ich glaube, die brauchen sowieso deine Aussage und du kannst sicher Licht ins Dunkel bringen."

„Klar. Ich bin in 20 Minuten da."

Der Krankenwagen war in der Zwischenzeit abgefahren und auch die Feuerwehr war fort. Zurück blieben nur zwei Polizisten, die nun mit der Inspektion der Wohnung fertig waren.

„Meine Kollegin ist in 20 Minuten hier", sagte ich zu einem von ihnen.

„Wir fahren jetzt. Kommen Sie zur Wache, damit wir Ihre Aussage aufnehmen können."

Ich schaute mich in der Wohnung um. Die Tür war aufgebrochen und es sah aus wie nach einem Bombenangriff.

„Ja", sagte ich, „aber es wird einen Moment dauern. Ich muss zusehen, dass ich die Tür in Ordnung bekomme."

Als alle weg waren und ich allein in der Wohnung saß, wurde mir erst richtig bewusst, wie viel Glück wir gehabt hatten. Was immer hier passiert war, Mira war gesund und munter. Der Rest würde sich sicher aufklären. Hier war einiges zu Bruch gegangen. Erst jetzt fiel mir auf, dass eine leere Flasche Whisky und eine leere Flasche Sekt mitten im Raum lagen. Ich rief Sven an, erklärte ihm die Geschehnisse und fragte, was ich tun konnte, damit die Tür wieder heil wurde. Ich war froh, dass er sich sofort ins Auto setzte, um sie in Ordnung zu bringen.

Mira kam bald darauf. Während sie mir noch einmal die Geschehnisse des Abends erklärte, reparierte Sven die Tür.

Langsam konnte ich mir einen Reim darauf machen, was sich zugetragen hatte.

Später wurde auf der Polizeiwache der Hergang aufgeklärt. Wie so oft in den letzten Wochen war der Freier Marias letzter Kunde, der um ihre Gunst buhlte. Mira erzählte, dass sie zusammen eine Flasche Sekt geleert hatten. Er hatte auch Whisky dabei, von dem sie jedoch nichts trinken wollte. Während sie unter der Dusche stand, verabschiedete sich der Typ. Sie hörte, wie er die Tür zuzog. Aber statt wirklich zu gehen, musste er sich in der Gewissheit, dass Mira hier wohnte, versteckt haben. Sie verließ den Laden und schloss die Tür ab. Der Kunde war davon ausgegangen, dass sie gleich wiederkommen würde, und hatte es sich mit der Flasche Whisky gemütlich gemacht. Über dem Whisky und der Warterei war er eingeschlafen. Morgens war er, noch betrunken, aufgewacht und in Panik geraten. Da er aus der Wohnung nicht herauskam, rief er die Feuerwehr an, drohte mit Selbstmord und erfand die Geschichte des Kidnappings. Der Mann war für seine zwischenzeitlichen Verwirrtheitszustände bekannt. Schon öfter war er wegen Stalking aufgefallen. Ich wurde gefragt, ob ich eine Anzeige gegen ihn machen wollte.

„Nein", sagte ich. „Aber bitte teilen Sie ihm mit, dass ich ihn bei uns nicht mehr sehen will! Wenn er das nicht einhält, werde ich die Anzeige nachholen."

Gott sei Dank ließ er sich nie wieder blicken.

Das ganze Theater hinterließ Spuren. Wenige Tage später stand der Vorfall in der Zeitung:

„Liebestoller Freier verfolgt Studentin im Rotlicht-Milieu und droht mit Selbstmord", stand in der Schlagzeile. Das Haus war als Foto abgelichtet.

Unser Geschäft blühte. Noch mehr Kunden kamen und wollten unbedingt zu der tollen Studentin.

Aber leider gab es nicht nur Vorteile aus dem Zwischenfall.

Einige Zeit später bekam ich einen Brief von der Polizei.
Ich hatte mir nie etwas zuschulden kommen lassen und als ich ihn aufmachte, dachte ich an den Vorfall mit dem Selbstmörder. Nie wäre ich auf die Idee gekommen etwas anderes, als eine Ladung als Zeugin vorzufinden. Also riss ich den Brief ganz ohne Aufregung auf und konnte kaum glauben, was dort geschrieben stand.
Ich war der Zuhälterei angeklagt!
Der Staatsanwalt hatte Anklage gegen mich erhoben.
Für mich war das unfassbar. Was hatte ich denn getan? Außer Mira arbeitete keine andere Frau bei mir. Wie konnten sie mir da Zuhälterei vorwerfen?

Direkt am nächsten Tag befragte ich Mira, ob sie irgendetwas bei der Polizei wegen mir ausgesagt hatte.

„Nein, ich habe nicht mal eine Vorladung wegen des Irren bekommen. Seitdem das passiert ist, habe ich nichts mehr mit der Polizei zu tun gehabt."

„Ich verstehe das nicht! Wie kommen die denn nur darauf, dass ich Zuhälterei betreibe?"

Ich war sehr verzweifelt und hatte große Angst vor dem Termin.

„Such dir einen Anwalt, Josy! Du brauchst einen Rechtsbeistand!"

Mira hatte Recht! Ich rief sofort die Auskunft an und ließ mir Telefonnummern von verschiedenen Anwälten geben. Nach drei Anrufen hatte ich einen Anwalt gefunden, der mir zwei Tage später einen Termin gab.

„Was kann ich für Sie tun?", empfing mich ein älterer Herr, als ich in die Kanzlei kam.

„Ich habe eine Vorladung bekommen, die ich mir nicht erklären kann", sagte ich und legte ihm den Brief vor.

„Sind Sie in diesem Gewerbe tätig?"

Früher wäre ich bei dieser Frage errötet. Aber zu diesem Zeitpunkt hatte ich so viel Selbstbewusstsein, dass ich ruhig sagen konnte: „Ja, ich arbeite als Prostituierte und habe einen kleinen Laden."

„Arbeiten dort noch andere Frauen?"

„Ja, das Haus ist voll. Ich schätze, es sind etwa 30, die dort arbeiten."

„Das meinte ich nicht, bringt mich jedoch spontan auf die Idee, ob Sie Neider haben."

„Neider? Das kann ich mir nicht vorstellen. Ich bin ein kleines Licht und tue niemanden etwas zuleide."

„Läuft ihr Geschäft gut?"

Ich wusste nicht so recht, wie und ob ich diese Frage beantworten sollte. Meine Angst war groß, dass ich mich am Ende in noch mehr Schwierigkeiten brachte.

Der Anwalt bemerkte mein Zögern sofort.

„Sie brauchen sich keine Sorgen zu machen! Alles, was wir hier besprechen, bleibt unter uns und wird auf keinen Fall gegen Sie verwendet."

„Das Geschäft läuft sehr gut."

„Wie viele Frauen arbeiten in Ihrem Laden?"

„Nur eine außer mir und das nur zwei Tage in der Woche."

„Zahlt sie Tagesmiete?"

Der schien sich ja auszukennen.

„Nein, sie arbeitet auf Prozente."

„Das heißt?"

Nun wurde es mir doch peinlich, weil mir das erste Mal bewusst wurde, dass ich tatsächlich Zuhälterei betrieb.

„Sechzig, vierzig."

„Für Sie die 60 Prozent?"

„Nein, für mich die vierzig."

„Also stimmt die Anklage."

Verdammter Mist. Ja, er hatte Recht! Auch wenn ich das nie so betrachtet hatte! Mira brauchte nur etwas zahlen, wenn sie verdiente! Ich musste schließlich alle Rechnungen tragen, die der Laden verursachte!

„Aber dafür bezahle ich alles andere!"

„Zuhälterei ist nach § 181a strafbar und wird mit einer Freiheitsstrafe von sechs Monaten bis zu fünf Jahren bestraft. Wortwörtlich heißt das: Wer eine andere Person ausbeutet, die der Prostitution nachgeht, macht sich strafbar."

„Ich beute Mira nicht aus!"

„Ich bin nicht ihr Feind! Aber ich muss Ihnen klar vor Augen führen, welches Problem wir haben! Dafür muss ich mir erst einmal einen Überblick verschaffen."

Ich nickte.

„Wer weiß von ihrem Prozente-Deal?"

Ich überlegte. Außer meinem Mann wusste niemand etwas davon.

„Haben Sie Streit mit Ihrem Mann? Könnte er Sie angezeigt haben?"

„So ein Quatsch! Der beißt sich doch nicht in das eigene Fleisch!"

„Heißt das, dass auch er Frauen für sich arbeiten lässt?"

„Nein, er hat mit dem Geschäft nichts zu tun. Aber er lebt von dem Geld, was ich mit nach Hause bringe."

Der Blick des Anwalts sagte alles.

„Ich weiß nicht woher die Anzeige kommt. Ich habe mit niemand Ärger, keiner kennt Details aus meinem Laden. Ich weiß es einfach nicht!"

Nun schossen mir zu allem Überfluss auch noch die Tränen in die Augen.

„So kommen wir nicht weiter", sagte der Anwalt, „Nehmen Sie den Termin wahr. Beziehen Sie sich auf Ihr Recht die Aussage zu verweigern. Ich fordere die Akte an und dann werden wir wissen, was Ihnen genau vorgeworfen wird."

Mit gesenktem Kopf schlich ich aus der Kanzlei.

Sven konnte die ganze Aufregung nicht verstehen.

„Die können dir doch gar nichts! Wenn Mira nicht aussagt, dass sie Geld abgegeben hat, dann können die sich auf den Kopf stellen! Die haben doch keine Beweise!"

Ich war mir da nicht so sicher und hatte Angst am Ende wirklich ins Gefängnis zu müssen.
Sven redete die ganze Sache runter. Ich fühlte mich unverstanden.

Der Tag der Vorladung kam. Ich hatte mir wenigstens gewünscht, dass Sven mich begleitete, aber seine Reaktion war hart:
„Bist du verrückt? Am Ende verhaften die mich wegen Zuhälterei!"
So saß ich allein auf dem Flur und wartete, bis man mich aufrief.

Die Polizistin machte einen netten und freundlichen Eindruck.
„Da Sie angeklagt sind, müssen Sie keine Aussage machen. Sie dürfen von ihrem Recht Gebrauch machen die Aussage zu verweigern."
„Ja, das möchte ich."
„Das ist gut. Das erspart uns unnötige Zeit", lächelte die Polizistin. „Unterschreiben Sie hier und dann können Sie gehen."
Dankbar, dass ich schnell aus dem Raum kam, wandte ich mich zur Tür.
„Ach, da fällt mir noch etwas ein", kam es vom Schreibtisch. „Kennen Sie dieses Buch?"
Ich drehte mich um.
„Ja, klar! Das ist mein Kalender! Den habe ich schon überall gesucht!", entfuhr es mir.
„Ist das der Kalender, in dem Mira ihre Ein- und Abgaben aufgeschrieben hat?"
Wie Schuppen fiel es mir vor die Augen.
Ich war verloren.

Abends saß ich zu Hause und grübelte darüber nach, wie ich so dumm sein konnte, der Beamtin auf den Leim gegangen zu sein. Der Kalender war seit dem Tag verschwunden, als sich dieser Irre aus dem Fenster stürzen wollte. Ich hatte es bemerkt, aber dem keine großartige Beachtung geschenkt. Ein verhängnisvoller Fehler. Ich konnte mir immer noch keinen Reim darauf machen, wie der Kalender zur Polizei gekommen war. Offensichtlich hatte der Typ ihn mitgenommen. Doch es machte keinen Sinn, warum er mich angezeigt hatte! Schließlich war er nicht mein Kunde. Ich verstand die Zusammenhänge immer noch nicht.

Am nächsten Tag rief ich meinen Anwalt an und erzählte ihm von dem Mist, den ich gebaut hatte. Aber er schien plötzlich nicht mehr so sehr in Sorge zu sein und bat mich mit Mira zu ihm zu kommen.

„Ich habe die Aktenlage nachlesen können. Der Kalender wurde von der Polizei mitgenommen, als sie die Wohnung aufgebrochen haben, um Herrn Thomas K. zu befreien. Er lag geöffnet auf dem Tisch und ließ den Verdacht einer Straftat aufkommen. Wie genau sind die Notizen darin aufgezeichnet?"

Mira beantwortete diese Frage: „Bei den einzelnen Wochentagen steht: Einnahmen. Dann mein Verdienst des Tages und daneben, was ich in die Kasse gelegt habe."

„Steht irgendwo, dass Sie das Geld an ihre Chefin abgetreten haben? Taucht ihr Name dort auf?"

„Nein. Nichts dergleichen."

„Es könnte also auch so sein, dass Sie diese Abrechnung ganz für sich allein gemacht haben? Zum Beispiel, weil sie 40 Prozent zum Sparen zurücklegen wollten?"

„Ja, das ist durchaus möglich."

„Sehr gut! Haben Sie schon eine Vorladung zur Zeugenaussage bekommen?"

Mira verneinte.

„Gut. Sie wird Ihnen sicher in den nächsten Tagen zugestellt und ich denke, Sie wissen was Sie zu sagen haben."

Ich war ein Stückchen erleichtert, dass die Anklage nicht wirklich etwas in den Händen hielt.

Als wir den Anwalt verließen, fragte ich sicherheitshalber bei Mira noch mal nach: „Du wirst doch nicht aussagen, dass du Geld abgegeben hast, oder?"
„Was hältst du denn von mir? Ich habe mir fest vorgenommen 40 Prozent von meinem eigenen Umsatz zurückzulegen, damit ich mir eine neue Wohnungseinrichtung finanzieren kann."
Mira knipste mir ein Äuglein zu.
„Vielleicht ist es sinnvoll, wenn du sagst, dass du Tagesmiete bezahlt hast."
„Ja, keiner wird glauben, dass du mich umsonst arbeiten lässt."
„Sagen wir fünfzig Mark. Ich denke, das ist glaubwürdig."

Miras Vorladung kam schon drei Tage später.
Sie ließ mich nicht im Stich.
Es dauerte keine vier Wochen, da wurde das Verfahren eingestellt. Mir fiel ein Stein vom Herzen.

All das tat dem Geschäft keinen Abbruch. Der Laden lief. Immer mehr neue Kunden fanden den Weg zu uns. Das führte dazu, dass wir dauernd besetzt waren und sich die Freier die Finger wund klingelten. Eine Lösung musste her. Schließlich war es verlorenes Geld!
Ich rief die Nummer an, die ich von dem Hausbesitzer bekommen hatte und bat ihn um ein Gespräch.
Es dauerte nicht lange, da saß ich in seinem Büro.
„Was kann ich für dich tun?", fragte er.
„Ich möchte nicht lange um den heißen Brei herumreden", sagte ich und fuhr fort: „Meine Wohnung ist zu klein."
Er lächelte.
„Deine Wohnung ist zu klein? Du arbeitest dort mit einem Mädchen, oder nicht?"
„Ja, das ist richtig. Aber ich möchte noch eine Frau einstellen und dann fehlt mir ein Zimmer. Außerdem ist die Schlafcouch im Empfangsraum nicht wirklich die perfekte Lösung."

„So viel habt ihr zu tun?"

Ich wusste nicht so recht, was ich darauf sagen sollte. Auf keinen Fall wollte ich preisgeben, wie gut der Laden lief. Obwohl ich mir denken konnte, dass er gut informiert war.

„Es ist, wie gesagt auch zu zweit recht eng auf Dauer".

„Ich habe in der ersten Etage eine Wohnung frei. Sie hat drei Zimmer plus Küche und Bad. Sie ist jedoch auch teurer."

„Was soll sie denn kosten?"

„3500 Mark ohne Nebenkosten, versteht sich."

Das waren nur tausend Mark mehr als ich bisher zahlte. Allein dadurch, dass Mira mitarbeitete, hatte sich die Einnahme enorm nach oben verschoben. Da war diese Summe keiner Rede wert.

„Ok", sagte ich, „würde ich gerne nehmen. Allerdings unter einer Bedingung."

„Die da wäre?"

„Das da nicht wieder ein Abstand drauf ist."

„Es gibt keine Wohnungen ohne Abstand!"

Das durfte wohl nicht wahr sein. Erst wenige Wochen hatte ich Toni ausgezahlt und sollte nun erneut einen Batzen Geld auf den Tisch legen?

„Ich kann doch nicht, nur weil ich mehr Platz brauche, wieder so eine Summe auf den Tisch legen. Wo soll ich die denn hernehmen?", fragte ich ihn.

„Wenn deine Wohnung größer ist, verdienst du auch mehr Geld", argumentierte er.

„Ja, ist klar! Aber erstens muss ich mehr Miete bezahlen und zweitens muss ich darin erst mal mehr Geld verdienen!"

„Du kannst es dir ja in Ruhe überlegen. Vielleicht findest du einen Nachmieter für deine Wohnung und kannst dort einen Abstand kassieren. Dann wäre es ein Leichtes."

Gefrustet verließ ich sein Büro.

Das war doch total überzogen! Schließlich hatte ich ein Vermögen bezahlt. Das sollte verfallen, nur weil ich die Wohnung wechseln wollte? Das ging in meinen Kopf nicht rein. Langsam wurde mir klar, dass sich so auch eine Menge Geld mit mir verdienen ließ.

Aber ich wollte nicht klein beigeben und so gab ich eine Anzeige auf:

Nachmieter für Privat-Club gesucht.

Es gab eine gute Resonanz auf diese Anzeige. Einige Leute schauten sich meinen Club an. Doch als ich von der Abstandssumme erzählte, war keiner bereit auch nur annähernd die geforderte Summe zu zahlen.

Ich war wütend. Nicht weil ich niemanden gefunden hatte, der meinen Club haben wollte, ich war wütend, weil ich nun endlich merkte, dass man mich mit der Abstandssumme über den Tisch gezogen hatte. Niemand bezahlte einen so hohen Abstand. Nirgendwo. In der Regel wurde eine Übernahme des Mobiliars zu einem Preis zwischen 10.000 und 20.000 verhandelt, je nachdem wie hochwertig die Einrichtung war. Ich vereinbarte einen neuen Termin mit meinem Vermieter.

„Ich bin über den Tisch gezogen worden!", beschwerte ich mich bei ihm.

„Warum? Wie kommst du darauf?", wollte er wissen.

„Weil ich viel zu viel Geld für den Laden bezahlt habe!"

„Habe ich diese Summe von dir verlangt?"

Ich musste mir eingestehen, dass er gar nichts von mir verlangt hatte.

„Toni hat so viel von mir verlangt!"

„Dann ist es eine Sache zwischen dir und Toni!"

Nun wusste ich nichts mehr zu erwidern.

Er hatte Recht. Ich war dumm, ahnungslos und hatte mich aufs Kreuz legen lassen. Die Kohle war unwiderruflich weg. Daran ließ sich auch nichts mehr ändern. Dennoch wollte ich meinen Plan mich zu vergrößern nicht aufgeben.

„Was muss ich bezahlen, wenn ich die größere Wohnung haben will?"

„25.000 DM. Sie ist komplett renoviert, vom Feinsten ausgestattet und hat drei Arbeitszimmer."

„Kann ich sie mir anschauen?"

„Ich bin morgen im Haus und melde mich bei dir."

Die Wohnung war schick und mit meiner kleinen Bude überhaupt nicht zu vergleichen. Ein kleiner Tresen zierte den Empfangsraum. Die Küche war komplett eingerichtet, die Zimmer allesamt größer und sehr nobel. 25.000 DM waren dafür wirklich nicht zu viel verlangt, denn die Sachen waren alle neuwertig. Zu Hause hatte ich von den letzten Einnahmen etwas Geld auf die Seite gelegt, sodass mir nur die Hälfte fehlte.

„Ab wann kann ich die Wohnung haben?", fragte ich.

„Sie steht frei. Wann möchtest du rein?", antwortete mein Vermieter.

„Wäre es in zwei Wochen möglich?"

Im Geiste rechnete ich den zu erwartenden Gewinn der nächsten Tage durch. Ich müsste es schaffen, wenn ich Sven auf die Finger köpfte, denn er verschlang immer noch Unsummen. Ich vermutete, er spielte wieder.

„Kein Problem. Das wäre sowieso Anfang des Monats, sodass wir den Vertrag auf den Ersten legen können."

Handschlag und der Deal war perfekt!

Direkt am Anfang der Woche marschierte ich zum Stadtanzeiger und gab mein Gesuch nach einer Kollegin auf.

Mira war weder von dem Umzug noch von einer neuen Kollegin begeistert.

„Wir sind doch prima klargekommen! Ich verstehe dich nicht, Josy! Warum muss es eine größere Wohnung sein? Hast du mal darüber nachgedacht, dass sie uns am Ende die Kunden wegnimmt und wir weniger verdienen? Dann rentiert sich eine größere Wohnung sicher nicht!"

Ihre Argumentation war berechtigt, aber ich war überzeugt davon, das Richtige zu tun. Außerdem hatte ich eine ältere Frau gefunden, die meine kleine Butze übernehmen wollte und mir immerhin 5000 DM dafür angeboten hatte.

„Da schaffst du noch mehr Konkurrenz ins Haus! Hier sind schon so viele Frauen!", schimpfte Mira.

„Jetzt reg dich nicht auf! So können wir wenigstens bestimmen, wer da oben sitzt und die ist ganz sicher keine Gefahr für uns!", versicherte ich ihr. „Was haben wir schon davon gemerkt, dass das Haus voll ist? Die Frauen verschwinden doch nach vier Wochen wieder, weil sie hier kaum etwas verdienen. Und wer verdient? Du! Das wird sich nicht ändern!"

Aber Mira war nicht überzeugt. Um des lieben Friedens willen - denn schließlich wollte ich sie nicht verlieren - machte ich ihr den Vorschlag die Kollegin mit aussuchen zu dürfen.

Danach war sie etwas ruhiger.

So einfach, wie ich es mir vorgestellt hatte, war das mit der zusätzlichen Kollegin nicht. Zwar hatte es sich herumgesprochen, dass in meinem Laden gut verdient wurde und der Andrang war enorm, aber bei den Vorstellungsgesprächen stellte sich heraus, dass es sich nur um alteingesessene Damen handelte. Die wollte ich auf keinen Fall. Ich wusste inzwischen, dass kaum jemand so arbeitete wie Mira und ich. Viele der „normalen Huren" konnten diesen Service niemals bieten oder wollten es auch nicht. Küssen war tabu geschweige denn, dass sie sich von den Männern fingern ließen. Nur die älteren oder weniger hübschen Damen ließen sich von den Freiern dazu überreden, die ansonsten keine Mark mehr verdienten. Ich war mir sicher, dass keine von ihnen so gut schauspielern konnte wie wir. Damit war meine Suche erst einmal erledigt. Ich fand keine Frau, bei der ich ein gutes Gefühl hatte.

So zogen Mira und ich allein um. Die Mehrkosten an Miete taten mir nicht weh. Die Wohnung verfügte, im Gegensatz zu der anderen, sogar über eine Badewanne. Das war Klasse, denn damit konnten wir einen zusätzlichen Service anbieten.

Die neue Wohnung war mein ganzer Stolz. Ich freute mich sehr über die großen schönen Räume mit der gehobenen Ausstattung.

Sven konnte, ohne bemerkt zu werden, in einem der Zimmer warten, wenn ich allein arbeitete. Das brachte mir ein Stück Sicherheit, denn so ganz war ich die Angst noch nicht wieder losgeworden. Ich kaufte ihm die neueste Spielkonsole und so konnte er sich stundenlang beschäftigen.

In der Küche war es möglich eine Kleinigkeit zu kochen. Bis dahin hatte ich hauptsächlich vom Pizza-Bring-Dienst gelebt. Leider fand ich nur viel zu selbst Zeit zum Kochen.

Das Geschäft lief ohne Probleme. Jeden Tag kamen Gäste und zweimal die Woche war der Laden so voll, dass wir ununterbrochen zu tun hatten. Mich ärgerte keine geeignete Frau gefunden zu haben, denn so wanderte mancher Freier auf die anderen Etagen ab, weil bei uns niemand aufmachte.

Ich hatte die Hoffnung schon fast aufgegeben und kaum mehr an die Anzeige gedacht, als abends um kurz vor 22 Uhr das Telefon ging.

„Hallo? Du hast Josy am Telefon", begrüßte ich den Anrufer wie ich es immer tat, aber statt eines Mannes war eine Frau am anderen Ende der Leitung.

„Hallo. Ich habe Anzeige gesehen. Sie suchen Kollegin?"

Die Stimme klang sehr ausländisch und irgendwie gehetzt.

„Ja, das ist richtig", sagte ich.

„Kann ich kommen? Ist weit von Bahnhof?"

Ich war überrumpelt.

„Jetzt sofort?", fragte ich.

„Ja, bitte! Jetzt! Ich nicht weiß, wo geh ich hin."

Nun weinte die Person am anderen Ende der Leitung.

Ich wusste im ersten Moment nichts zu sagen und auch aus dem Telefonhörer kam nichts mehr außer einem Schluchzen.

„Sind Sie dran?", fragte mich die Stimme.

„Ja, sicher", antwortete ich. „Vom Bahnhof bis zu mir ist es zu Fuß gut eine halbe Stunde."

„Ich kann kommen?"

„Ja, komm mal her. Ich schau, was ich machen kann. Klingeln musst du bei Josy."

Es dauerte 20 Minuten, bis die Türglocke ging und eine kleine, dünne Frau mit feuerroten Haaren vor mir stand. Sie mochte so um die vierzig sein, hatte jedoch einen sehr knabenhaften Körper, sodass man das Alter schlecht bestimmen konnte.

„Ich bin Gabriela", sagte sie und weinte schon wieder.

„Setz dich erst mal. Dann erzähl mir, was dir passiert ist", sagte ich und kochte ihr einen Kaffee.

Ich wartete, bis sie ihre Tasse geleert und sich etwas beruhigt hatte. Währenddessen schaute ich sie mir genauer an. Ihr Gesicht wirkte verängstigt, ihre Augen verheult. Sie war nicht größer als 1,60 Meter und wirkte fast magersüchtig. Mehr als 48 kg brachte sie sicher nicht auf die Waage. Unter ihrer Bluse zeichnete sich ein winziger Busen ab, den ich eher erahnen als sehen konnte. Ihre Kleidung wirkte teuer, war aber schon sehr abgetragen. Unter normalen Umständen wäre sie sicher nett anzusehen, doch im Moment wirkte die Frau nur wie ein Tier auf der Flucht.

Als sie sich etwas beruhigt hatte, fing sie an zu erzählen.

„Ich kommen aus Polen. Habe geheiratet deutsche Mann. Erste Jahr, alles war gut. Aber dann er hat geschlagen mich und genommen mit Gewalt. Immer wieder. Gestern ich bin weggelaufen. Habe kein Geld. Weiß nicht wo kann ich gehen."

Nun folgte wieder ein Tränenschwall.

„Hast du schon mal so eine Arbeit gemacht?", wollte ich wissen.

„Nein, aber mir alles egal! Machen alles, was du willst. Nur schicken du mich nicht zurück nach Hause!"

Ich war ratlos und wusste nicht so recht, was ich mit dieser Frau anstellen sollte. Ich konnte sie schlecht in meinem Laden sitzen lassen! Woher sollte ich wissen, ob sie mir nicht alles leer räumen oder sonst etwas hier anstellen würde, geschweige denn, dass ein wütender Ehemann vor meiner Tür auftauchte. Doch auf die Straße wollte ich sie auch nicht schicken. Was war, wenn die Geschichte nicht der Wahrheit entsprach - sie womöglich einem Zuhälter weggelaufen war? Ich war lange nicht mehr so naiv wie früher und konnte mir alle Wahrscheinlichkeiten bildlich vorstellen. Nur eine nicht: Dass ihre Geschichte wahr sein konnte. Was also tun?

„Von wo kommst du? Hast du einen Ausweis?"

Sie zeigte mir ihren Pass. Ich sah, dass sie in München gemeldet war. Die Stadt war mehr als 600 km von hier entfernt.

„Wie bist du von München hierhergekommen?", fragte ich sie. „Schwester von mir wohnt in Frankfurt. Bin ich dahingefahren. Mein Mann dort angerufen hat und gesagt, er kommt mich holen. Meine Schwester nicht möchte Probleme! Hat mir Geld gegeben und mich an Bahnhof gebracht. Ich genommen nächsten Zug. Ende war in dieser Stadt."

War das plausibel? Mir erschien die Möglichkeit wahrscheinlicher, dass sie einem Zuhälter in Frankfurt weggelaufen war. Aber machte sich jemand die Mühe eine weggelaufene Hure so weit zu verfolgen? Selbst wenn es so gewesen sein sollte?

Ich erinnerte mich an die Geschichte mit Emilia, wie sie das Weite vor Toni gesucht hatte.

Es nutzte nichts, ich musste eine Entscheidung treffen und verließ mich auf mein Bauchgefühl. Ich fand es unmenschlich die Frau auf die Straße zu setzen. Also ließ ich sie in der Wohnung und blieb die Nacht einfach mit ihr zusammen da.

Ich rief Sven an, um ihm mitzuteilen, warum ich die Nacht nicht nach Hause kam, denn er war schon zu Hause. Seine Reaktion war spärlich. Es schien ihm nichts auszumachen die Nacht allein zu verbringen.

Gaby und ich redeten stundenlang. Sie erzählte mir ihre traurige Geschichte. Drei Kinder ließ sie in Polen zurück, um ihnen von Deutschland ein besseres Leben zu ermöglichen. Sie hatte nicht aus Liebe geheiratet, sondern in der Hoffnung hier ein besseres Leben zu finden und ihre Kinder später nachholen zu können. Der Mann hatte ihr alles Mögliche versprochen, doch nichts davon gehalten. Sie war nur seine Putzfrau, seine private Hure und durfte sich kaum allein aus dem Haus bewegen. Als die Vergewaltigungen immer mehr zunahmen, konnte sie es nicht mehr aushalten und war geflohen. Ihre Geschichte war so herzzerreißend. Sie weinte immerzu bei ihrer Erzählung. Ich entschied, dass niemand so etwas erfinden konnte und beschloss sie in der Wohnung zu lassen.

Am nächsten Tag erklärte ich ihr unseren Service. Den ersten Freier machten wir zusammen, aber ich erkannte sehr schnell, dass ich mir ein Naturtalent ins Haus geholt hatte. Sie hatte Feuer, war leidenschaftlich und genau der Typ Frau, der mir in meinem Puff fehlte.

Mira verstand sich auf Anhieb mit ihr. Die beiden waren so unterschiedlich, dass von der Polin keine Gefahr ausging.

Da ich mich nicht auskannte, wie das mit Ausländerinnen in Deutschland war, wenn sie anschafften, rief ich beim Gesundheitsamt an. Dort erklärte man mir, wenn sie deutsch eingeheiratet sei, gäbe es keine Probleme. Also marschierte ich zur Zeitung und gab eine neue Anzeige auf:

Rassige rothaarige Lady, mit polnischem Charme!

Wie erwartet schlug sie ein wie eine Bombe. Das Telefon stand nicht still, die Türglocke ging ununterbrochen. Ich selbst kam kaum zum Arbeiten, denn alle wollten nur zu der „sexy Polin". Das störte mich nicht weiter. Ich machte den Türdienst, ließ die Freier rein und hielt sie bei Laune, bis eines der beiden Mädchen frei war.

Weil Gaby keine Wohnung hatte, blieb sie Tag und Nacht im Club. Ich zeigte ihr meinen Notfall-Koffer, der direkt unter dem

Bett stand und leicht zu erreichen war. Darin befanden sich ein Elektroschocker, CS-Gas und ein großes Messer. Auch erzählte ich ihr die Geschichte von dem Typen, der sich mit Gewalt sein Vergnügen ohne Gummi nehmen wollte. Ich machte ihr deutlich, wie wichtig es war die Schuhe anzulassen und wachsam zu sein. Schließlich wollte ich nicht, dass hier noch einmal ein Aufgebot an Polizei und Rettungsdienst notwendig wurde! Mit war nicht wohl bei dem Gedanken sie hier allein zu lassen, aber sie hatte keine Angst und bestand darauf auch allein arbeiten zu können.

Den Sinn dahinter verstand ich erst nach ein paar Tagen.

Mein Bauchgefühl veranlasste mich den Laden einen Abend zu beobachten. So blieb ich nach Feierabend an der Hausecke stehen und schaute, was sich nach 22 Uhr hier so tat. Siehe da, es kamen doch noch einige Freier. Ich übte mich in Geduld, blieb bis nachts ein Uhr dort stehen und zählte vier zusätzliche Gäste.

Am nächsten Tag erzählte Gaby mir, dass noch zwei Kunden bei ihr gewesen waren, aber leider nur je hundert Mark eingebracht hätten.

„So, so", sagte ich. „Aus sicherer Quelle weiß ich, dass vier Leute hier waren!"

Gaby wechselte die Gesichtsfarbe.

„Nein, waren nur zwei!"

„Du solltest mich besser nicht anlügen! Schließlich willst du hier wohnen und ich glaube kaum, dass du woanders so viel Geld verdienst! Was glaubst du, was ein Zuhälter mit dir macht, wenn du die Einnahme in deine eigene Tasche steckst?"

„Ich schwöre! Nur zwei Gäste da waren!"

„Wenn das so ist, solltest du besser deine Sachen nehmen und gehen!" Ich blieb ruhig und sachlich, aber konsequent.

Sie fing an zu weinen.

„Muss Geld den Kindern schicken! Habe nicht Klamotten und weiß nicht wohin!"

„Das hast du dir selber zuzuschreiben! Ich dulde nicht, dass ich beschissen werde!"

„Oh bitte, Josy! Schmeiße mich nicht weg! Ich habe Fehler gemacht, aber ich mache nicht noch mal so was! Bitte schmeiße mich nicht weg!"

Nun war sie völlig aufgelöst und weinte bitterlich.

„Hör zu! Wenn ich dich noch einmal erwische, dass du Geld unterschlägst, musst du tausend Mark Strafe zahlen!"

„Ich machen alles, was du willst!"

„Ok. Ich bekomme dreihundert von dir für die Freier, die du unterschlagen hast!"

Sie nahm ihr Portemonnaie und gab mir das Geld.

Damit war das Thema für mich erledigt. Mir war klar, ich musste sie im Auge behalten.

So viel Geld hatte der Laden noch nie abgeworfen und ich dachte an die Bar zurück, in der ich einst gesessen hatte. Über ein Jahr war seitdem vergangen. Nie im Leben hätte ich mir träumen lassen einmal so viel Geld zu verdienen. Doch was hatte ich letztendlich davon? Ich saß sechs Tage in der Woche mindestens zwölf Stunden am Tag in meinem Club.

Nach dem Erlebnis mit Gaby wusste ich genau, dass ich in diesem Milieu keine Ehrlichkeit erwarten konnte. Vertrauen war gut, Kontrolle war besser. Somit hatte ich keine andere Wahl als wachsam zu sein. Ich selbst musste mich nicht mehr sooft hinlegen, denn die meisten Kunden wollten eines der beiden Mädels. Auch wenn mir das nur 50, bzw. 40 Prozent einbrachte, war mein Gewinnanteil dennoch erheblich. Es war mir recht so, denn warum selbst ackern, wenn andere diese Arbeit übernahmen? Es gab ein paar eingefleischte Stammkunden, die keine andere wollten als mich. Die behielt ich. Alle anderen schickte ich zu den Mädels. Die Rolle der Chefin stand mir gut und ich hatte mich perfekt in sie eingelebt. Ich empfing die Freier, machte die Preise klar und erklärte den Service.

Es sollte mir eigentlich gut gehen. Aber ich wurde in dieser Zeit immer angespannter, nervöser und mein leicht aufbrausendes Temperament zunehmend aggressiver. Meine Welt drehte sich nur noch um den Puff. Von zu Hause bekam ich kaum noch etwas mit. Mein Sohn konnte schon lange laufen und ich hatte nichts von seinen Gehversuchen mitbekommen. Auch seine ersten Sätze galten nicht mir. Meine Tochter war immer traurig, dass ich fortmusste und sie quälte sich mit einer schlimmen Neurodermitis. Für all das viele Geld zahlte ich einen hohen Preis.

Sven verwandelte sich in eine ganz andere Persönlichkeit. Er protze mit teuren Autos, Goldkettchen und edlen Klamotten. Jeden Tag trug er Unsummen in die Casinos und Spielhallen. Am Ende des Monats blieb von dem Geld nicht ein Pfennig übrig. Nicht nur Sven gab Unsummen aus. Auch ich hatte jeden Bezug zum Geld verloren. An den Wochenenden lud ich meine Bordell-Mädchen ein und zog mit ihnen durch die Diskotheken. Da waren an einem Abend schnell tausend Mark durchgebracht. Ich brauchte diese Abwechslung und suchte damit nach der Bestätigung noch am Leben zu sein. Auch ich hatte mich verändert. Aus der Frau, die nur ihren Strom bezahlen wollte, war eine knallharte Geschäftsfrau geworden.

Arrogant bewegte ich mich durchs Leben. Ich kam mir so toll und erfolgreich vor. Schließlich saß ich mit großen Zuhältern am Tisch und hatte mir mit meinem kleinen Laden einen großen Namen gemacht. Mein Freundeskreis hielt immer mehr Abstand zu mir. Statt zu erkennen, wie sehr ich mich zum Negativen verändert hatte, ersetze ich sie einfach durch andere Menschen, die meine Großzügigkeit zu schätzen wussten. Da war es mir eigentlich egal, wer an meiner Seite stand. Jedes Wochenende lernte ich neue Menschen kennen. Meist die Sorte, die sich daran erfreute, die ganze Nacht kostenlos trinken und feiern zu können. Literweise Wodka floss in mancher Nacht und ich trank so viel, dass ich kaum noch auf meinen Beinen stehen konnte. Nicht nur der Alkohol berauschte mich. Das Gefühl,

Geld und Macht zu haben versetzte mich in einen Höhenflug nach dem anderen. Männer lagen mir zu Füßen, Frauen buhlten um meine Freundschaft. Ich bemerkte nicht, dass alle nur ein Geld wollten und nicht mich. Geld, das ich nur allzu bereitwillig springen ließ.

Längst waren wir aus unserer kleinen Wohnung ausgezogen. Nun lebten wir in einer 160 qm großen Wohnung auf zwei Etagen. Ich hatte ein weiteres Kindermädchen eingestellt und sie mit in der Wohnung einquartiert. Sie war jung, Single und stand zur Verfügung, wann immer ich wollte. So war ich unabhängig und wusste die Kinder immer gut versorgt. Die Lebenshaltungskosten trieben in unermessliche Höhen. Ich stand trotz der guten Einnahmen immer unter Druck alle Rechnungen bezahlen zu können. Egal wie viel Geld auch herein kam, am Ende des Monats war nichts mehr da.

Doch der Laden ließ mich nicht im Stich. Die Idee den Freiern anders zu begegnen und das Ausbilden der Mädchen zahlten sich aus. Jeden Tag kamen Gäste, jeden Tag gab es neues Geld. Und jeden Tag hielt Sven die Hand auf.

Oft hatten wir heftige Streitereien. Ich wurde handgreiflich, ohrfeigte ihn, warf ihm Gegenstände hinterher und konnte meine Wut nicht zügeln. Für mich war es unerklärlich, warum meine Emotionen mich dermaßen beherrschten. Ich hätte nicht einmal sagen können, warum ich so viel Wut in mir trug. Sven ließ das alles über sich ergehen. Am Ende jeder Streit-Situation pflanzte er mir ein und er war der liebende verständnisvolle Ehemann.

Bei einem besonders schlimmen Streit hatte ich es satt und setzte ihn vor die Tür.

„Du wirst schon sehen, was du davon hast!", sagte er. „Schau dich doch mal an! `Ne Hure mit zwei Kindern! Wer nimmt dich denn noch?"

Ich schaute in den Spiegel. Mein Gesicht war hart, mein Körper aufgedunsen von dem vielen Alkohol, den ich regelmäßig zu mir nahm. Die Waage war bei gut 90 kg angekommen und meine Augen hatten jeden Glanz verloren.

Abends stand ich auf unserem Balkon. Vierte Etage.

„Vielleicht sollte ich einfach springen", dachte ich, während mir der eiskalte Wind ins Gesicht schlug. Draußen war es minus fünf Grad kalt und ich hatte kaum etwas an. Ich spürte die Kälte nicht, hatte das Gefühl, dass ich überhaupt nichts mehr spüren konnte. Alles, in mir war tot. Jeden Tag derselbe Dreck, jeden Tag funktionierte ich wie eine Maschine. Alles was noch von mir lebte, war meine Hülle. Herz und Seele waren längst gestorben. War es da nicht ein Leichtes über die Brüstung zu klettern? Ich sah nach unten. Direkt unter dem Balkon lag das Zimmer der Kinder. Ich sah mit ihren Augen, wie mein Körper tot auf dem Asphalt lag, und hörte ihre Schreie. Entsetzt über meine eigenen Gedanken ging ich zurück ins Wohnzimmer, trank die angefangene Flasche Wodka aus und rief Sven an. Ich bat ihn nach Hause zu kommen. Lange ließ er sich beknien, ließ mich betteln und heulen. Dann kam er doch und spielte den treuumsorgenden Ehemann.

„Ich habe nichts mehr vom Leben!", heulte ich meine Unzufriedenheit aus mir heraus.

„Aber Süße. Das ist doch nicht wahr! Du kannst alles haben, was du willst!", beruhigte er mich.

„Ich will ein Pferd!", schluchzte ich.

Von Kindesbeinen an hatte ich mir immer ein Pferd gewünscht. Warum dieser Wunsch in meinem betrunkenen Zustand auf einmal so stark war, konnte ich mir dennoch nicht erklären.

Keine Woche später hatten wir ein Pferd gekauft. Ich wusste nicht mal, wie ich die Zeit für das Tier aufbringen sollte.

Ich fragte Claudia, ob sie sich nicht das ein oder andere Mal etwas Geld verdienen wollte und die Mädels im Laden beaufsichtigen wollte. Claudia hatte genügend Dominanz, um sich weder von den Mädels noch von den Freiern auf der Nase herumtanzen zu lassen. Außerdem vertraute ich ihr.

Das war eine gute Lösung. Von da an hatte ich zwei Tage in der Woche einige Stunden frei.

Ich ließ mich von Sven zum Stall fahren, denn ich hatte immer noch keinen Führerschein. Dort verbrachte ich meine Freizeit. Beim Stall ausmisten und in der Nähe des Pferdes konnte ich atmen, ein paar Stunden alles vergessen und mich selber spüren!

Später saß ich wieder in meinem Puff.

Der Laden lief immer noch gut. Alle Huren in der Stadt wussten, dass bei mir gutes Geld zu verdienen war. Oft hatte ich Anfragen von schönen Frauen, die gern bei mir arbeiten wollten, aber ich hatte mir fest vorgenommen nur Frischfleisch in meinen Laden zu stellen.

Von Zeit zu Zeit setzte ich eine Suchanzeige in die Zeitung und hoffte wieder auf eine perfekte Gelegenheit. Sie ließ ein wenig auf sich warten, doch dann schwebte sie engelsgleich herein:

Zarte achtzehn Jahre, mit aufreizenden Kurven, einem Wahnsinns-Schmollmund und langen hellblonden Locken!

Sie stand plötzlich vor meiner Tür und wollte bei mir arbeiten. Erst checkte ich ab, ob sie schon mal irgendwo gearbeitet hatte. Die Kleine saß so verschüchtert auf meiner Couch, dass ich sie mir als Hure fast nicht vorstellen konnte. Sie hätte besser als Aktmodell arbeiten sollen, so perfekt ausgestattet war sie. Gut, dass sie davon nichts zu wissen schien. Ich ließ mir ihren Ausweis zeigen, denn sie wirkte keinen Tag älter als sechzehn, war in der Tat aber schon volljährig.

Es erklärt sich von selbst, dass ich sie sofort einstellte. Sie sah aus wie ein Engel und so verpasste ich ihr den Namen „Angel".

Ich teilte ich ihr mit, dass sie eine Probezeit absolvieren und bedingungslos allen Regeln folgen müsste, sonst wäre ein Streit um die Kunden vorprogrammiert.

„Ohne Gummi arbeiten geht gar nicht oder sich irgendwie anders einen Vorteil sichern. Jede muss sich an meine Regeln halten. Der Freier muss vor allem deine Lust spüren", schärfte ich ihr ein.

Das war bei ihr ein echter Knackpunkt. Sie konnte kein Gefühl vorspielen und benahm sich im Bett wie ein Roboter.

„Es kann doch nicht so schwer sein ein bisschen zu stöhnen und das Becken rhythmisch zu bewegen!", herrschte ich sie an.

Verständnislos schauten mich ihre großen, blauen Kulleraugen an. Ihre vollen Lippen bebten, als ob sie gleich weinen würde. Wie eine Porzellan-Puppe saß sie auf dem Bett, bekam kein Wort heraus. Sie war so schön und makellos. Vielleicht hatte der liebe Gott bei ihrer Erschaffung den IQ vergessen.

„Angel, die Männer wollen eine Frau, die Lust hat bei dem, was sie gerade tut! Denk doch einfach, du schläfst mit deinem Freund!"

„Aber ich schlafe mit meinem Freund nicht anders!"

Ich konnte es kaum fassen!

„Was fühlst du denn, wenn du mit deinem Freund schläfst?"

„Das fühlt sich schön an."

„Und sagst du ihm das? Zeigst du ihm das irgendwie?"

„Nö, er hat mich auch noch nie gefragt."

Das Gespräch brachte mich nicht weiter. Bei aller Schönheit war ich mir nicht mehr sicher, ob ich sie so auf die Freier loslassen konnte.

Fast zwei Wochen arbeitete ich mit ihr zusammen und gab mir wirklich alle Mühe, ihr das gewisse Etwas beizubringen.

Alles ohne Erfolg. Ich wollte schon aufgeben, als mir ein Gedanke kam: „Etwas Gegensätzliches wäre gar nicht so schlecht im Laden. Die beiden anderen Mädels waren heiß und willig; warum sollte eine kühle Schöne nicht dazwischen passen? Man musste nur wissen, wie man es verkauft!"

Ich setzte ihre Anzeige in die Zeitung:

„Ganz neu und unerfahren! 18 Jahre!"

Ich war mir nicht sicher, wie die Männerwelt reagieren würde. Dass eine Achtzehnjährige gefragt war, daran hatte ich keine Zweifel. Ich würde sicher ein Feedback von meiner Kundschaft bekommen.
Angel zog ein komplett neues Publikum an. Man konnte sie in zwei Kategorien einteilen. Die einen waren zwischen achtzehn und zweiundzwanzig, die anderen zwischen fünfundfünfzig und fünfundsechzig. Keiner von ihnen war unzufrieden mit ihr. Sie musste von allen Frauen am wenigsten ackern, legte sich einfach hin und ließ die Freier die Arbeit machen. In speziellen Rollenspielen war sie heiß begehrt. Ich staunte, wie viele alte Herren auf „Klein-Mädchen-Spiele" standen. Dafür schlüpfte sie in ihre bunt gestreiften Kniestrümpfe, flocht ihre blonden Haare zu Zöpfen und musste nicht mehr sagen als: „Ja, Papi."

Mit allen drei Mädeln überschritt der Umsatz im ersten Monat das erste Mal die 100.000 DM.
Die Luden in der Umgebung merkten genau, was sich bei mir abspielte. Schon bald saßen sie in meinem Club, um Kaffee zu trinken. Dass sie kamen, um eines meiner Mädels abzuwerben, war mir klar. Doch ich hatte meinen Frauen eine Heidenangst eingejagt, die auf keine Erfahrungswerte zurückgreifen konnten und böse Geschichten über die Zuhälter erzählt.
Aber so böse waren die Kerle gar nicht! Im Gegenteil! Sie respektierten mich und meine Mädchen. Manche von ihnen waren fasziniert, was ich aus meinem kleinen Laden gemacht hatte. Bei den großen Sitzungen war ich selbstbewusst und beteiligte mich an den Gesprächen. So lernte ich einige der Männer näher kennen.

Am Tag nach einer Versammlung fragte mich einer der Luden über meine Achtzehnjährige aus.

„Hey, hör mal! Wir sitzen hier in einem Haus und du kennst den Ehrenkodex, oder?", schnappte ich.

„Na, ich wollte sie dir sicher nicht klauen! Einmal Vögeln muss ja wohl drin sein!"

„Ach, du meinst, meine Mädchen müssen euch kostenlos zur Verfügung stehen?"

„Wer sagt denn, dass sie das kostenlos machen müssen? Ich komme heute Abend einfach vorbei. Wann machst du den Laden zu?"

Ich wusste nicht so recht, was ich davon halten sollte. Verscherzen wollte ich es mir mit ihm trotzdem nicht.

„Wir sind bis 22 Uhr da", sagte ich deshalb.

„Gut. Schick die Mädels nicht nach Hause! Sag ihnen, sie müssen heute Überstunden schieben."

Er lachte.

„Im wahrsten Sinne des Wortes! Ich komme mit ein paar Kollegen vorbei. Schauen wir mal, was deine Kleinen so draufhaben."

Mir war das Ganze unheimlich. Ich dachte: „Jetzt, wo der Laden so richtig gut läuft, bekomme ich die Quittung dafür und am Ende werde ich alles verlieren".

Ich sprach mit meinen Frauen.

„Heute Abend bekommen wir hohen Staatsbesuch!"

„Wie meinst du das, Josy?", fragte Gaby.

„Wir bekommen heute Abend Besuch von einigen Zuhältern."

Angels Augen wurden groß. Mira hob ihre Augenbraue. Das kannte ich mittlerweile sehr gut von ihr. Immer, wenn ihr etwas nicht passte zog sie ihre rechte Augenbraue enorm nach oben. Begeisterung sah anders aus.

„Macht euch nicht verrückt! Wenn ihr tut, was ich sage, kann euch nichts passieren!", versuchte ich sie zu beruhigen.

„Warum sie kommen? Was wollen sie?", fragte Gaby.

„Das, was alle hier wollen. Vögeln."

„Das ist ja wohl ein schlechter Scherz!"

Nun konnte Mira doch nicht mehr schweigen.

„Du glaubst doch nicht im Ernst, dass ich mit einem Zuhälter vögel."

Ich musste mir eingestehen, mit so viel Widerstand hatte ich nicht gerechnet.

„Hört mal! Ich kann eure Sorge verstehen! Aber bis jetzt ist noch niemandem etwas passiert! Ich habe mich mit den Luden immer gut gestellt. Das werden wir uns heute sicher nicht versauen! Alle machen heute Überstunden!"

„Josy, das kannst du nicht bringen!", erboste sich Mira.

„Oh doch, Mira! Ich kann. Und keiner von euch sollte daran zweifeln! Ihr müsst mir schon ein bisschen vertrauen, dass ich weiß, was das Richtige für uns ist."

Nun widersprach niemand mehr.

„Ich kann keinen von euch dazu zwingen hierzubleiben. Aber wer hier weiterhin arbeiten will, der hat heute Abend anwesend zu sein."

Um 22 Uhr ging niemand nach Hause.

Es fiel mir schwer meine Nervosität zu verbergen, als es kurz nach Feierabend klingelte. Die Mädchen sahen verängstigt aus und vielleicht hatte ich das ein oder andere Mal doch etwas zu dick aufgetragen, wenn ich vor den Zuhältern warnte.

Vier kräftige Burschen standen in der Tür. Alle waren zwischen dreißig und vierzig, braun gebrannt, gutaussehend und gepflegt. Vor allem einer von ihnen stach besonders aus der Gruppe hervor. Himmelblaue Augen, dazu dunkle Haare, eine außergewöhnliche Kombination. Seine Nase war etwas zu zart für sein markantes Gesicht. Er hätte weich und sanft gewirkt, wenn diese stechenden Augen nicht gewesen wären. Aufmerksam verfolgten sie jede Bewegung und ich hatte den Eindruck, dass sich hinter dieser Fassade ein kluger Kopf verbarg.

Die Jungs waren locker drauf, schleppten ein paar Flaschen Champagner in die Wohnung und ließen die Korken knallen. Nach einer Stunde war keines der Mädels mehr angespannt, denn der Alkohol tat seine Wirkung. Diese Männer schienen keine unangenehmen Kunden zu sein. Im Gegenteil. Eine weitere Stunde später hatten sich die Luden geeinigt, wer mit wem wollte. Gaby musste sich mit zwei Männern vergnügen, da ich mir vorgenommen hatte auf Distanz zu bleiben und mit keinem aufs Zimmer zu gehen.

Nach der ersten Runde saßen sie alle wieder gemütlich auf der Couch und schlürften ihren Champagner. Einer der Luden holte ein kleines Döschen raus. Er streute weißes Pulver auf den Tisch. Mir blieb das Herz fast stehen. Koks!

Wie selbstverständlich zog er eine Bahn nach der anderen und die anderen Typen machten es ihm nach.

„Komm, meine Süße! Gönn dir mal etwas Gutes!", sagte einer der Luden zu Angel.

Angels Augen wurden groß und hilfesuchend sah sie mich an.

„Die Mädchen koksen nicht! Sie werden damit heute auch nicht anfangen. Was ihr macht, ist mir egal, aber wenn einer der Frauen kokst, fliegt sie."

Ich setzte alles auf eine Karte.

„Keine Panik! Wir schaffen den Stoff auch allein!", lachte sein Kumpel und alle lachten mit. Die Situation war entschärft.

Bis morgens um vier wechselten sie zwischen Couch und Zimmer. Beim Verabschieden drückte mir einer ein paar Scheine in die Hand: Zweitausend Mark. Ich gab jedem der Mädels fünfhundert und keine von ihnen war unzufrieden.

Fortan kamen die Luden regelmäßig. In der ganzen Zeit hat keiner von ihnen versucht, mir ein Mädchen auszuspannen.

Allerdings wurden andere hellhörig. Zu der Zeit gönnte ich mir eine stundenweise Auszeit vom Laden. Dadurch entging es mir, dass ein Kerl regelmäßig meine Damen besuchte, auf einen Kaffee, wohl gemerkt und nicht, um Geld dazulassen. Er war ein gutaussehender Mann, mit enormem Charme und im besten

Alter. Ich kannte ihn nur vom Sehen aus meiner direkten Nachbarschaft und wusste, dass er sich gerne mit hübschen Frauen schmückte. Jede Woche hatte er eine andere an seiner Seite. Dieser Schönling hatte mitbekommen, dass ich einen gut laufenden Club besaß. Er spazierte regelmäßig zu meinen Mädchen. Eines Tages war ich früher als erwartet im Laden und traf

ihn dort an. Er saß gemütlich auf der Couch und trank seinen Kaffee. Service wurde bei mir großgeschrieben und so dachte ich mir im ersten Moment nichts dabei. Jedoch wurde ich hellhörig, als er nicht aufs Zimmer ging, nachdem er ausgetrunken hatte. Stattdessen verabschiedete er sich ausgiebig und verließ den Laden.

„War der nicht auf dem Zimmer?", fragte ich in die Runde.

„Nein, der kommt nur zum Plaudern", sagte Angel.

„Wie, nur zum Plaudern? Hab´ ich was verpasst? Sind wir eine soziale Station, wo sich irgendwelche Kerle kostenlos die Langeweile vertreiben können?" Ich erntete betroffene Gesichter.

„Josy, machst du keine Sorgen!", erklärte nun Gaby. „Ist nur ein netter Mann! Brauchen wir bisschen Abwechslung."

„Ja, spinn ich denn? Ihr braucht Abwechslung? Wenn hier jemand plaudern will, der kann nach Hause gehen und dort seine Kaffeekränzchen abhalten! Ich will diesen Typ hier nicht mehr sehen!" Ich war wütend.

Die Mädchen senkten die Köpfe und keine getraute sich, mehr ein Wort zu sagen. Für mich war das Thema erledigt und ich war mir sicher, dass er hier keinen Einlass mehr fand. Umso geschockter war ich, als ich den Kerl wieder auf meiner Couch antraf.

„Ich glaube, deine Besuche hier kannst du dir sparen!", fuhr ich ihn an. „Mach, dass du raus kommst und zwar schnell!"

Ich fühlte mich selbstsicher und stark, weil ich nicht mit einer Gegenwehr rechnete.

Aber der Typ blieb einfach sitzen und schaute mich provozierend an. Die Mädchen waren aufgesprungen und in einen anderen Raum gegangen. Sie schienen zu spüren, dass es hier gleich knallte.

„Bist du taub? Verpiss dich!"

„Bleib mal locker! Ich kann hier so lange sitzen wie ich will!"

„Spinnst du? Das ist meine Wohnung! Raus hier oder ich rufe die Polizei!"

„Was willst du denen sagen? Dass ich von deinen Frauen zum Kaffee eingeladen wurde?" Er lachte.

Ich nahm den Telefonhörer. Er stand auf, lachte immer noch und sagte: „Ich geh ja schon! Aber glaub mal, deinen Laden mitsamt den Weibern bist du los! Und du kannst nichts dagegen tun!" Dann wurde sein Gesicht ernst. „Es ist gefährlich auf den Straßen! Es passieren so viele Unglücke und manchmal findet sich keine Erklärung dafür."

In meiner Wut dachte ich nicht weiter nach und ging auf ihn los. Ich wollte ihn aus der Wohnung zerren und vor die Tür setzen. Er packte mich, drehte meinen Arm auf den Rücken und flüsterte: „Du bist tot!" Dann rauschte er davon.

Mir saß der Schreck tief in den Gliedern. Wut, Entsetzen und Angst ließen mich zittern.

Gaby kam aus einem der Zimmer. „Ist er weg? Ich nicht verstehe, was das soll! War immer nett!"

„Das wird Folgen haben!", schimpfte ich und suchte die Telefonnummer von Toni aus meinem Handy.

„Hallo, Toni! Ich brauche deine Hilfe", begrüßte ich ihn ohne Umschweife am Telefon. Schnell war erzählt, was sich zugetragen hatte.

„Ich kenne diesen Kerl!", sagte Toni. „Der treibt sich auch in anderen Läden rum! Mach dir keine Gedanken. Du hörst von mir." Damit war das Gespräch beendet.

Ich hielt es für sicherer den Laden nicht mehr aus den Augen zu lassen und blieb die ganze Zeit während der Öffnungszeiten da. Schon nach wenigen Tagen stand Toni vor der Tür. An seiner Seite zwei riesige Kerle, die diesen Schönling zwischen sich hielten.

„Ist das der Typ, der dir Probleme gemacht hat?", fragte Toni mich.

„Ja, das ist er."

Die beiden Riesen schoben ihren Gefangenen in die Wohnung und schlossen die Tür.

„So, so", sagte Toni, „du glaubst, du bist der Held und kannst hier die Läden unsicher machen?" Ohne Vorwarnung holte er aus und schlug dem Mann fest ins Gesicht. Es folgte ein Hagel solcher Ohrfeigen. Er trat ihm in den Bauch, zog ihn runter auf die Knie. Der Typ wimmerte.

„Du wirst dich jetzt bei Josy entschuldigen und versprechen, dass du dich hier nie mehr blicken lässt!"

„Ich verspreche es!"

„Ich kann dich nicht hören!", sagte Toni, bevor er wieder hart zuschlug.

„Ich verspreche es! Ich verspreche es!", heulte der Schönling. Inzwischen lief ihm das Blut aus Nase und Mund.

Wie ein Häufchen Elend lag der Kerl auf Knien vor mir und wimmerte immer wieder: „Ich verspreche es!"

„Ok, das reicht!", sagte ich. „Raus mit ihm, der versaut mir sonst noch den Teppich!"

Die beiden Riesen schleppten ihn nach draußen und ließen ihn achtlos im Hausflur liegen. Ich konnte es mir nicht verkneifen hinterherzugehen, beugte mich über den Schönling und sagte: „Du musst besser aufpassen! Es ist gefährlich auf den Straßen." Dann ging ich zurück in die Wohnung.

„Sonst noch Probleme?", fragte Toni.

Ich schüttelte den Kopf.

„Alles klar! Wenn noch mal etwas sein sollte, melde dich."

Damit verließ er mit seinen Bodyguards meine Wohnung.

Der Schönling jedoch kam nie wieder und wenn er mich sah, wechselte er die Straßenseite.

8.

Ich vergrößerte meinen Laden erneut und mietete eine ganze Etage. Das kostete zwar eine Menge Geld, doch ich war besessen davon mehr und mehr verdienen zu wollen. Alles wurde exklusiv ausgestattet. Ich hatte nun einen Gesellschaftsraum, wo die Freier trinken und den Mädchen Sekt ausgeben konnten. Dazu baute ich ein kleines Studio aus. Ich kaufte einen großen Käfig, ein Andreaskreuz, einen gynäkologischen Stuhl und allerlei andere bizarre Dinge. Niemand von uns kannte sich in der SM-Szene aus, aber ich fand es nobel. Sicher würde ich schon die passende Dame dafür finden. Eine Zeitungsannonce musste mal wieder her:

Domina gesucht!

Es stellten sich viele Frauen vor, die sich Herrinnen nannten. Bei genauem Betrachten waren sie nichts anderes als Huren, die nur ein bisschen die Peitsche schwingen wollten.

Das war nicht das, was ich suchte, denn ich wollte in meinem Studio das Beste vom Besten und nicht eine Möchtegern-Domina.

Aber egal wie oft ich auch inserierte, ich fand die passende Dame nicht.

Wochenlang stand mein tolles Studio leer.

Wie es der Zufall wollte, schellte eines Tages ein Typ, der Werbeanzeigen in einschlägigen Heften wie das „Happy Weekend" veröffentlichte. Ich fand es gut Werbung über die Stadtgrenze hinaus zu machen und ließ meine Mädchen ablichten. Ich kaufte ihnen die schönsten Dessous, ließ sie zum Frisör gehen und verpasste ihnen ein ausgefallenes Make-up. Fast einen ganzen Tag verbrachten wir mit den Aufnahmen.

Ich hatte einen Sonntag gewählt. An diesem Tag war der Laden geschlossen. Da hatten wir unsere Ruhe. Ich gab zwei Flaschen Sekt aus und die Stimmung war berauschend. Das Ergebnis waren wunderschöne, hoch erotische Fotos und ich war sehr stolz auf meine tolle Truppe, die sich so perfekt ergänzte.

Am Erscheinungsdatum kaufte ich sofort das Heft, war begeistert, wie hübsch meine Mädchen waren und wie toll die Anzeige geworden war. Direkt neben meiner Anzeige befand sich die Werbung eines Domina-Studios. In kleinen Buchstaben stand darunter: Wir bilden aus!

Ich wusste nicht mal, dass es eine Ausbildung dafür gab! Spontan rief ich dort an und vereinbarte einen Termin.

Einige Tage später ließ ich mich von Sven hinfahren.

Als wir das Gelände betraten, war ich von den Socken. Ein parkähnlicher Garten umrahmte ein riesiges Haus, das ein wenig an ein Schloss erinnerte. Das ganze Etablissement sah sehr edel aus. An einer großen schweren Eichentür empfind uns eine Zofe und führte uns in einen hohen riesigen Raum, wo ein großer Tisch mit zwölf Stühlen stand.

„Bitte nehmen Sie Platz! Die Herrin kommt gleich", sagte sie mit Blick auf den Fußboden.

Wir saßen eine geschlagene Stunde da, bis sich die Herrin bequemte zu uns zu kommen.

„Ich bin Madame Kirley. Was kann ich für Sie tun?", kam sie ohne Umschweife direkt zur Sache.

„Ich hatte wegen ihrer Annonce angerufen."

„Ach ja, die Ausbildungsgeschichte."

„Ja, genau. Ich suche jemanden, der mich ausbildet."

„Sie wollen selber ausgebildet werden? Nicht jeder ist für diese Art Arbeit geeignet."

Ihr Mund verzog sich zu einem überheblichen Lächeln.

Was sollte das denn heißen? Ich war vielleicht nicht so schön wie sie, aber dennoch war ich davon überzeugt, dass ich das auch konnte. Bei näherem Betrachten musste ich gestehen, dass ich nichts, aber auch gar nichts mit dieser Frau gemeinsam hatte. Sie war schlank und hochgewachsen. Sicher nicht älter als achtundzwanzig Jahre, bildschön und sexy. Ihre langen, dunklen Haare waren gekonnt zusammengesteckt, das Gesicht makellos. Ihr hautenger Ledermini saß perfekt. Ihre langen Beine steckten in enorm hohen Stiefeln.

„Wollen Sie diese Ausbildung für den privaten Bereich?"

„Nein, ich führe ein Bordell und habe dort ein Studio eingerichtet", antwortete ich.

Wieder dieses arrogante Lächeln.

„Die Ausbildung ist jedoch nicht billig!"

Was bildete sich dieses Weib eigentlich ein? Ich spürte, wie ich wütend wurde und war schon nahe daran einfach aufzustehen und zu gehen.

„Es ist mir ganz gleich, was sie kostet, wenn sie meine Erwartung erfüllt!", sagte ich schnippisch.

Madame Kirley schaute mich von oben herab an.

„Ich möchte nur nicht, dass Sie ihre Erwartungen zu hochstecken und später enttäuscht sind, wenn der Verdienst geringer ausfällt, als Sie sich heute vorstellen."

Nun reichte es mir endgültig.

„Wollen Sie mir nun eine Ausbildung verkaufen, oder nicht? Es kann Ihnen doch wurscht sein, was ich damit mache oder wie viel ich damit verdiene!"

„Sagen Sie später nicht, ich hätte sie nicht gewarnt! Und an ihrer Haltung und Umgangssprache werden wir hart arbeiten müssen!"

Nun war ich sprachlos.

„Wollen Sie eine Vollausbildung machen?", fragte sie mich nun etwas freundlicher.

Hinter meiner Stirn ratterte es. Was war eine Vollausbildung? Ich wollte mir hier nicht noch mehr die Blöße geben und suchte nach Worten. Aber die Dame hatte meine Unwissenheit längst erkannt.

„Ich kann Ihnen drei verschiedene Ausbildungen anbieten. Die Erste: Aus Ihrer Persönlichkeit eine „Herrin" machen.

Sie werden Haltung bewahren lernen und ein sicheres Auftreten erwerben. Diese Ausbildung müssen alle durchlaufen, denn sie umfasst die Grundlehre - die Bedürfnisse der Sklaven und das Vertraut-Machen mit der Materie. Darin sind auch Schlagtechniken, Rollenspiele und diverse Erziehungstechniken enthalten. Die zweite Ausbildung beinhaltet unter anderem Klinik-Erotik. Dazu gehört eine Einführung in die Instrumente, deren Reinigung und wie sie verwendet werden. Zu diesem Teil gehört auch das Nadeln, fisten und facesitting."

Oh Mann, das reichte mir schon dicke! Wollte ich all diese Dinge lernen? Nein, wollte ich ganz sicher nicht.

Bevor die gute Dame noch weitererzählen konnte, sprach ich dazwischen: „Ich interessiere mich für den ersten Teil. Danach kann man weitersehen. Was kostet das?"

„Die Ausbildung für den ersten Teil kostet 8000 DM. Wir bieten dafür zwei Möglichkeiten an. Sie können den ersten Teil in drei Wochen hinter sich bringen. Dafür müssen sie allerdings die komplette Zeit hier verbringen."

Unfassbar, wie teuer das war!

„Was für eine Möglichkeit gibt es noch?", fragte ich.

„Sie können auch am Wochenende zu uns kommen. Die Ausbildung erstreckt sich dann über acht Wochen."

Beides war nicht wirklich eine Option für mich. Der Weg war sehr weit und jedes Wochenende hier hinzufahren fand ich nicht besonders spannend. Aber drei Wochen hierbleiben, das wollte ich noch weniger!

„Können Sie mich nicht in meinem Studio ausbilden?"

„Nein, das ist nicht möglich."

Sie machte nicht den Eindruck, dass ich sie umstimmen könnte und ich war mir sicher, dass ich keines der Angebote annehmen wollte.

„Ok, dann bedanke ich mich für die Informationen, werde mir Gedanken machen und mich melden."

Ich hatte nun wirklich keine Lust mehr, wollte nur noch nach Hause. Die Domina klatschte in die Hände und sofort stand die Zofe parat, um uns zur Tür zu begleiten. Auf dem Weg nach Hause beschäftigte mich eine Frage sehr: „Was machte ich jetzt mit meinem sündhaft teuren Studio?"

Ich machte nichts damit. Es stand weiterhin leer. Nur ganz selten, wenn ein Freier es ein bisschen härter wollte, wurde es genutzt. Es dauerte fast drei Monate, bis ich mich entschied die Ausbildung doch zu machen und erneut bei Madame Kirley anrief.

Schock große Not. Denn die gute Dame arbeitete nicht mehr dort, wurde mir mitgeteilt. So wie sie sich damals verhalten hatte, war ich der festen Überzeugung, dass der ganze Stall ihr gehört. Am anderen Ende der Leitung wurde ich aufgeklärt, dass sie nur eine Angestellte war und sich mit einer Bar selbstständig gemacht hatte. Die freundliche Dame nannte mir den Ort; eine Telefonnummer gab es nicht.

Ein paar Tage wusste ich nicht so recht, was ich mit dieser Information anfangen sollte. Doch dann entschloss ich mich diese Bar aufzusuchen. Ich bat Sven mich dort hinzufahren. Der Laden war gar nicht so weit weg von mir. Gerade mal 80 km.

Ein ganz schön nobler Schuppen erwartete mich.

Sieben hübsche Frauen saßen am Tresen und starrten uns an, als wir den Laden betraten. Sicher kam es nicht so oft vor, dass sich ein Pärchen in diese Bar verirrte. Von Madame Kirley keine Spur. Ich fragte die Thekenbedienung, ob sie da war und ob ich sie sprechen könnte.

„Wollen Sie hier arbeiten?", fragte sie mich.

„Nein, nein. Ich möchte sie privat sprechen."

„Sie ist noch nicht hier und ich weiß nicht, wann sie kommt." Das war schlecht.

„Können Sie sie erreichen?"

„Wenn es unbedingt sein muss, sicher."

„Ja, es hat seine Dringlichkeit. Ich wäre Ihnen wirklich dankbar, wenn Sie bei ihr anrufen würden."

„Setzen Sie sich doch hinten in die Rundecke. Möchten Sie etwas trinken, während Sie warten?"

Die Dame war ausgesprochen höflich. Wir bestellten eine Cola, nahmen Platz und warteten.

In der Zwischenzeit schaute ich mir die Frauen an. Von achtzehn bis ungefähr fünfzig war alles vertreten. Sven stierte auch ganz ungeniert, denn schließlich waren die Frauen alle nur leicht bekleidet.

Nach etwa einer halben Stunde kam die Bedienung an unseren Tisch.

„Madame wird vor 22 Uhr nicht hier sein", erklärte sie uns.

„Wollen Sie so lange warten?"

Ich schaute auf die Uhr und stellte fest, dass es noch über eine Stunde dauern würde, bis die gute Frau hier auftauchte. Aber ich fand es ganz nett hier und ich entschied, zu warten.

„Bringen Sie uns noch etwas zu trinken", bat ich.

Es dauerte dann doch nicht so lange, bis Madame Kirley die Bar betrat. Bis sie endlich an unserem Tisch kam, verging noch eine ganze Weile.

Auch heute sah sie perfekt aus. Selbst wenn man sie in Jeanshose und Bluse sah, verströmte sie eine starke Dominanz. Wie sie sich durch den Laden bewegte, elegant und katzenhaft, wurde jedem schnell klar, wer hier die Chefin war. Sie begrüßte uns kühl und von oben herab, aber das kannte ich schon. Smalltalk war nicht ihre Stärke. So fragte sie uns direkt, was wir von ihr wollten.

„Ich konnte sie in dem Studio nicht erreichen. Aber dort waren sie so nett und erzählten mir, dass Sie hier eine Bar aufgemacht haben. Da ich keine Telefonnummer von Ihnen hatte, sind wir persönlich hergefahren."

„Schön, und was kann ich für Sie tun?"

Diese Frau reizte mich irgendwie. Einerseits war ich fasziniert davon, wie herrisch sie war, andererseits konnte ich ihre Überheblichkeit kaum ertragen.

„Ich möchte mich noch mal mit Ihnen über die Ausbildung unterhalten."

„Das tut mir sehr leid, denn Sie haben den langen Weg umsonst gemacht. Ich arbeite nicht mehr für die Villa. Ich verstehe nicht, dass man Ihnen diese Adresse gegeben hat und ich finde es eine Unverschämtheit. Wenden Sie sich bitte erneut an das Studio! Erklären Sie dort ihr Anliegen."

Damit wollte sie aufstehen und den Tisch verlassen.

Ich musste mir ganz schnell etwas einfallen lassen, denn ich wollte nicht mit dieser Niederlage gehen.

„Warten Sie bitte einen Moment. Setzen Sie sich doch bitte zu uns", bat ich. „Ich habe vielleicht ein Angebot, das Sie interessieren könnte."

Im ersten Moment sah es so aus, als ob sie einfach davon marschieren wollte. Aber dann setzte sie sich tatsächlich mit an den Tisch.

„Da bin ich gespannt, was Sie mir anbieten können", sagte sie schnippisch.

„Ich habe ein Studio, gar nicht so weit von hier. Es sind nur etwa 80 km. Es ist gut eingerichtet und liegt zentral in der Innenstadt. Ich habe niemanden, der dort arbeiten kann. Vielleicht können wir ein Geschäft machen."

„Kommen Sie auf den Punkt!"

„Sind Sie noch als Domina tätig?", fragte ich rundheraus.

„Domina ist keine Tätigkeit, sondern eine Lebenseinstellung!"

Diese Frau machte es mir aber auch wirklich nicht leicht. Mein Gefühl sagte mir, ich hatte nur diese eine Chance, wenn ich bei ihr etwas erreichen wollte.

„Wenn Sie zurzeit in keinem Studio tätig sind, könnte ich Ihnen meines überlassen."

„Ich habe gerade diese Bar eröffnet und suche keinen neuen Arbeitsbereich!"

Mir lief die Zeit davon. Mein Gehirn arbeitete fieberhaft.

„Eine zusätzliche Geldquelle kann sicher jeder gebrauchen. Wir reden hier schließlich nicht von Kleingeld. Ich biete Ihnen die kostenlose Nutzung meines Studios für zwei Tage in der Woche an." Ich unterbrach meine Rede für einen kurzen Moment, um ihre Reaktion abzuschätzen, aber ihr Gesicht blieb undurchsichtig. Also sprach ich weiter: „Dafür möchte ich an diesen Tagen mit dabei sein und das Berufsfeld einer Domina lernen. Die Ausbildungskosten bezahle ich selbstverständlich zusätzlich. Ich denke, tausend Mark für die zwei Tage dürften ausreichend sein. Ihr Verdienst würde dazukommen."

Nun war es raus.

„Vielen Dank, aber ich habe kein Interesse."

Hoch gepokert und verloren. Es war einen Versuch wert gewesen.

„Gut, dann bedanke ich mich und möchte Ihre Zeit nicht länger in Anspruch nehmen."

Ich konnte auch so hochgestochen daherreden! Ich schrieb meine Handynummer auf einen Bierdeckel und gab ihn ihr mit den Worten: „Falls Sie es sich doch noch anders überlegen." Sie nahm ihn entgegen, schaute drauf und sagte: „Zweiunddreißig Mark bekomme ich noch!"

Acht Mark für ein Getränk! Ich nahm einen Hunderter aus meinem Portemonnaie und sagte: „Stimmt so!"

Na, der Blick war Gold wert. Ich rauschte davon.

Frustriert fuhr ich nach Hause.

Das Studio ließ mir keine Ruhe. Ich hatte so viel Geld dort hineingesteckt und nun lag es brach. Ganz gleich, was ich tat, ich fand keine Lösung dafür.

Im Laden wurden die Einnahmen schlechter. Es war nicht so, dass ich mir ernsthafte Sorgen hätte machen müssen, aber dennoch bemerkte ich, dass der Umsatz im Schnitt um 3000 DM im Monat sank. Erstaunlich, denn die Mädchen hatten nicht weniger Freier und waren ständig besetzt.

Ich wurde hellhörig und beobachtete die Mädchen genauer. Mira brachte ihren Umsatz wie immer. Angel verdiente lange nicht so viel wie Gaby, doch zu verachten war ihr Einsatz auch nicht. Gaby verdiente das meiste Geld. Das war kein Wunder, denn sie wohnte immer noch im Puff und war jeden Tag da. Ich brauchte ein paar Tage, bis ich eine Ahnung hatte, wo das Problem liegen könnte.

An zwei Tagen die Woche passte Claudia auf den Laden auf. Genau an diesen Tagen fiel der Umsatz um gut dreihundert Mark. Mein erster Gedanke war, ob Claudia mich beklaute. Ich machte mir jedoch klar, dass sie nicht so dumm sein konnte, denn schließlich bekamen die Mädchen jede Einnahme mit und die Gefahr, dass eine plaudern würde, war viel zu groß. Außerdem konnte ich nicht glauben, dass sie mich betrügen würde. Dennoch gab es irgendwo einen Zusammenhang.

Ich nahm das Kalenderbuch zur Hand und schaute mir die Verläufe an. Wenn ich nicht im Laden war, machte Gaby weniger Umsatz. Ich sprach Claudia auf dieses Phänomen an.

„Sag mal, ist dir bei Gaby irgendetwas aufgefallen?"

„Nein, sollte es?", entgegnete sie.

„Ich finde es seltsam, dass sie an den Tagen, wenn ich nicht da bin, immer nur Hunderter-Freier hat."

„Keine Ahnung. Ich mach die Verhandlungen mit den Freiern nicht."

„Nicht?"

„Nein, das machen die Mädchen selber."

Es nutzte nichts, ich musste mich einen Tag daneben setzen und schauen, wie sich das verhielt.

„Ich bin morgen einfach mit dabei und schau mir das an. Glaub nicht, dass ich dir misstraue! Aber ich vermute, dass ich von irgendeiner Seite beschissen werde", sagte ich.

„Von mir ganz bestimmt nicht! Ich schreibe immer alles ordnungsgemäß auf!"

„Ja, das stelle ich nicht in Frage! Tu mir den Gefallen und verhalte dich morgen so, als ob ich nicht da bin. Mach einfach alles so, wie du es immer tust."

Am nächsten Tag waren alle drei Mädchen erstaunt darüber, dass wir zusammen vor Ort waren. Auf Fragen ging ich nicht ein.

Schon kurz nach zehn klingelte der erste Freier. Claudia ging zur Gegensprechanlage und sagte ihm, in welche Etage er kommen sollte. Sie ließ ihn in die Wohnung und bot ihm etwas zu trinken an. Dann fragte sie ihn, welches Mädchen er nehmen wollte. Er entschied sich für Angel und ging mit ihr in einen der Arbeitsräume. Im Zimmer kassierte Angel ihn ab, kam nach vorne und legte zweihundert DM auf den Tisch. Claudia notierte den Betrag in das Buch. Beides legte sie in die Kassette. Nach dem Polizeidesaster hatte ich angeordnet, dass das Einnahme-Buch mit eingeschlossen werden sollte. Ich wollte kein Risiko eingehen, dass es noch einmal verschwand. Bis dahin lief alles so, wie ich es auch handhabe. Der nächste Freier klingelte und das Spiel wiederholte sich mit Gaby.

Den ganzen Tag über fand ich nicht eine Ungereimtheit. Ich dachte, vielleicht bildete ich mir nur ein, dass mich jemand übers Ohr haute. Schließlich war keines der Mädchen mehr neu und allein das konnte der Grund sein, warum der Umsatz geringer wurde.

Die Einnahme ging weiter nach unten. Nicht, dass ein paar tausend Mark auf einmal fehlten. Aber jede Woche war es etwas weniger. Ich verstand es nicht. Allerdings schlief ich nicht auf dem Baum und irgendwann war es ganz deutlich, dass Gaby nur noch Hunderter-Freier hatte. Das war nicht mehr nur so, wenn Claudia im Club war. Auch in meiner Gegenwart schien sie nur noch Kurz-Freier zu haben. Das war doch nicht normal! Ich ahnte mittlerweile, was sich dort abspielte. Als Gaby wieder mit einem Freier auf ihr Zimmer ging, schlich ich ihr nach und legte mein Ohr an die Tür. Sie erklärte ihm die Preise. Ich hörte genau, wie er sagte, er wolle den Zweihunderter-Service haben. Schnell schlich ich zurück zum Empfangsraum und wartete darauf, was sie abliefern würde.

„Nur ein Hunderter", sagte sie, legte das Geld auf den Tisch und ging zurück zu ihrem Gast.

Ich wartete ab, bis der Kunde die Wohnung verlassen hatte und stellte sie zur Rede. Eisern blieb sie dabei, dass er nur hundert Mark bezahlt hatte.

„Ich habe gehört, wie er zweihundert gesagt hat! Also hör auf mich anzulügen!"

Ich wurde richtig wütend, denn nun wusste ich, dass sie mich schon eine ganze Weile prellte. Ich packte ihre Klamotten zusammen und schrie sie an: „Verpiss dich! Mach das du raus kommst, bevor ich mich vergesse!"

Sie blieb auf der Couch sitzen, heulte wie ein Schlosshund.

„Wo soll ich hin? Josy, bitte! Schmeiß mich nicht weg! Lass mich erklären! Bitte!"

Die Leier wieder, dachte ich. Aber ich wusste auch, dass ich ein gutes Zugpferd verlor, wenn ich sie vor die Tür setzte.

„Habe Sohn in Polen! Muss machen Studium. Kostet viele, viele Geld", heulte sie weiter.

„Willst du mich verarschen? Du hast jeden Monat weit über 15.000 Mark, und das reicht nicht, um deinem Sohn das Studium zu finanzieren?"

„Muss nicht nur bezahlen Studium. Muss auch bezahlen andere Kinder."

„Das gibt dir nicht das Recht mich zu beklauen!"

„Habe Gericht bekommen von meine Mann. Hat mich angezeigt wegen Betrug und Diebstahl. Muss das alles bezahlen und ich nicht weiß wie!"

„Was nun", dachte ich. Meine Wut war etwas nach unten gerutscht und ich wollte mir nicht ins eigene Fleisch schneiden. Wenn sie hier irgendwo anders arbeiten würde, konnte ich darauf wetten, dass der Laden viele Freier verlor.

„Du weißt, was ich dir gesagt habe! Wenn ich dich noch einmal erwische, kostet dich das Strafe!"

„Ich bezahle! Alles was du willst, aber schmeiße mich nicht weg!"

Ich ließ mir das Geld geben und sie konnte bleiben.

Allerdings durfte sie nicht mehr in dem Zimmer arbeiten, in dem sie wohnte. In den anderen Räumen hatte ich einen besseren Überblick und kontrollierte häufiger, ob sie irgendwo Geld versteckte.

Mir rutschte das Geld nur so durch die Finger.

Sven verkehrte regelmäßig in Spielhallen. Er war richtig süchtig danach geworden. Wenn ich abends Feierabend hatte, fand ich ihn oft nicht zu Hause vor. Mich machte das ganz krank. Ans Telefon ging er nicht und ich saß Stunde um Stunde zu Hause und fragte mich, wo er war. Eifersucht fraß mich auf. Die ständigen Streitereien machten mich wahnsinnig. Immer häufiger verlor ich die Kontrolle. Je öfter das geschah, desto sicherer wurde ich, dass er sich eine andere suchen würde. Es war ein Teufelskreis. Jedes Mal beschwichtigte er mich und erzählte mir, dass er in dieser oder jener Spielhalle gewesen war. Also fuhr ich, wenn er wieder nicht zu Hause und nicht erreichbar war, alle Spielhallen ab. Meistens fand ich ihn dann auch in einer der Hallen. Bevor ich allein saß, setzte ich mich zu ihm. Er schaffte es locker tausend Mark an einem Tag zu verzocken. Als ich nun auch anfing zu spielen, waren es auch schnell zweitausend, die wir haltlos in die Automaten warfen. Für mich war das der Moment am Tag, wo ich nicht denken musste und alles vergessen konnte.

Es dauerte nicht lange, da war ich auch süchtig.

Die Katastrophe ließ sich nicht aufhalten. Am Anfang des Monats fehlte die Kohle, um alles zu bezahlen. Ich war mit der Miete für meine eigene Wohnung und für den Club im Rückstand. Viele andere Rechnungen blieben unbezahlt.

Was war nur passiert? Der Laden warf im Monat gute 40.000 DM netto ab, und zu Hause türmten sich Mahnungen.

Es musste mehr Geld her!

Im Haus arbeitete eine junge Frau, mit der ich mich im Laufe der Zeit angefreundet hatte und ich klagte ihr mein Leid.

„Das ist Blut-Geld, Josy", sagte sie. „Davon bleibt nie etwas hängen."

„Ja, mag sein. Aber ich muss eine Lösung finden, sonst kann ich meinen Club dichtmachen!"

„Dann arbeite doch noch woanders. Geh doch in den Puff", schlug sie mir vor.

Im Puff? Nein, das wollte ich nicht! Doch wo sollte ich denn noch arbeiten? Ich war stadtbekannt und konnte mich schlecht in irgendeinen anderen Club setzen! Damit machte ich mich doch total lächerlich.

Mit fiel die Bar der Domina ein. Ich brauchte eine schnelle Lösung, denn es war nicht besonders von Vorteil, die Geschäftsmiete schuldig zu bleiben. Ich wusste, dass die Großen es nicht gerne sahen, wenn man bei ihnen in der Kreide stand. Die Konsequenzen waren mir deutlich genug. Also schiss ich auf meinen Stolz und rief Madame Kirley an. Ich fragte, ob ich bei ihr arbeiten konnte.

„Die Geschäfte laufen im Moment nicht so, wie ich es mir wünschen würde", erklärte ich ihr am Telefon.

Wider Erwarten war sie nicht überheblich und ich konnte am nächsten Abend anfangen.

In der Bar arbeiteten nur noch vier Frauen. Das war der Grund, warum Madame Kirley mich sofort einstellte. Sie hatte zu wenig Mädchen. Schon nach den ersten drei Nächten erkannte ich den Grund: Der Laden lief nicht. In einer Nacht kamen höchsten vier Gäste.

Kirley und ich kamen immer öfter ins Gespräch. Ich stellte fest, dass sie nicht so eingebildet war, wie es den Anschein hatte. Im Gegenteil. Wir waren uns bald sympathisch. Schon bald bemerkte ich, dass wir uns sympathisch waren. Leider hatte sie sich mit ihrer Bar verspekuliert. Alles, was sie erspart hatte, war für den Laden draufgegangen, wenn man von dem tollen

Eigenheim absah, das sie sich gegönnt hatte. Wir brauchten beide eine Lösung und so griffen wir das Thema Studio wieder auf. Mein Angebot konnte ich nicht mehr aufrechterhalten, denn ich hatte das Geld nicht mehr, um meine Ausbildung zu finanzieren. Obwohl mein Geschäft immer noch gut lief, konnte ich kaum meine Rechnungen bezahlen. Es war so viel aufgelaufen und die Ausgaben wurden nicht weniger.

„Schau dir doch mal mein Studio an", schlug ich Kirley vor. „Es hat im Prinzip alles, was du zum Arbeiten brauchst und das in bester Qualität!"

„Die Idee ist vielleicht wirklich nicht so schlecht."

„Wir haben nichts zu verlieren. Es ist fix und fertig eingerichtet. Du könntest dort sofort arbeiten."

„Dafür muss man schon eine Weile Werbung machen, vor allem in einschlägigen Magazinen. Das benötigt Vorbereitungen", entgegnete Kirley.

„Nur hier herumsitzen hilft uns auch nicht weiter. So können wir beide zuschauen, wie unsere Läden vor die Hunde gehen."

„Du hast Recht. Abwarten hat noch niemandem geholfen. Ich rufe morgen meinen Werbefuzzi an. Der wird Fotos machen und die Werbung schalten. Danach melde ich mich bei dir. Dann machen wir den Termin fest. Du kannst derweil eine Zeitungsannonce aufgeben."

Sie nahm einen Stift und schrieb:

<u>Madame Kirley</u>
Herrin aus Leidenschaft!
Nur für kurze Zeit!

„Ok. Darum kann ich mich sofort kümmern. Wie viele Tage willst du in der Woche machen?"

„Zwei müssen reichen."

Das konnte ich nur allzu gut verstehen. Ich saß nun seit zwei Wochen jede Nacht in der Bar und bekam kaum noch Ruhe, geschweige denn Schlaf. Oft nickte ich in einer Ecke ein, bis ein

Freier schellte, der mich dann nicht wollte. Ich hatte kein Glück in solchen Etablissements. Ich verdiente so gut wie nichts. Ich musste mir eingestehen, ich war nicht der Typ dafür. Es war eine andere Welt. Die meisten Barfrauen waren sehr jung, schlank und entsprachen dem typischen Schönheitsideal. Die
Freier waren in der Regel Geschäftsmänner mit reichlich Kohle. Hin und wieder kam ein ganzes Rudel solcher Typen. Sie waren in der Baubranche. Wenn sie einen guten Abschluss gemacht hatten, wurde ein Teil der Gewinne hier verprasst. Dann fiel auch für mich etwas ab. Beim ersten Mal wusste ich nicht so recht, wie mir geschah. Vier Kerle kamen in die Bar, protzig und eingebildet.

„Kirley, hol den Champagner raus! Wir lassen die Puppen tanzen!", rief einer, der sich als Chef der Truppe herausstellte. Mir war er sofort zuwider, aber er winkte mich aus meiner Ecke und rief auch die anderen Frauen zu sich.

„Wir müssen feiern, Kinder! Wir müssen feiern! Papa hat heute einen dicken Fisch geangelt. Das muss begossen werden."

In solchen Nächten konnte Kirley die Tür abschließen. Für weitere Gäste wäre keine Frau abrufbar gewesen.

Meist kamen sie gegen eins und blieben lange über den Feierabend hinaus, manchmal bis morgens um zehn. Die ganze Nacht mussten wir den Champagner runterwürgen. Mir hat das Zeug nie geschmeckt und ich konnte mir nicht erklären, wie die anderen das flaschenweise saufen konnten. Nachdem `zig Flaschen über den Tisch gegangen waren, gingen sie dann auch aufs Zimmer. Allerdings haben sie mich dafür nie gewählt. Diese Männer wollten nur die Schönsten der Schönen und der Service war ihnen egal. Im Anschluss wurde weiter getrunken.

Es war ekelhaft. Die Frauen gingen reihenweise auf´s Klo zum Kotzen. Selbst ich hing in so einer Nacht mehrmals mit meinem Kopf über der Schüssel. Dafür bin ich mit tausend Mark Getränkebonus nach Hause gegangen. Ohne mich dafür hinlegen zu müssen. Leider kamen diese Herrschaften nicht regelmäßig. Dann hätte niemand in dieser Bar Geldsorgen gehabt.

Kirley und ich hielten also an dem Plan fest mein Studio ins Leben zu rufen. Die Anzeigen waren geschaltet und ich hoffte auf regen Andrang. In der freien Zeit wollte sie mich in die Geheimnisse einer Domina einweihen.

Wir hatten viel Zeit.

In den ersten zwei Wochen passierte nichts. Niemand kam, um sich den Hintern versohlen zu lassen.

In der dritten Woche kam endlich einer und ich konnte Kirley bei ihrer Tätigkeit bewundern.

Sie empfing den Mann in Lack-Klamotten und stellte mich als ihre Zofe vor. Er kam im Anzug, groß, stattlich und wirkte sehr selbstbewusst. Wäre ich ihm auf der Straße begegnet, hätte ich ihn sicher für einen Anwalt gehalten. Sein Wunsch war eine strenge Lehrerin, die ihn mit einem Rohrstock bestrafen sollte. Die beiden machten noch das „Safeword" aus, denn das diente dazu die Situation abzubrechen, wenn der Sklave die Bestrafung nicht mehr aushalten konnte.

Aus dem stattlichen Mann wurde plötzlich ein kleiner Junge, der um seine Strafe wimmerte. Ich war fassungslos.

„Du warst ein böser Junge! Nun geh auf die Knie!", befahl Kirley. Er schaute sie an und bewegte sich nicht.

„Wer hat dir erlaubt mich anzusehen?", fragte sie herrisch. Schon sauste der Rohrstock auf seinen Hintern.

„Bitte nicht, Herrin! Ich mache es auch nicht wieder!"

Den Sinn des Safewords verstand ich nun erst richtig. Ich hätte sonst an der Stelle nicht gewusst, ob er wirklich meinte, dass sie aufhören soll.

„Niemand hat dir erlaubt mich anzusprechen! Dafür bekommst du zehn Hiebe!"

Mit schmerzverzerrtem Gesicht ließ der Freier sich seinen Hintern rot prügeln. Kirley ließ ihn das große Einmaleins aufsagen und für jeden Fehler gab es den Rohrstock. Das Rollenspiel ging noch eine ganze Weile so weiter.

Ich musste mich zusammennehmen, denn am liebsten hätte ich laut losgelacht.

Am Ende der Session schaffte er das Einmaleis ohne Fehler und durfte sich dafür selbst befriedigen.

Unglaublich, aber dafür hatte der Mann vierhundert Mark gezahlt!

Kirley schleppte so einiges in meinem Studio an. Beim Anblick der Gegenstände wurde mir elend. Haufenweise Nadeln, Klammern und ein Stromgerät waren auch dabei.

„Ist das nicht gefährlich?", fragte ich sie.

Sie lachte und erklärte mir: „Nein, das macht keinen Schaden. Das ist nur ein Reizstromgerät."

Ich bestaunte die Gewichte und konnte mir beim besten Willen nicht vorstellen, dass man sie an den Hodensack hängen konnte.

„Die kannst du dir auch an deine Brustwarzen hängen", erklärte Kirley.

„Nein danke! Ich stehe nicht auf Schmerz!"

Die verschiedenen Fesseln und Augenmasken fand ich jedoch spannend. Auch hatte sie diverse Peitschen und eine Menge Dinge aus dem medizinischen Bereich.

„Was ist das?", fragte ich.

„Das ist ein Katheter."

„Großer Gott. Wer lässt sich denn freiwillig einen Katheter einführen?"

„Du wirst dich wundern, wie viele Menschen es gibt, die auf Klinikbehandlungen stehen."

„Das ist nicht meins! Das möchte ich nicht anwenden!"

„Du musst genau wissen, wo deine Grenze ist. Sicher wird sie sich von Zeit zu Zeit verschieben. In den letzten Wochen hast du viel gelernt. Leichte Erziehung kannst du schon anwenden, denn die Schlagtechnik hast du schon gut verinnerlicht."

So einiges traute ich mir tatsächlich zu, aber ich hatte meine Probleme mit den Rollenspielen. Ich fand einige Dinge lächerlich und konnte mir den sexuellen Reiz für die Freier beim besten Willen nicht vorstellen.

Meinen ersten Auftritt hatte ich jedoch nicht in meinem eigenen Laden, sondern in der Bar.

Eines Abends kam ein älterer Herr. Er wirkte sehr klein und strahlte wenig Selbstbewusstsein aus. Jede Dame, die sich zu ihm setzte, ging nach ein paar Minuten. Eine ganze Weile saß er allein, bevor sich Kirley seiner annahm. Sie sprach mit ihm und dann winkte sie mich zum Tresen außerhalb seines Blickfeldes.

„Du hast deinen ersten Kunden im Bereich der SM-Szene", sagte sie zu mir.

„Was möchte der denn für einen Service?"

Ich war noch unsicher und wusste nicht, ob ich ihm seine Wünsche erfüllen konnte.

„Er mag Tier-Rollenspiele. Er möchte dein Hund sein."

Ich schluckte. Das war genau einer dieser Situationen, die ich fürchtete. Einen Menschen an der Leine spazieren zu führen, ihm Sitz und Platz beizubringen fand ich zum Brüllen komisch. Zudem hatte ich nicht mal eine Leine oder ein Hundehalsband. Ich war erstaunt, dass Kirley als Domina in ihrer eigenen Bar dafür kein Zubehör hatte.

„Du schaffst das schon und alles lässt sich improvisieren", meinte Kirley.

Ich schaute mich in der Bar um. An einem Türvorhang hing eine lange Kordel mit einer Schlaufe und einer Zugstange. Kurzerhand montierte ich sie ab und spazierte damit zu dem Gast.

„Da bist du ja, mein kleines Hündchen! Wie kannst du Frauchen nur so erschrecken und davonlaufen?" Mit diesen Worten legte ich ihm die Kordel um den Hals.

„Du bist aber ein unartiger Hund! Darfst du denn auf dem Sessel sitzen? Böser Hund! Sofort runter!"

Ich versetzte ihm mit der Zugstange einen Schlag auf seinen Hintern. „Frauchen wird sich nun eine schöne Flasche Champagner gönnen! Wenn das Hündchen schön lieb ist, bekommt es vielleicht auch eine Schüssel Wasser."

Kirley schenkte mir den Champagner ein und füllte eine unserer Chips-Schalen mit Wasser.

Ich stellte sie auf den Boden und befahl: „Trink!"

Der Freier beugte sich über die Schüssel und versuchte mit der Zunge das Wasser aufzunehmen. Einiges tropfte auf den Fußboden. Ich schimpfte: „Was bist du nur für ein dummer Hund! Du versaust ja den ganzen Teppich!"

Prompt folgte wieder ein Schlag. Er jaulte auf.

„Frauchen hat es ja nicht so gemeint", sagte ich und kraulte ihm den Kopf. „Nun leg dich schön hin!"

Brav legte sich der Menschenhund zu meinen Füßen. Ich rauchte in Ruhe eine Zigarette und ließ ihn dort liegen. Nach einiger Zeit sprach ich ihn an.

„Du bist aber ein lieber Hund! Mach mal „Sitz"!"

Er tat wie geheißen.

„Nun gib „Pfötchen"!"

Auch das machte er sofort.

„So ein Braver! Das gibt ein Leckerchen!"

Ich steckte ihm eine Salzstange in den Mund.

Das Spiel dehnte ich noch eine ganze Weile aus. Ich führte ihn durch die Bar Gassi, ließ ihn Kunststücke machen und immer, wenn mir etwas nicht gefiel, dann gab es eine hinten drauf. Die Stunde neigte sich langsam dem Ende zu.

Ich stand vor einem Problem. Wie sollte ich ihn nun befriedigen?

Ich band ihn an einer Säule fest und suchte nach Kirley.

„Hilfe! Ich brauche deine Hilfe!"

„Was ist denn passiert?", fragte sie.

„Nichts ist passiert! Aber ich weiß nicht, wie ich zum Ende kommen soll!"

„Das ist doch ganz einfach! Er ist ein Hund! Geh in eines der Zimmer und gestatte ihm die Kissen zu rammeln."

Gesagt, getan und die Show war vorbei.

Das war mein erster Auftritt. Es ging leichter, als ich es mir vorgestellt hatte. Ich war mächtig stolz und freute mich über die fünfhundert Mark. Das verdiente ich selten genug!

Der ein oder andere Freier kam in das Studio, das große Geld brachte es nicht. Nach drei Monaten hörte Kirley, bei mir auf, weil sich die Fahrt und die Stunden bei mir im Laden nicht lohnten. Ich hatte viel gelernt und war sicher, dass ich nun ihre Rolle übernehmen konnte.

Trotz meiner guten Ausbildung blieben nur wenige Gäste bei mir. Einige gingen wieder, weil ich keine exotischen Sachen an bieten konnte. Eine häufige Anfrage war, den Mann als persönliche Toilette zu benutzen. Ich konnte das nicht. Meine eigene Hemmschwelle ließ es nicht zu. Jemandem über die Hand zu pinkeln, wenn ich auf dem Klo saß, war die eine Sache, aber alle Ausscheidungen im Stehen über einen Menschen abzulassen eine andere. Allein der Gedanke war ekelerregend. Da spielte es auch keine Rolle, wie viel Geld auf den Tisch gelegt wurde.

Einfache Rollenspiele waren zu wenig und für die anderen Dinge war ich nicht gemacht. Kliniksex war mir zu gefährlich, denn die Verletzungs- und Infektionsgefahr war sehr hoch.

Viele gaben mir jedoch zu verstehen, dass ich nicht ihr Typ Domina war. Kirley hatte damals Recht, als sie bezweifelte, dass ich mit der Ausbildung etwas anfangen konnte. Eine Domina musste schon vom Aussehen hart und herrisch wirken. Obwohl ich mich verändert hatte, wirkte ich immer noch viel zu weich.

Damit war das Thema für mich durch. Ich verkaufte die Klamotten bis auf wenige Einzelstücke. Den gynäkologischen Stuhl behielt ich, denn vielen Freiern gefiel es eine Frau darauf zu vögeln.

9.

Ich musste mir eine andere Lösung für meine nicht mehr enden wollenden Geldsorgen überlegen. In der Bar gab es für mich nicht viel zu holen. Mein Laden lief immer noch gut, aber Sven hatte das Spielen nicht eingestellt und ich saß auch so manchen Abend an den Automaten, die das Geld nur so verschlangen. Immer weiter ging es bergab. Bald sah es so aus, dass ich nicht mehr aus meinen roten Zahlen herauskommen würde.

Was blieb mir noch übrig? Ich wollte nicht wieder auf Parkplätze fahren. Das war so ekelhaft und dreckig, dass ich mich dazu nicht überwinden konnte. Wenigstens ein bisschen Komfort, fließend Wasser und ein vernünftiges Bett wollte ich haben. Als Bardame taugte ich nichts. Als Domina hatte ich versagt.

Ich sah nur noch eine Chance an schnelles Geld zu kommen.

Von Sven ließ ich mich in die nächste Stadt fahren und zum ersten Mal sah ich in meinem Leben einen echten Puff. Ich kannte aus Erzählungen, dass es eine Straße war, wo Frauen in Schaufenstern standen und ihre Dienste anboten. Ich war noch nie in einem Puff gewesen.

Unsicher betrat ich das durch Mauern abgeschirmte Gebäude.

„Unter 18 Jahre und für Frauen keinen Zutritt!", las ich auf einem Schild. Einen Moment zögerte ich. Wie kamen die Frauen dort hinein, wenn sie nicht durch das Tor gehen durften? Es nutzte nichts. Ich musste es riskieren, wobei ich nicht wusste, was mich im schlimmsten Fall erwartete.

Rechts und links standen aneinandergereiht Häuser. Tatsächlich waren sie mit großen Schaufenstern ausgestattet. Hinter den Glasscheiben saßen die Frauen in Reiz-Wäsche meist auf Barhockern. Ich nahm das erstbeste Haus und klingelte, denn ich wollte nicht unnötig viel durch die Straße laufen. Eine Hure in kurzem Röckchen und BH öffnete die Tür. Sie schaute mich giftig an.

„Ich möchte hier arbeiten", sagte ich ein wenig eingeschüchtert.

„Hier ist kein Zimmer frei!", fauchte sie mich an und knallte die Tür zu.

Obwohl mir elend war, ging ich zum nächsten Haus. Ich rechnete mit einer ähnlichen Reaktion. Stattdessen öffnete mir eine ältere Frau in einem weißen Kittel.

„Ich möchte hier arbeiten und suche ein Zimmer", erklärte ich ihr.

„Komm rein, Mädchen! Bei uns ist was frei. Geh die Treppe hoch. Rechts der erste Raum ist der Gemeinschaftsraum. Ich komme gleich nach", sagte sie und verschwand nach draußen. Mit weichen Knien ging ich nach oben. Im Flur war es recht dunkel. Irgendwie erwartete ich, dass mich gleich etwas ansprang. Es war natürlich nicht so. Ich betrat das Zimmer, das wie ein Pausenraum in einer Firma aussah. Vier große Tische und einige Stühle standen dort. Es war sauber und aufgeräumt. Gott sei Dank war das Zimmer leer. So setzte ich mich an den Tisch. Einen Moment später tauchte die Frau wieder auf, einen großen Wäschekorb mit Handtüchern unter den Arm.

„Möchtest du einen Kaffee?", fragte sie mich höflich. Ich mochte sie auf Anhieb gern.

„Ach so" lachte sie, „ich bin Trude. Die Hausseele hier."

„Ich bin Josy und den Kaffee nehme ich gern."

Langsam kam meine Selbstsicherheit zurück.

„Du möchtest hier ein Zimmer zum Arbeiten?"

„Ja, das hätte ich gern."

„Wo ist denn dein Mann? Es ist hier nicht üblich, dass die Frauen reinspaziert kommen und ein Zimmer suchen. Das übernehmen eigentlich die Männer."

Ich hatte Sven im Auto warten lassen, weil ich keine Ahnung hatte, wie man sich in einem Puff vorstellte. Es wäre mir nicht in den Sinn gekommen, dass die Männer die Zimmer mieteten. Nun wusste ich, die Luden kümmerten sich um den Stellplatz.

Ich zuckte die Schultern.

„Das habe ich nicht gewusst. Aber jetzt bin ich schon mal hier."

„Hast du schon in einem Puff angeschafft? Nimm es mir nicht übel, aber du siehst nicht so aus."

War das ein Kompliment oder eine Beleidigung?

„Im Puff noch nicht. Aber in Bars und privaten Clubs."

Trude schaute mich prüfend an.

„Du bist sicher, dass du hier arbeiten willst?"

„Das eine ist wie das andere, denke ich. Ja, ich bin sicher."

„Ach, Mädchen. Hier ist ein ganz anderes Arbeiten! Andere Preise, andere Voraussetzungen und ein hartes Pflaster. Ich denke, du bist wohl alt genug, um zu wissen, was du willst."

Ich schluckte.

„Die Zimmermiete beträgt zweihundertfünfzig Mark."

Das war aber ein sehr günstiger Kurs, dachte ich.

„Am Tag", fügte Trude hinzu.

Ich schluckte wieder.

„Es ist untersagt Essen, Getränke, Kondome, Papierrollen oder sonstige privaten Dinge mitzubringen. Alles, was du brauchst, bekommst du hier. Zehn Kondome und eine Rolle Papiertücher sind in der Tagesmiete inbegriffen. Wenn du das verbraucht hast, musst du es dir hier neu kaufen. In jeder Schicht gibt es ein warmes Essen. Das kostet dich fünf Mark. Getränke, egal ob Cola, Wasser oder Kaffee kosten eine Mark. Soll ich dir noch weiter erklären oder möchtest du lieber gehen?"

„Nein, es ist ok."

„Die Preise gehen ab fünfzig los. Wenn du dich dafür hinlegst, kann ich dir garantieren, dass die anderen Frauen dich das Fürchten lehren. Mehr als Handarbeit ist dafür nicht drin.

Jeder Service wird extra berechnet. Unter hundert wird nicht gebumst! Bist du immer noch sicher, dass du bleiben möchtest?"

„Ja", sagte ich, doch in Gedanken war ich schon die Treppe runter und hoffte, dass sie bald mit ihren Erklärungen fertig war. Mir schwirrte der Kopf.

„Du trägst die Verantwortung für dein Zimmer. Ich mache sauber, aber wenn etwas kaputt geht, musst du es bezahlen. Du bekommst einen Zimmerschlüssel. Ich bekomme dafür zweihundert Mark Pfand. Wenn es ein Problem gibt, wende dich bitte an mich."

Ich starrte in meine Kaffeetasse.

Nun fragte ich mich selbst, ob ich das aushalten konnte.

Trude schaute mich mitfühlend an.

„Alles ok mit dir?"

Nein, nichts war ok! Ich wollte gehen. Sofort!

Aus diesem Puff und aus meinem Leben! Dieser ganze Dreck kotzte mich auf einmal nur noch an.

Trotz meiner Gedanken straffte ich meine Schultern, schaute Trude fest in die Augen und sagte: „Alles in bester Ordnung. Wann kann ich anfangen?"

Am Tag darauf begann meine erste Schicht im Puff.
Ich machte freiwillig einen weiteren Schritt in die nächste Hölle.
Schon der erste Abend brachte mich an meine Grenzen. Ich saß im Mini auf einem Barhocker und fühlte mich wie ein Affe im Zoo. Draußen zogen junge Männer an meinem Fenster vorbei und grölten: „Schau dir mal die Fette da an! Die besorgt es dir mit ihren Schwabbeln."

Die Typen hatten kräftig einen getrunken und fühlten sich in der Gruppe stark.

Neben mir stand eine junge Frau. Sie rief von ihrem Fenster aus: „Kommt her ihr Süßen! Ich mach´s euch allen auf einmal."

Die Burschen hampelten eine Weile vor ihrem Showroom herum und brüllten: „Dann zeig uns doch deine Titten, du geile Schlampe!", bevor sie weiterzogen.

Obwohl es noch recht früh am Abend war, folgten weitere, zum Großteil besoffene Kerle.

Allein bei dem Gedanken, dass mich einer von denen vögeln sollte, wurde mir schlecht.

Ich hörte der Frau neben mir genau zu, wie sie einen Mann ins Zimmer lotste. Mir erschien es unmöglich, irgendjemanden so auf der Gasse anzusprechen. Ich verhielt mich ruhig und blieb auf meinem Stuhl sitzen. Ich stand nur auf, wenn jemand an mein Fenster herantrat und erklärte ihm meine Preise. Innerhalb von drei Stunden hatte ich zwei Freier. Beide zahlten nur fünfzig Mark.

Die Nacht schleppte sich dahin. Je später es wurde desto schlimmer war es für mich. Ich war dem Spott vieler junger Kerle ausgeliefert und die Dame neben mir ließ auch oft genug einen dummen Spruch ab, wenn einer vor meinem Fenster stand. Die konnte sich das leisten! Kaum die Zwanzig überschritten, eine Traumfigur und dazu eine heiße Löwenmähne. Während ich zweimal auf dem Zimmer war, war sie schon fünfzehn Mal gewählt worden.

Kurz nach Mitternacht machte ich eine Pause und ging in den Aufenthaltsraum. Trude war nicht da. Stattdessen empfing mich eine rundliche Frau, die einen netten und mütterlichen Eindruck auf mich machte. Ich war fix und fertig von den vier Stunden und heulte in meinen Kaffee. Sie setzte sich zu mir, bot mir ein Taschentuch an.

„Vielleicht solltest du lieber in der Tagesschicht arbeiten? Das Publikum ist dann wesentlich besser und sie stellen andere Ansprüche. Nachts verdienen nur die jungen, abgezockten Dinger", erklärte sie mir.

Ich konnte ihr kaum zuhören und hatte nur den Wunsch einfach zu verschwinden. Alle Ereignisse dieser Nacht zogen wie ein Film durch meinen Kopf. Ich fühlte mich gedemütigt und beschmutzt.

Was war geschehen? Wie bin ich hier gelandet?

Ich versuchte mich zur Ruhe zu zwingen, denn so aufgewühlt konnte ich weder arbeiten noch einen klaren Gedanken fassen.

War ich nicht die stadtbekannte Josy, die einen Privat-Club besaß, der super lief? Die Frau, die es geschafft hatte, sich gegen Zuhälter durchzusetzen, bei der alle Frauen arbeiten wollten? Die jeden Monat ein Vermögen verdiente? All das war ich und doch war ich nichts. Nichts und niemand. Immer wieder sagte ich mir: „Reiß dich zusammen und geh zurück an deinen Arbeitsplatz". Dennoch blieb ich eine ganze Stunde sitzen.

Zurück im Fenster war ich nicht in der Lage meine „Maske" aufzusetzen. Ich verdiente den Rest der Nacht außer dem Spott nichts mehr.

Zu Hause fiel ich in einen unruhigen, kurzen Schlaf.

Nach nur drei Stunden war die Nacht für mich vorbei und ich rappelte mich hoch, um in meinen Club zu fahren. Den ganzen Tag drehten sich meine Gedanken im Kreis. Ich konnte nicht in die Tag-Schicht gehen, denn dann musste ich den Club allein lassen. Vor der Nachtschicht hatte ich Angst. Trotzdem fuhr ich am Abend wieder hin. Mit Magenkrämpfen und klopfendem Herzen.

Auch die zweite Nacht war nicht viel anders als die Erste und mir war klar, dass ich das auf Dauer nicht ertragen konnte. Es musste eine Lösung her.

„Hoffentlich kann Sven mir helfen, einen anderen Weg zu finden", dachte ich.

„Du könntest doch im Club die Mädchen kontrollieren. Du musst dort nicht viel tun, außer aufzupassen, dass sie die Kohle nicht in die eigene Tasche stecken", sagte ich zu ihm.

„Du kannst doch nicht von mir erwarten, dass ich so viele Stunden in der Hütte sitze!"

„Ich sitze ständig zwölf Stunden dort! Und oft genug weitere Stunden in irgendeinem Stall!"

Es passierte, was in letzter Zeit ständig passierte. Ich rastete sofort aus, wurde laut und hysterisch.

„Du bist nicht mehr normal! Total krank!", schrie Sven zurück.

„Du benimmst dich wie ein Zuhälter! Zockst die ganze Kohle weg, nimmst nur und sorgst dafür, dass wir immer weiter ins Elend stürzen!"

„Reiß deinen Hals nicht so weit auf! Du spielst genauso! Geschweige denn, was dein Gaul kostet!"

Mein Gaul ..., den hatte ich schon über eine Woche nicht mehr gesehen und geritten. Längst hatte ich mir eine Reitbeteiligung angeschafft, die sich um das Tier kümmerte und mir manch´ bösen Satz am Stall anhören müssen, weil ich so selten dort auftauchte. Gerade mal dreihundertzwanzig Mark kostete die Unterbringung. Das war kein Vergleich zu dem, was Sven jeden Tag ausgab. Ich vermisste die Zeit, wenn ich durch die Wälder ritt oder einfach nur das Tier striegelte. So viel Lebensfreude und Entspannung hatte mir dieses Pferd geschenkt.

Jetzt sollte ich nichts mehr haben!

Wann war ich das letzte Mal mit meinen Kindern im Zoo? Oder ein Eis essen? Wann sah ich meine Kinder überhaupt noch?

Schnell hatte ich mich so sehr in meine Gefühle hineingesteigert, dass mir schlecht wurde. Das Herz hämmerte in meiner Brust, Schwindel überkam mich. So heftig und mit einem so vernichtenden Gefühl, wie es nie zuvor gewesen war. Ich zitterte am ganzen Körper, schleppte mich ins Bad und klatschte mir kaltes Wasser ins Gesicht. Aber es half nichts. Meine Beine gaben nach und ich musste mich auf die Fliesen setzen.

„Ich kriege keine Luft mehr!", japste ich.

Sven stand hilflos daneben.

„Mein Herz! Oh Gott! Ich sterbe! Ruf einen Krankenwagen, schnell!"

Sven wählte die Notruf-Nummer. Es dauerte keine zehn Minuten, bis der Rettungswagen kam.

Blutdruck wurde gemessen, ein EKG geschrieben und eine Infusion angelegt. Ich wimmerte und weinte.

„Ganz ruhig!", sagte der Sanitäter. „Alles in Ordnung! Keine Gefahr!"

Keine Gefahr? Das fühlte sich aber anders an! Immer wieder zog sich mein Gesichtsfeld zusammen, als ob ich jeden Moment bewusstlos oder gar sterben würde.

Es dauerte nicht lange, da waren wir im Krankenhaus.

Ich wurde gründlich untersucht. Ein Ultraschall vom Herzen ergab keine Auffälligkeiten. Die Lunge wurde geröntgt - kein Befund. Das Blut war bestens in Ordnung. Auch sonst konnte man nichts finden.

„Die Nerven!", sagte der Arzt, der mich behandelte und gab mir eine Beruhigungsspritze.

„Bleiben Sie heute zur Überwachung hier. Dann sehen wir weiter."

Nein, ich wollte auf keinen Fall dortbleiben! Mir ging es wieder gut und ich wollte nur so schnell wie möglich nach Hause.

„Lassen Sie zur Vorsicht ein Langzeit-EKG machen!"

Er drückte mir einen Schein in die Hand, auf dem die Ereignisse notiert waren und ließ sich von mir einen Zettel unterschreiben, dass ich auf eigene Verantwortung das Krankenhaus verließ.

Ich fuhr nach Hause. Sven war nicht da. An sein Telefon ging er nicht. Ich hatte noch drei Stunden bis zum Schichtbeginn im Puff.

„Denkst du daran, dass du mich fahren musst!", schrieb ich Sven eine SMS.

„Werde pünktlich da sein!", kam als Antwort zurück.

Die Spritze hatte mich sehr müde gemacht. So schlief ich auf der Couch ein, bis Sven mich weckte und mich zur Arbeit fuhr. Auf dem Weg sprachen wir kein Wort. Mich störte das nicht besonders, denn die Spritze wirkte noch und ich war so entspannt, wie schon lange nicht mehr. Diese Wirkung hielt viele Stunden an.

Auch wenn die Nacht nicht anders war als die davor, machte es mir wenig aus. Ich hatte einen betrunkenen Freier, der wie die Hölle stank und nur dummes Zeug laberte. Wie eine Marionette befriedigte ich ihn. Emotionslos brachte ich es in dieser Nacht auf zehn Freier. Acht davon kamen nicht aus Deutschland. Fünf davon hatten eine schwarze Hautfarbe.

Am nächsten Tag suchte ich meinen Hausarzt auf. Der las den Bericht aus dem Krankenhaus und verordnete mir Beruhigungspillen. Jeden Abend, bevor ich in den Puff fuhr, nahm ich eine davon. So konnte ich die Nächte überstehen.

Mein Hauptpublikum bestand mittlerweile aus Afrikanern und anderen dunkelhäutigen Männern. Gott sei Dank waren sie nicht betrunken, auch nicht unfreundlich oder arrogant. Dafür waren sie in der Regel überdimensional gebaut und hatten eine enorme Ausdauer. Sanft zu sein entsprach nicht ihrem Naturell. Sie stießen mich hart und ohne Erbarmen. Häufiger blieb ein Gummi dabei auf der Strecke. Fast täglich pumpte ich meine Muschi voll mit der Jod-Lösung. Ich hatte eine wahnsinnige Angst vor Ansteckung. Ständig hatte ich Unterleibsschmerzen und konnte kaum laufen. Es dauerte nicht lange, da wurden aus der abendlichen Pille zwei.

Die Tage waren nicht besser. Ich schlief in meinem Laden, wann immer sich die Gelegenheit ergab. Wenn ich wach war, packten mich Angstzustände und brachten mich an den Rand des Wahnsinns. Ich konnte nicht atmen und mein Herz raste. Mir fiel es schwer diesen Zustand vor den Mädels zu verbergen. So nahm ich auch in diesen Momenten eine Tablette.

Nach zwei Monaten war ich auf sieben Tabletten am Tag. Mein Hausarzt weigerte sich mir weitere Rezepte aufzuschreiben. Alle vierzehn Tage wechselte ich die Arzt-Praxis, um an ein Rezept zu kommen. Obwohl ich zig Untersuchungen gemacht hatte, fand man nichts. Ich war organisch gesund.

Dennoch war ich überzeugt davon, dass mein Herz schwer krank war. Wenn die Panik einsetzte, verlor ich mich in Todesangst. Es wurde immer schwieriger an die Pillen zu gelangen. Ich schickte meine Mädels zu den Ärzten, um an ein Rezept zu kommen. Das klappte eine ganze Weile gut.

Eines Nachts sprach mich im Puff ein dunkelhäutiger Mann an. Ich hielt ihn für einen Inder. Er konnte kaum ein Wort Deutsch.
„Kommen rein?", fragte er.
„Ja, klar! Komm hoch. Geht los bei fünfzig Mark!"
„Sex?"
„Ja, was denn sonst?", fragte ich erstaunt.
Er stieg die Stufen hoch. Ich empfing ihn an der Tür. Seine dunklen Augen waren rot geädert und sein Gesicht hatte keine Mimik. Ich hatte an dem Tag schon einige meiner Pillen geschluckt. Mir war es egal, wer da kam und wie er aussah.
„Fünfzig?", fragte er, als ich die Tür schloss.
„Ja, fünfzig!", bestätigte ich noch mal.
Er zog sich ganz aus. Ich war erstaunt, dass er sich splitternackt auf das Bett legte. Für das Geld gab es nur eine Handmassage. Da reichte es, wenn er die Hosen runterließ.
Ich setzte mich auf die Bettkante und nahm seinen Schwanz in die Hand.
„Ausziehen!", sagte er zu mir.
„Das kostet extra!", erklärte ich ihm.
„Nein! Du gesagt fünfzig! Ausziehen!"
Ich wollte keinen Stress. Es war mir sowieso alles egal. Also zog ich Rock und Slip aus. Ich ließ ihn zwischen meinen Beinen fummeln.
„Jetzt legen!"
„Nein, nur Hand!"
„Legen!"
Seine Augen wurden drohend und erst jetzt erkannte ich den bösen Ausdruck in seinem Gesicht.

„Ach, scheiß drauf", dachte ich, „lass den Typen ficken, umso schneller ist er wieder weg."

Er nahm mich in der Missionars-Stellung. Ich musste den Kopf wegdrehen, weil er so unheimlich wirkte. Trotz der Tabletten spürte ich Angst in mir hochsteigen.

20 Minuten rammelte er und mir wurde es nun wirklich zu viel.

„Hey. Mach fertig oder nachzahlen! Das reicht jetzt!"

Ich hatte es kaum ausgesprochen, da schob er seinen Unterarm auf meinen Hals und drückte zu. So fest, dass ich sofort keine Luft mehr bekam und nicht mal schreien konnte.

Ich versuchte ihn abzuwehren, aber ich hatte keine Chance. Innerhalb kürzester Zeit wurde mir schwarz vor Augen. Ich schnappte nach Luft.

Die Dunkelheit kam immer näher und mein Gehirn verstand: Ich werde sterben.

Hier, in einem beschissenen Puff mit einem Verrückten in mir, würde ich elend verrecken.

Das Letzte, was ich hörte war, wie der Kerl seinen Höhepunkt hinaus stöhnte. Dann endlich zog mich die Ohnmacht endgültig in ihre Arme.

Ich konnte nicht lange ohne Bewusstsein gewesen sein, denn als ich die Augen wieder öffnete, zog sich der Typ gerade an. Ich hustete und schnappte nach Luft, die endlich den Weg in meine Lungen fand. Mir war schwindelig und mein Körper gehorchte mir genau so wenig wie meine Stimme.

Zitternd lag ich auf dem Bett.

Der Inder verließ ohne einen Blick zurück den Raum.

Es war mir nicht möglich aufzustehen. Alles drehte sich und mein Hals schmerzte schrecklich. Es kam mir vor wie eine Ewigkeit, ehe ich mich aufrichten konnte und es dauerte lange, bis ich auf meinen Beinen stand. Ich ging zum Spiegel. An meinem Hals zeigten sich rote und blaue Striemen. Aber ich lebte! Erst jetzt kamen die Tränen. Schnell packte ich meine Klamotten zusammen, schmiss den Schlüssel auf den Tisch und rannte die Treppe hinunter. Die Luft wurde wieder knapp und ich spürte, wie mich die Schwärze einholte. Ich schleppte mich zum Taxi-Stand, schrie den Fahrer an: „Nach Hause! Fahren Sie mich nach Hause!"

„Ok. Und wo ist das?"

„Fahren Sie los! Fahren Sie sofort los!"

„Hey, ich fahr Sie lieber in ein Krankenhaus!"

„Nein! Ich will nach Hause!"

Ich war hysterisch, weinte, schrie immer wieder, dass ich nach Hause wollte. Unsicher setzte der Fahrer das Taxi in Bewegung.

„Sind Sie sicher, dass ich sie nicht lieber zu einem Arzt bringen soll?"

Mühsam erklärte ich ihm meine Adresse. Endlich machte er sich auf den Weg.

Ich schluckte drei Pillen auf einmal und als der Wagen eine halbe Stunde später vor meiner Haustür hielt, hatte ich mich etwas beruhigt.

Es war viertel vor. In der Wohnung war alles ruhig. Die Kinder und das Kindermädchen schliefen.

Sven war nicht da. Ich nahm eine Flasche Wodka aus dem Wohnzimmerschrank. Unverdünnt kippte ich das Zeug in mich hinein.

Als Sven nach Hause kam, war ich in einem Zustand, in dem ich die Welt nicht mehr richtig wahrnahm.

„Was machst du denn hier und wie siehst du aus?", fragte er entsetzt.

Ich ging in die Küche und holte ein Messer. Ohne ein Wort stürzte ich mich auf ihn. Er wehrte mich ab und flüchtete hinter die Couch.

„Bist du verrückt geworden? Komm mal wieder zu dir!"

Wie von Sinnen versuchte ich ihn mit dem Messer zu verletzen. Aber er war viel schneller als ich und konnte mir ausweichen. Voller Wut schnitt ich mir in den rechten Arm. Sofort schoss das Blut aus der Wunde. Inzwischen war das Kindermädchen aufgewacht, stand im Türrahmen und schrie.

Die Schreie brachten mich zurück an die Oberfläche meines Verstandes.

„Raus! Verschwinde! Mach, dass du wegkommst, sonst bring ich dich um!", zischte ich. Sven nahm die Beine in die Hand. Als die Tür ins Schloss fiel, brach ich zusammen.

Das Kindermädchen holte ein wassergetränktes Handtuch und wickelte es um meinen Arm. Die Wunde blutete stark.

„Ich rufe besser einen Krankenwagen", meinte sie.

„Wage es nicht! Hol mir lieber einen Verband!"

Sie tat wie geheißen und ich versorgte meine Wunde.

Mein Kopf fühlte sich wie Watte an, aber mein Verstand arbeitete wieder. Es war, als ob eine andere Person von mir Besitz ergriffen hätte. Der Teil, der überlegt und ruhig handelte, gewann wieder die Oberhand.

„Geh ins Bett!", forderte ich sie auf. „Ich komme alleine klar! Morgen sieht die Welt anders aus!"

Sie trottete davon. Auch ich legte mich ins Bett.

Wider Erwarten schlief ich sofort ein und wachte erst zwölf Stunden später auf.

10.

Die Kinder stürmten durch die Wohnung und lachten. Aus meinem Schlafzimmer hörte ich ihre hellen Stimmen.

„Warum bist du nicht einfach gestorben?", dachte ich und schloss die Augen.

Es nutzte nichts. Ich lebte und musste mir Gedanken machen, wie es weiter gehen sollte. Ich schmiss zwei meiner Pillen ein und zog mich an. Ein starker Kaffee sollte verhindern, dass ich von den Pillen gleich wieder müde wurde.

„Bleibst du heute zu Hause, Mami?", begrüßte mich meine Tochter.

„Können wir auf den Spielplatz?", fragte mein Sohn.

Ich sah ihn an. Er war mittlerweile sechs Jahre! Bald würde er zur Schule gehen und ich kannte dieses Kind nicht einmal!

Das Kindermädchen brachte das Mittagessen auf den Tisch. Ich war unendlich dankbar, dass sie immer noch da war.

„Heute nicht! Mama muss ganz viel regeln! Aber bald, meine Süßen", vertröstete ich meine beiden Kinder.

Ich bestellte mir ein Taxi und fuhr in den Laden.

Die Mädchen saßen alle akkurat auf der Couch und begrüßten mich.

„Ich muss mit euch reden", kam ich ohne Umschweife zur Sache. „Sven und ich, wir haben uns getrennt."

„Oh! Der war heute Morgen schon hier. Er hat die Einnahme von gestern und den Teil von heute abgeholt", sagte Angel.

„Das ist wohl das Allerletzte!", schimpfte ich. „Der hat hier keinen Fuß mehr reinzusetzen oder auch nur einen Pfennig abzuholen! Wenn er an der Tür steht, lasst ihn nicht rein! Sollte ich nicht da sein, ruft mich sofort an!", gab ich Anweisungen. „Falls er Probleme macht, ruft sofort die Polizei!"

Die Mädchen schauten mich erstaunt an. Ich war stinksauer. Sven hatte über zweitausend Mark abgeholt und ich brauchte das Geld noch dringender als je zuvor, denn ich hatte nicht vor, auch nur einen Schritt zurück in den Puff zu machen. In zwei Tagen war der Erste und ich hatte keinen Pfennig. Weder für die Mieten noch für andere Rechnungen. Mein Laden brachte zwar immer noch gutes Geld ein, doch längst nicht mehr so viel wie am Anfang. Netto kamen noch gute 24.000 DM, aber meine Kosten fraßen die Hälfte locker auf. Wenn ich es schaffte, meine Rückstände aufzuarbeiten, würde es meinen Kindern und mir gar nicht so schlecht gehen.

Ich sprach mir Mut zu. Ich hatte den Laden. Die Mädchen waren einigermaßen verlässlich und ich war fest entschlossen Sven zu beweisen, dass ich ihn nicht brauchte.

Ab sofort wollte ich keinem Kunden mehr zur Verfügung stehen. Allein der Gedanke, dass ich auch nur zu einem dieser Kerle nett sein musste, brachte mich zum Würgen. Das Erlebnis im Puff hatte meinen Ekel noch mehr verschärft und ich zeigte Freiern offen meine Abscheu. Dabei war es mir egal, dass ich dadurch weniger verdiente. Einige meiner Kunden fühlten sich arg vor den Kopf gestoßen.

Als der Tag zu Ende ging, war ich ganz stolz, dass ich nicht eine SMS an Sven geschickt hatte. Auch er hatte sich nicht gemeldet. Wo war er nur abgeblieben? Ich wusste, er hatte nicht wirklich irgendwo Freunde, wo er sich hätte verkriechen können. Seine Familie wohnte nicht in der Nähe und die würden ihn sowieso nicht aufnehmen. Meine Gedanken verselbstständigten sich. Ehe ich mich versah, nagte die Eifersucht an mir und ich fühlte mich einsam. Doch ich wollte dem Gefühl nicht nachgeben. So holte ich mir eine Flasche Wodka und trank, bis ich einschlief.

Leider hielt der Schlaf nicht lange an. Schon nach drei Stunden war ich hellwach und konnte nicht wieder einschlafen.

Ich nahm eine Pille und wartete darauf, dass ich müde wurde. Es tat sich nichts. Das war kein Wunder. Ich hatte die letzten Monate so viele davon in mich reingestopft, dass eine Tablette schon lange keine Wirkung mehr zeigte. Ich ging auf den Balkon und beobachtete, wie die Schleier der Morgenröte die Nacht verabschiedeten. Der schwarze Himmel riss auf, die ersten Lichtstrahlen eroberten die Welt.

Ein zittern durchlief meinen Körper.

„Du musst neu anfangen und alles hinter dir lassen", ging es mir durch den Kopf. Das war leichter gedacht als getan. Ich hatte keinen blassen Schimmer, wie ich aus diesem Leben rauskommen sollte. Zurück zum Sozialamt gehen war für mich auch keine Perspektive. Mir mit den Kindern eine Arbeit suchen, jetzt wo Sven nicht mehr da war, erschien mir unmöglich. Das Kindermädchen könnte ich dann nicht mehr bezahlen. Meine Gedanken drehten sich im Kreis.

Bis der Tag die Nacht besiegt hatte und ich im Kinderzimmer die ersten Geräusche hörte, blieb ich auf dem Balkon stehen.

Nach dem Frühstück rief ich eine Freundin an und fragte sie, ob sie Lust hätte, mit meinen Kindern und ihrer Tochter schwimmen zu gehen. Spontan sagte sie zu und holte uns eine Stunde später ab. Ich hätte mir so sehr gewünscht ganz unbedacht und voller Freude diesen Tag genießen zu können, jedoch sorgten meine Panikattacken für Stress. Ich konnte mich nicht entspannen. Viel früher als geplant waren wir wieder zu Hause.

Als die Kinder abends im Bett waren, kam das große Heulen. Ich würde das nicht schaffen! Ohne meine Tabletten traute ich mich nicht einmal mehr aus dem Haus. Ich konnte nicht einmal in einen Einkaufsladen gehen, ohne dass die Panik mir den Hals zuschnürte.

Fassungslos musste ich mir eingestehen: Ich war ein Wrack, kaputt und tablettensüchtig, eine Hure mit zwei Kindern, die beinahe ihren Mann abgestochen hätte. Wo war der nur, wenn ich ihn brauchte? Wo war er nur die ganze Zeit, in der ich mich abkämpfte und versuchte uns ein vernünftiges Leben zu bieten? Wieder fraß mich die Eifersucht auf. Er hatte sich seit dem Rauswurf nicht einmal gemeldet. Ich fragte mich, ob er nicht schon lange eine Geliebte hatte, wo er vielleicht gerade war. Der Gedanke ging mir nicht mehr aus dem Kopf und ich wurde bald wahnsinnig dabei. Plötzlich fielen mir so viele Situationen ein, wo ich ihn nicht finden konnte. Stunden, die er einfach verschwunden und auch telefonisch nicht erreichbar war. Wie dumm war ich gewesen! Da konnte nur eine Geliebte hinter stecken! Ich steigerte mich so sehr in diese Gedanken hinein, dass ich nicht anders konnte und zum Telefon griff. Ich rief ihn an. Aber er hob nicht ab. Ich schrieb eine SMS: Geh bitte ans Telefon! Doch auch darauf kam keine Antwort. Ich rief Freunde von mir an in der Hoffnung, dass er sich bei ihnen gemeldet hatte. Niemand hatte ihn gesehen. Stunde um Stunde saß ich da und verfiel immer tiefer in Selbstmitleid.

Hatte er nicht mit allem Recht? Ich war ein Zombie geworden in den letzten Jahren. Immer fetter, aggressiver und psychisch gestört. Ich war mit dem Messer auf ihn losgegangen! Er hatte mich niemals angefasst. Es war schon nach 2 Uhr nachts und eine halbe Flasche Wodka weiter, als ich an meinem Handy die Rufnummer unterdrückte und noch einmal versuchte ihn zu erreichen. Endlich ging er dran.

„Hallo?", kam seine verschlafende Stimme.

Ich konnte nichts sagen.

„Hallo? Wer ist denn da?"

Gerade, als ich etwas erwidern wollte, hörte ich eine Frauenstimme: „Leg doch einfach auf. Das kann doch nur die bekloppte Alte sein."

Dann war die Leitung tot. Der Schmerz zerriss mich. Schlagartig bekam ich keine Luft mehr und nur mühsam konnte ich meine Tabletten aus meiner Handtasche holen. Ich nahm fünf Stück auf einmal; mit dem Wodka zusammen eine fatale Mischung.

Ich torkelte durch die Wohnung, fiel zu Boden und schlug mir den Kopf auf.

Als ich wieder zu mir kam, lag ich in meinem Bett und mein Kindermädchen saß bei mir.

Sie hatte meine Wunde am Kopf versorgt und hielt eine Tasse Tee in der Hand.

„Ich kann nicht mehr!", heulte ich.

Sie konnte mir auch nicht helfen. Sie kochte eine heiße Hühnersuppe und riet mir, ein paar Tage im Bett zu bleiben. All das nutzte mir herzlich wenig. Ich schrieb eine SMS nach der anderen an Sven. Zurück kam tagelang kein Wort. Auch wenn ich mir noch so große Mühe gab, ich kam ohne Beruhigungsmittel nicht über den Tag und ohne Wodka nicht über die Nacht. Sven war schon die dritte Woche weg. Ich hatte zehn Kilogramm abgenommen. Seelisch ging es mir immer schlechter. Ich konnte nichts mehr essen, kaum schlafen und kümmerte mich auch nicht mehr um den Laden. Das machte sich schnell bemerkbar, denn die Kohle wurde immer weniger.

Jeden Tag bombardierte ich Sven mit Anrufen und SMS. Nach der vierten Woche meldete er sich endlich.

„Was willst du?"

„Wir müssen miteinander reden! Schließlich geht es hier nicht nur um uns! Da sind noch zwei Kinder! Du kannst nicht einfach spurlos verschwinden."

„Kann ich! Hast du ja gesehen. Außerdem hast du mich rausgeschmissen! Ich bin nicht von allein gegangen!"

„Ja, du hast Recht. Ich habe viele Fehler gemacht. Lass uns bitte reden und Lösungen finden", versuchte ich die Situation zu retten. Das Handy schwieg plötzlich wieder und über Stunden bekam ich keine SMS mehr.

Am Abend setzte sich die Kommunikation via SMS fort. Er beschimpfte mich als psychisch krank und dass ich gefährlich sei. Ich konnte mich nicht wehren, denn mit all seinen Anschuldigungen lag er richtig, empfand ich. Dass er sich nur noch um sich selber kümmerte, freiwillig keine Zeit mit den Kindern verbrachte und Wahnsinnssummen verzockt hatte, stand nicht zur Debatte. Er prügelte mit Worten auf mich ein und ich wurde immer kleiner.

Am Ende der SMS-Flut war ich nur noch ein Häufchen Elend. Das Schuldgefühl war übermächtig, die Angst vor dem Alleinsein zwang mich in die Knie.

„Komm nach Hause! Bitte! Ich werde mir Hilfe holen und ich verspreche, dass ich dich nicht mehr einengen werde! Ich verspreche es!", schrieb ich.

„Ich kann so viel Fußball schauen, wie ich will? Es gibt kein Gemecker mehr wegen der Playstation?", fragte er.

„Ja! Alles wird anders! Bitte komm nach Hause!"

„Ich werde es mir überlegen", war die letzte SMS von ihm.

Ich lag die ganze Nacht wach - eine von vielen. Das Telefon schwieg. Auch am nächsten Tag hörte ich nichts weiter von ihm. Ich hatte mir geschworen, mich nicht wieder bei ihm zu melden. Als die Nacht hereingebrochen war und ich mit Angstzuständen in meinem Bett lag, schrieb ich ihm trotzdem wieder.

„Ich liebe dich! Komm nach Hause!"

Am nächsten Tag stand er plötzlich in der Tür.

Ich war nur noch ein Häufchen Elend. Er setzte sich ins Wohnzimmer. Er sah aus wie ein Sunny-Boy, total entspannt und die Ruhe selbst, als ob ihn kein Wässerchen trüben konnte.

„Wo warst du nur so lange?", fragte ich ihn unter Tränen.

„Du musst nicht glauben, dass ich auf dich angewiesen bin! Andere Mütter haben auch schöne Töchter!"

„Seit wann geht das mit euch?", fragte ich kleinlaut.

„Es ist nicht so, wie du denkst! Ich habe dich nie betrogen! Ich war dir immer treu! Deine Eifersucht ist krankhaft!"

„Aber du hast eine andere Frau!"

„Ja! Als du mich rausgeschmissen hast, wusste ich nicht wohin! Ich habe drei Nächte im Auto geschlafen!"

„Du bist länger als drei Nächte weg", stellte ich schlicht fest.

Wieder stieg Wut in mir hoch. Dieses Gefühl hatte ich wochenlang nicht mehr verspürt. Ich wusste, wenn ich ihm nachgab, hatte ich verloren. So zwang ich mich zur Ruhe und fragte sachlich: „Also, was ist danach passiert?"

„Ich bin zum Stall gefahren. Ich schau mal nach dem Pferd, dachte ich. Mir klar, dass du ohne Auto nicht dorthin kommen würdest. Ich kam mit den Leuten ins Gespräch. Man sah mir an, dass es mir nicht gut ging. Eine der Frauen dort machte mir den Vorschlag eine Zeit lang bei ihr zu bleiben. Sie lebt allein und da ich keine Alternative hatte, nahm ich das Angebot an."

Ich war seit Wochen nicht mehr bei dem Tier gewesen. Wie denn auch? Der Stall war über 20 km entfernt und ich traute mich kaum aus dem Haus.

„Sie hat dich einfach so mitgenommen, obwohl sie dich nicht kannte?"

„Das ist so nicht richtig! Ich bin ihr schon öfters begegnet, wenn ich zum Stall gefahren bin."

„Niemand nimmt irgendwen einfach so auf!"

„Es war aber so! Später erzählte sie mir, dass sie schon lange ein Auge auf mich geworfen hatte."

Das erklärte die Situation, machte mich trotzdem nicht glücklicher.

„Und dann?"

Ich hatte Angst vor dem, was jetzt kam, doch ich musste es wissen. Sven schwieg.

„Hast du was mit ihr angefangen?"

Er schaute zu Boden. Sein Schweigen machte mich wahnsinnig. Aber ich wusste, wenn ich jetzt ausflippte, wäre alles verloren.

„Ich finde schon, dass wir offen darüber reden sollten", sagte ich vorsichtig.

„Was denkst du denn, was wir die ganze Zeit gemacht haben? Händchen gehalten?" Er schaute mich trotzig an.

„Seid ihr nun ein Paar?"

„Ich habe ihr gesagt, dass ich nicht weiß, wie es weiter gehen soll."

„Das beantwortet meine Frage nicht. Weiß sie, dass du hier bist?"

Er gestand, dass sie keine Ahnung hatte. Ich wusste auch nicht so recht, was ich nun sagen sollte. Mein Kopf war durcheinander. Warum war er gekommen, wenn er sich auf eine andere Frau eingelassen hatte? Fragen in meinem Kopf nutzten mir nichts, also fragte ich ihn direkt.

„Ehrlich gesagt, ich weiß es selbst nicht. Die letzten Jahre waren alles andere als schön! Du hast mir das Leben ganz schön schwer gemacht!", sagte er.

Hatte ich irgendetwas verpasst? Ich hatte ihm das Leben schwer gemacht? Wieder musste ich alle Kraft zusammennehmen, um nicht laut zu werden.

„Kannst du mir näher erklären, was du damit meinst?"

„Immer dein Gemecker, wenn ich fernsehe oder vor meiner Playstation sitze! Du bist doch selbst schuld, dass ich in die Spielhalle flüchte! Hier kann man es ja nicht aushalten!"

Das meinte er doch nicht etwa ernst? Schließlich war er in der Spielhalle, wenn ich am Arbeiten war.

„Was ist denn so schlimm hier zu Hause? Ich bin doch die meiste Zeit weg."

„Ja, du machst es dir einfach! Du bist Tag und Nacht weg! Brauchst dir den Stress mit den Kindern nicht zuzumuten."

Das wurde immer verrückter.

„Um die Kinder kümmern sich doch die Kindermädchen!"

Wir hatten zwei davon und die Kinder waren rund um die Uhr betreut.

„Ständig bist du eifersüchtig! Telefonierst hinter mir her und wehe, ich gehe nicht ans Telefon! Über jeden Schritt muss ich dir Rechenschaft ablegen!"

Für einen Moment fragte ich mich, wer hier einen an der Waffel hatte. Aber ich traute mich nicht etwas zu sagen, denn ich wusste, ein falsches Wort und er wäre über alle Berge. Dennoch erledigte sich das von allein. Er sprang plötzlich auf.

„Ich muss jetzt gehen. Vielleicht komme ich morgen wieder."

„Wo willst du denn hin? Ich dachte, du bleibst und wir finden Lösungen!"

„Ich muss gehen!"

Weg war er. Ich blieb hilflos zurück.

Das alles konnte doch nur ein böser Traum sein!

Ich schrieb ihm eine SMS, dass er bitte wieder zurückkommen sollte. Eine Antwort bekam ich an diesem Tag nicht mehr.

Wenn das so weiterging, würde es nicht mehr lange dauern, bis ich mir einen Strick nähme. Ich war absolut im Zwiespalt:

Die eine Seite von mir war empört von dem, was Sven gesagt hatte und flehte mich an ihn nicht wieder in meine Leben zu lassen, die andere war verzweifelt und glaubte, jede Anschuldigung sei gerechtfertigt und fühlte sich elend. Eine Hure mit zwei Kindern. Wer würde mich noch nehmen? Dazu meine aggressiven Ausbrüche und meine Angststörung. Kein Mann würde es bei mir aushalten.

Am nächsten Tag stand Sven ebenso unvermittelt vor der Tür.

„Lass uns Essen gehen!", begrüßte er mich.

Raus? Ich hatte seit Tagen die Wohnung nicht verlassen, nicht mal die Einnahmen aus meinem Club geholt.

„Ich habe kein Geld hier", wich ich aus.

„Fahren wir halt eben zum Laden und holen welches! Da ist doch bestimmt was!"

Er ließ keinen Widerspruch zu. So fuhren wir zum Club. Auf dem Weg dahin war ich wieder einer Panikattacke ausgesetzt. Was sollte ich den Mädels erklären, warum ich Sven im Schlepptau hatte?

„Warte einen Moment. Ich husche schnell nach oben und hole das Geld."

Ich war froh, dass er nicht darauf bestand mit nach oben zu gehen.

Gaby war allein und übergab mir die Einnahme von einer Woche. Ich zählte das Geld nach.

„Nur tausend Mark?", fragte ich sie.

„Im Moment nicht viele Kunden, Josy! Zeit ist ruhig. Oben neue Geschäft von Thai-Mädchen. Alle Freier dort laufen."

Ich war mir sicher, dass sie sich einen Batzen in die Tasche gesteckt hatte. Mein Laden lief immer, egal wer gerade neu im Haus war. Doch ich konnte ihr nicht das Gegenteil beweisen. Schließlich war ich selbst schuld daran, dass die Kohle weg war. Ich hatte die Mädchen viel zu lange allein gelassen. Wenn die Katze aus dem Haus ist, tanzen die Mäuse auf dem Tisch.

„Ich komme später wieder. Dann können wir reden", sagte ich und lief zurück zum Auto.

Sven wartete schon ungeduldig.

„Ich dachte, du kommst gar nicht mehr runter!"

Ich war gerade mal zehn Minuten weg! Ich sagte nichts und er fuhr zu einem teuren Steakhaus.

Von meinem Essen bekam ich kaum einen Brocken herunter. Mein Hals war wie zugeschnürt. Sven ließ es sich schmecken und plapperte munter vor sich hin.

„Bin ich froh mal wieder was Gutes auf dem Teller zu haben! Kochen kann die nun wirklich nicht! Im Bett ist sie auch nicht gerade ´ne Granate."

Mir fiel alles aus dem Gesicht und ich war unfähig ein Wort darauf zu erwidern. Sein Handy klingelte.

„Ihr Frauen seid alle gleich. Kaum ist man aus dem Haus, geht das Hinterherspionieren los!", schimpfte er. „Da kommt man vom Regen in die Traufe!"

Er ließ das Telefon klingeln. Es dauerte nicht lange, da kam eine SMS hinterher und nach einem kurzen Blick darauf stellte er das Telefon auf lautlos.

„Wir lassen uns nicht den Tag verderben!", sagte er und aß gemütlich weiter. Ich bekam nichts mehr runter. Er redete noch eine ganze Weile, doch alles rauschte an mir vorbei. Was tat ich hier? Ich musste völlig verrückt sein, mit diesem Mann am Tisch zu sitzen, den ich schon lange nicht mehr kannte!

„Lass uns nach Hause fahren! Ich möchte die Kinder sehen", befahl er. Ich zahlte und war froh das Lokal verlassen zu können.

Die Kinder freuten sich ihren Papa zu sehen.

„Bleibst du jetzt wieder bei uns?", fragte sein Sohn.

„Ja, sicher! Wir sind doch eine Familie!"

So einfach war das also.

Über all das, was passiert war, wurde einfach nicht mehr gesprochen. Immer, wenn ich versuchte, es noch einmal zu thematisieren, sagte Sven: „Du bist doch froh, dass ich wieder zu Hause bin, oder? Du möchtest doch sicher auch, dass das so bleibt?"

Obwohl er wieder da war, ging es meinen Nerven nicht wesentlich besser. Ich schleppte mich zwar in den Laden, doch arbeiten konnte ich nicht. Das Geschäft lief miserabel! Tatsächlich hatten wir ernste Konkurrenz bekommen. Im Haus hatten sich Thai-Mädchen eingerichtet. Den ganzen Tag hörte ich es bei ihnen klingeln und bei uns kamen nur eingefleischte Stammgäste. Auch nach einer Woche war das nicht anders.

Das Wasser stand mir bis zum Hals, denn die Mieten waren nicht bezahlt. Viele andere Rechnungen türmten sich auf.

Ich bat einen guten Gast von mir in den neuen Laden zu gehen, damit ich herausfinden konnte, warum plötzlich alle dort landeten. Als er zurückkam, erzählte er mir, was er vorgefunden hatte.

„Es arbeiten fünf Frauen dort. Alle sind asiatischer Herkunft. Sie sind zwischen zwanzig und vierzig Jahre alt. Eine ist hübscher als die andere! Kaum ist man in der Wohnung, da fallen sie einen an! Sie gehen sofort auf Tuchfühlung und man findet keine Gelegenheit wieder zu gehen! Sie sagen, für hundert Mark gibt es alles, was ein Mann sich wünschen kann.

Als ich gehen wollte, hat mich eine am Arm festgehalten und mir ins Ohr gesäuselt, dass sie es auch ohne Gummi macht."
Ich war erledigt.

11.

Angel war die erste, die so gut wie nichts mehr verdiente. Es dauerte nicht lange, da kam sie nicht mehr.

Ich musste wieder mitarbeiten, ob ich wollte oder nicht. Es gab keine andere Möglichkeit. Ich konnte mir auch die Freier nicht mehr aussuchen und so landete ein Typ bei mir, der eine devote Dame suchte. Durch meine Erfahrungen im SM-Bereich sah ich mich in der Lage, ihm seine Wünsche zu erfüllen, vorausgesetzt, er würde mich vernünftig bezahlen.

Doch Geld spielte für ihn keine Rolle. Nachdem er mir fünfhundert Mark auf den Tisch gelegt hatte, erklärte er mir seine Wünsche. Er wollte mich fesseln, die Augen verbinden und Kerzenwachs auf meinen Körper träufeln. Ich hatte noch einige Accessoires aus meinem Studio, die ich zur Verfügung stellen konnte.

„Ich möchte, dass du mir bedingungslos gehorchst und alles tust, was ich will", forderte er.

Nun wurde es mir mulmig. Allein mit einem Typen auf dem Zimmer, ohne die Möglichkeit zu sehen was passiert oder mich wehren zu können, fand ich nicht besonders spaßig. Ich war noch nie in einer devoten Rolle, wusste aber mit Sicherheit, dass mir das nicht gefallen würde. Auch wollte er mich mit einer Peitsche züchtigen, wenn ich nicht tat, was er von mir verlangte. Das ging mir zu weit.

„Tut mir leid. Das kann ich leider nicht erfüllen", sagte ich und sah die fünfhundert schon davonschwimmen. Er legte noch mal dieselbe Summe dazu. Die Stromrechnung war überfällig. Ich wusste, was das bedeutete. Das Geld würde reichen, um sie zu bezahlen. Hatte ich eine Wahl?

Aber ich konnte mich ihm doch nicht ausliefern!

Ich rief Sven an und bat ihn in den Club zu kommen. Als ich ihm erklärte, worum und um wie viel Geld es ging, kam er sofort. Zu dem Gast sagte ich, dass ich unter der Bedingung einverstanden sei, die Tür angelehnt bliebe und mein Mann jederzeit eingreifen konnte. Er stimmte zufrieden zu.

Als er mir die Augen verband, wurde mir schon elend. Die Hände auf den Rücken gebunden, musste ich auf Knien durch das Zimmer rutschen. Ich wusste nicht, wo ich mich befand und erschrak furchtbar, als er mir das Kerzenwachs auf den Rücken träufelte. Ich schrie auf.

„Habe ich dir erlaubt, zu schreien?", fragte er mich scharf und dann setzten die ersten Peitschenhiebe ein. Er traf mich auf dem Rücken und ein brennender Schmerz durchzog meine Nieren. Sofort legte er mir einen Knebel an. Ich wollte aus dem Zimmer fliehen, wusste aber nicht, in welche Richtung die Tür lag. Hilflos rutschte ich über die Erde. Meine Knie waren schnell aufgescheuert und brannten. Der Knebel verhinderte meine Schreie. Ich konnte nur stöhnen. Plötzlich spürte ich einen Wahnsinns Schmerz an meinen Brustwarzen. Er hatte dort Klammern angebracht. Ich dachte, ich verliere das Bewusstsein.

„Jetzt kannst du mir erst mal einen blasen!", befahl er, zog meinen Kopf an meinen Haaren zu sich heran und nahm mir den Knebel ab. Ich wollte sofort losschreien, aber er hielt mir den Mund zu.

„Du weißt, was dir blüht, wenn du schreist?"

Hart schlug er wieder zu und ich blieb stumm. Er stopfte sein dreckiges Ding ohne Kondom in meinen Mund. Ich fing sofort an zu würgen.

„Wag nicht mir hier hinzukotzen, du dreckige kleine Hure!"

Aber das schien ihn doch zu beunruhigen, denn er kniete sich hinter mich und stieß ohne Vorwarnung zu.

„Hoffentlich hatte er sich ein Gummi drübergezogen", betete ich. Er zog meinen Kopf immer weiter nach hinten, beschimpfte mich weiter. Irgendwann war er fertig.

Ich kippte zur Seite und blieb einfach liegen.

Behutsam löste er meine Fesseln.

„Das war richtig gut!", sagte er und streichelte mir über den Kopf. Mühsam versuchte ich auf die Beine zu kommen. Ich schaute mich um, ob ich irgendwo ein benutztes Kondom fand und tatsächlich lag es auf dem Boden. Da konnte ich meine Tränen nicht mehr zurückhalten.

„Hey, so schlimm war es doch gar nicht! Jetzt wein doch nicht."

„Es ist besser, du gehst jetzt", schluchzte ich und hielt ihm die Tür auf. Er drückte mich und verließ die Wohnung mit den Worten: „Bis zum nächsten Mal!"

Ich rannte ins Bad und erbrach mich.

Als ich zu Sven ins Zimmer kam, starrte er mich verwirrt an.

„Ist was passiert? Du siehst so komisch aus!"

Ich war nicht in der Lage ein Wort zu sagen. Ich konnte nicht einmal mehr weinen. Meine Beine gehorchten mir nicht mehr und ich sank auf den Fußboden.

„Dich hat es ja mächtig erwischt. War es denn so schlimm? Ich habe nichts von dir gehört, deshalb dachte ich, alles ist in Ordnung."

Stumm saß ich auf dem Boden, ohne meinen Blick vom Teppich abwenden zu können.

„Tina?" Sven wurde nervös. „Jetzt sag doch was!"

Ich versuchte meine Augen vom Boden loszulösen, aber es gelang mir nicht.

„Tina! Nun sprich doch mit mir! Was verdammt noch mal ist denn geschehen?"

Er packte mich an den Schultern und schüttelte mich. Jetzt brachen alle Dämme. Ich weinte bitterlich.

„Ich kann nicht mehr! Ich kann nicht mehr!", schluchzte ich immer wieder. Hilflos hielt Sven mich im Arm. Als ich mich nach zwei Stunden immer noch nicht beruhigt hatte, brachte er mich ins Krankenhaus.

„Was ist denn so traurig?", fragte mich der Psychiater,
„Und was können Sie nicht mehr?"
Ich war immer noch nicht in der Lage zu sprechen. Aber meine Tränen waren versiegt.

„Wir werden Ihnen jetzt ein Bett organisieren und dann bleiben Sie einfach ein Weilchen bei uns, bis Sie sich ausgeruht haben."

In mir protestierte alles, doch ich schwieg. Eine Schwester führte mich in ein Zimmer und gab mir eine Tablette. Ich weigerte mich, sie zu schlucken, da man mich nicht aufgeklärt hatte, was das war.

„Das wird Ihnen guttun! Sie werden zur Ruhe kommen."

Erst da konnte ich wieder reden.

„Ich will erst wissen, was das ist!"

„Machen Sie es sich doch nicht noch schwerer! Es ist nur etwas zur Beruhigung!"

„Ich werde es nicht schlucken, bevor ich nicht weiß, was das ist."

Ich trotzte wie ein kleines Kind. Die Schwester verließ das Zimmer und holte einen Beipackzettel. In niedrigster Dosierung hatten sie mir eine von meinen Pillen gegeben. Eine! Ich nahm zu Hause die fünffache Menge mindestens dreimal am Tag! Die Schwester gab mir ein Glas Wasser und artig schluckte ich die Pille. Eine Wirkung stellte sich, wie erwartet, nicht ein.

Die ganze Nacht lag ich wach. Das war also das Ergebnis. Ich war im Irrenhaus. Aber wie sollten sie mir hier helfen? Ich war nicht verrückt! Ich war unglücklich! Mein Leben war ein Scheiterhaufen, und dass ich nun in der Klapsmühle saß, würde daran nichts ändern.

Am nächsten Morgen ging ich auf eigene Verantwortung nach Hause.

Sven saß munter vor seiner Playstation. Die Große war in der Schule und der Kleine im Kindergarten. Obwohl er sein sechstes Lebensjahr schon überschritten hatte, ging er noch nicht zur Schule. „Zu unreif" wurde prognostiziert.

Ich zog mich um und fuhr zu meinem Laden. Unterwegs kaufte ich mir eine Zeitung. Im Club studierte ich die Mietangebote. Es hatte keinen Sinn. Die große Wohnung konnte ich nicht halten. Ich fand einige, die in Frage kamen und rief direkt die Vermieter an. Noch am selben Tag konnte ich zwei von ihnen besichtigen. Beide lagen in einem Viertel, wo niemand gern wohnen wollte. Mitten in der Stadt, ohne Balkon oder gar Garten und direkt an der Hauptstraße. Die Miete betrug fünfhundert Mark warm und das war wichtiger als alles andere.

Obwohl ich auf die Frage vorbereitet hätte sein müssen, traf sie mich wie ein Schlag.

„Was machen Sie beruflich? Können Sie die Kosten bezahlen? Drei Monatsmieten Kaution sind auch zu hinterlegen."

Die Vermieterin war eine ältere Dame, sehr sympathisch und seriös.

„Geld spielt nicht so eine große Rolle. Ich bin schon eine Weile selbstständig und verdiene ganz gut", versuchte ich mich aus der Affäre zu ziehen.

„Das finde ich gut. Womit sind Sie denn selbstständig?", fragte sie mich neugierig. Was sollte ich sagen? So schnell fiel mir keine tolle Geschichte ein. Also sagte ich einfach die Wahrheit.

„Ich betreibe ein Bordell."

„Ah ja."

„Ja."

„Sie meinen ..."

„Ja."

„So was, wo Männer hingehen?"

„Ja."

„Dann können Sie die Kosten ja tragen!", lachte sie mich an. Mir fiel ein Stein vom Herzen.

Ich konnte schon am nächsten Ersten einziehen.

Aber damit waren meine Sorgen nicht zu Ende.

Im Gegenteil.

Ein besonders schwerer Gang stand mir noch bevor. Ich schluckte vier von meinen Pillen und machte mich auf den Weg zum Büro meines Vermieters.

„Hallo Tina. Ich habe mich schon gefragt, wann du wohl hier auftauchen würdest. Immerhin bist du mit zwei Mieten im Rückstand! Für deine Privat-Wohnung und für dein Geschäft."

„Ja, ich weiß. Deshalb bin ich hier!"

Trotz der Pillen klopfte mir mein Herz bis zum Hals. Ich wusste mit solchen Leuten war nicht gut Kirschen essen. Vor allem, wenn es ums Geld ging.

„Seitdem die Thais im Haus sind läuft bei mir nichts mehr!"

„Konkurrenz belebt das Geschäft. Ich glaube nicht, dass die Thais daran schuld sind."

„Nun, seit sie da sind verdienen meine Mädchen nichts mehr und eine ist schon gegangen."

„Ich glaube, dass es andere Gründe gibt, warum die Kleine gegangen ist."

Wusste er mehr als ich?

„Weißt du Tina, ich habe dir damals gesagt, dass die wenigsten Frauen es schaffen, einen eigenen Laden aufrecht zu erhalten. Du hast dich von allen, die ich kenne, am längsten gehalten. Aber das ist ein hartes Geschäft! Man braucht Nerven wie Drahtseile, eine harte Hand und eine Menge Verstand, wenn man als Frau in diesem Milieu bestehen will. Die ersten drei Jahre hast du alles richtig gemacht, zumindest was das Geschäft anging. Dann hast du angefangen den Laden allein zu lassen. Das ist der größte Fehler!"

Ja, er hatte Recht. Doch was hatte ich denn für eine Wahl? Ich konnte ihm schlecht von meiner häuslichen Situation erzählen. Deshalb schwieg ich.

„Dein Geschäft lief trotzdem erstaunlich gut weiter und du hast Glück gehabt, dass es überhaupt so lange ging. Aber andere schlafen nicht und beobachten dich ganz genau. Sie warten nur darauf deine Früchte einzukassieren."

Was meinte er denn nur damit? Es nutzte nichts, ich musste ihn fragen.

„Hast du nicht schon vor einer ganzen Weile gemerkt, dass jemand deine Mädchen abwirbt?"

Es gab immer mal den ein oder anderen der sein Glück versuchte, aber eigentlich war niemand dabei, der ernsthaft eine Gefahr darstellte.

„Deine Gaby ist schon eine Weile mit einem Zuhälter zusammen. Er hat sie auf Koks gebracht. Sag nicht, das hast du nicht gewusst? Als deine Angel auch angefangen hat zu koksen, hat ihr Freund sie rausgeholt und ihr gehörig den Arsch versohlt."

Das gab es doch nicht! War ich wirklich so blind gewesen, dass ich das nicht bemerkt hatte? Das war der Grund, warum im Laden nichts mehr zu holen war?

„Die Thais waren vielleicht für einen Moment der Grund, warum weniger Freier kamen. Du hast doch selbst oft genug erlebt, wie neue Mädchen kamen und gingen. Sie verdienten für den Moment und am Ende waren alle Freier wieder bei dir."

Das stimmte. Doch das löste mein Problem nicht. Ich war immer noch mit viel Geld im Rückstand. Endlich brachte ich es fertig mein Anliegen darzulegen.

„Ich kann die große Wohnung nicht behalten. Ich möchte ausziehen."

„Du hast drei Monate Kündigungszeit."

„Ja, ich weiß. Können wir uns nicht irgendwie einigen, denn ich kann die neue Wohnung schon nächsten Monat beziehen."

„Tina, ich bin Geschäftsmann. Ich habe nichts zu verschenken. Wenn das anders wäre, dann hätte ich nicht meine Position."

„Ich weiß nicht, wie ich das bezahlen soll!"

Er schwieg für einen Augenblick und schaute mich an.

„Ich habe einen guten Kollegen. Der hat am Ende der Stadt eine Bar. Sie läuft sehr gut. Wenn du dir ein bisschen Mühe gibst, hast du deine Rückstände und die drei Monate Restmiete innerhalb von vier Wochen raus. Vier Wochen, Tina, ich gebe dir vier Wochen!"

„Ok. Kann ich einfach so in die Bar fahren?"

Er schrieb mir die Adresse auf und gab mir den Zettel mit den Worten: „Vier Wochen, Tina! Ich verlasse mich auf dich!

Du kannst morgen einfach in die Bar gehen. Ich rufe den Chef an und sage ihm, dass du kommst."

Wie ein geprügelter Hund schlich ich davon. Das konnte alles nicht wahr sein. Ich wollte mein Leben verändern und jetzt sollte ich wieder in irgendeiner Bar sitzen. Egal, was ich auch tat, irgendwie rutschte ich immer tiefer in die Scheiße. Ich wollte meinen Körper nicht mehr verkaufen. Allein der Gedanke daran ließ meinen Magen rebellieren und mein Herz rasen. Was für eine Wahl hatte ich? Wollte ich mich auf dem Grund eines Sees wiederfinden? Oder mit geschwollenen Augen und aufgeplatzten Lippen? Ich hatte keine Wahl und ich wusste, ich würde dort morgen hingehen.

Aber zuerst ging ich in meinen Club. Ich hatte dort etwas zu regeln.

Gaby war gerade mit einem Freier auf dem Zimmer. Mira kam immer noch zwei Tage die Woche und hatte frei. Ich schaute in die Geldkassette, fand nur hundert Mark vor. Ich wartete fast eine Stunde lang, ehe der Freier das Haus verließ.

„Wie können nur hundert Mark in der Kasse sein, wenn der Typ eine Stunde hier war?", fragte ich.

„Ich habe in Zimmer Geld genommen. Bin ich alleine, ist egal wo ich Geld nehme. Schaust du! Dreihundert sind hier!"

Sie zog das Geld aus ihrem BH und legte es in die Kasse.

„Machst du keine Sorgen, Josy. Ich bin ehrlich!"

„Ja, ist klar! Und dein Zuhälter ist auch ehrlich!", konterte ich.

„Was? Bist du verrückt? Ich habe nichts Zuhälter! Ich habe Freund! Muss ich nicht alles erzählen, oder? Ist meine Privatsache!"

„Wenn du die Kohle hier rausziehst, um von deinem komischen Freund Koks zu kaufen, ist das sicher nicht mehr deine Sache."

Ich war so wütend! Schließlich hatte sie in meinen Augen mit Schuld daran, dass ich wieder ackern musste! Wer weiß, wie viel Geld da wäre, wenn sie mich nicht beklaut hätte. Ich hatte jeden Blick für die Realität verloren.

„Josy! Was du denkst von mir? Ich habe Kinder in Polen! Kann ich nicht Drogen nehmen!"

Das Gegenteil konnte ich ihr in diesem Moment nicht beweisen. Ich wusste, dass mein Vermieter mich nicht angelogen hatte, aber das nutzte mir nichts.

„Glaube mir, ich habe dich im Auge! Gnade dir Gott, wenn ich dich erwische!"

Ich musste raus aus dem Laden! Es könnte sein, dass ich sie verprügelte, wenn sie noch ein falsches Wort sagen würde.

Ich bestellte mir ein Taxi und fuhr zur Zeitung. Eine neue Kollegin musste her.

Abends fuhr ich zurück in meinen Club und wollte die Tageseinnahme abholen. An der Tür empfing mich Gabys Freund. Seine Augen funkelten böse und er sah nicht so aus, als ob er mit mir plaudern wollte.

„Du hast meiner Freundin gedroht!"

„Nein, habe ich nicht! Aber wenn du meinst sie kann mich beklauen, dann kannst du sie gleich einpacken und mitnehmen!"

„Josy! Ich will nicht weg!", mischte sich Gaby ein.

„Halt den Mund!", fuhr der Lude sie an.

„Verlass meinen Laden! Das ist nicht dein Gebiet! Du weißt, dass du dir eine Menge Ärger einhandelst!", forderte ich ihn auf. „Deine verkokste Alte kannst du gleich mitnehmen!"

„Josy! Nein! Ich will nicht gehen! Bitte, Josy! Schmeiße mich nicht weg!"

Ich konnte es nicht glauben, dass sie sich auf meine Seite schlug und nicht mit ihrem Kerl abhaute. Sie blieb eisern sitzen, während sich der Typ, groß wie ein Bär, Richtung Tür bewegte.

„Du wirst dich noch wundern!", sagte er, bevor er endlich weg war.

Mir zitterten die Knie.

„Was ist das für ein verdammter Typ, den du hier angeschleppt hast?", schrie ich Gaby an.

Sie weinte.

„Hör auf zu heulen und antworte mir gefälligst!"

„Habe ich in Kneipe kennengelernt. Ist kein Zuhälter! Hat Frau und Kinder", schniefte sie.

„Du hast echt keine Ahnung! Das ist ein Zuhälter! Er ist stadtbekannt! Nur weil er Frau und Kinder hat heißt das nicht, dass er andere Frauen nicht für sich anschaffen lässt!"

„Aber Josy! Hat kein Geld von mir genommen! Wirklich nicht. Bitte, ich bin allein. Will nur bisschen Spaß haben. Machst du nicht alles kaputt."

Ich war müde, hatte meine eigenen Sorgen und musste morgen in irgend so eine doofe Bar. Statt gemütlich zu Hause bei meinem Wodka zu sitzen, ärgerte ich mich hier im Laden herum. Was machte das für einen Sinn? Ich konnte das Problem heute nicht lösen. Das nicht und viele andere auch nicht. Täglich hier zu sein, jede Nacht in der Bar, Doppelschicht, tagein, tagaus! Das durfte doch nicht meine Zukunft sein!

Pünktlich um 21 Uhr erschien ich in der Bar. Der Laden war gehobene Klasse, die Frauen waren jung und schön. Sofort sank meine Hoffnung, das Geld hier zusammenzubekommen. Ich hatte meine Erfahrungen auf diesem Gebiet. Die Preise waren gesalzen. Unter zweihundert Mark konnte hier niemand sein Vergnügen finden. Die Stunde lag bei vierhundert und das war für die Zeit damals verdammt viel.

Schon in der ersten Nacht verdiente ich mein Geld, denn die Mädchen waren sehr kollegial. Sie versuchten stets, eine zweite Frau mit an Bord zu nehmen. Neid gab in dieser Bar nicht, denn alle verdienten gutes Geld. Ich war überrascht, wie freundlich

ich aufgenommen wurde. Auch der Chef war ein netter Kerl. Zu Beginn der Schicht gab er einen guten Grappa aus.

„Denkt daran meine Süßen, die Flasche kostet über vierhundert Mark und wenn wir ihn weiter trinken wollen, dann müssen wir Geld verdienen."

Bei meinem ersten Verdienst hatte ich Glück. Der Freier gab eine Menge Champagner aus. Schnell hatte ich einen Schwips. Danach gab es Whirlpool und noch mehr von diesem prickelnden Gesöff. Das Mädel, das mich mitgeschleppt hatte, machte seine Sache gut und zog eine Flasche nach der anderen. Betrunken fiel mir meine Arbeit viel leichter und als es dann zur Sache kam, ging es mir besser von der Hand als ich dachte.

Am Morgen nahm ich sechshundert Mark mit nach Hause.

Die Gäste in der Bar waren gepflegt, sauber und freundlich. Das machte mir meine Arbeit um einiges leichter. Aber dennoch hätte ich es ohne meine Pillen und ohne den allabendlichen Alkohol nicht geschafft mit ihnen aufs Zimmer zu gehen.

Meinen Laden versuchte ich so gut es ging im Auge zu behalten. Ich gab eine erneute Anzeige zwecks „Kollegin gesucht" auf und hoffte darauf, noch einmal so viel Glück wie in der Vergangenheit zu haben. Der Markt gab zurzeit nicht viel her. Alle Frauen in der Stadt stöhnten, dass sie zu wenig verdienten. Die Preise gingen in den Keller. Es wurde üblich, dass die Freier für hundert Mark Verkehr und Französisch bekamen und bei uns nörgelten sie, dass es mehr kosten sollte.

Egal wie ich strampelte, es ging bergab.

Dann kam die Wende! Eines Abends stand eine junge Rumänin vor meiner Tür, ein heißer Feger, mit dunkelbraunen Haaren und Augen wie Holzkohle. Sie war zwar schon achtundzwanzig Jahre alt, aber ihre Figur und das Aussehen waren so rassig, dass ich sofort wusste, sie würde gutes Geld verdienen.

Sorana hatte nie zuvor in diesem Gewerbe gearbeitet. Sie war deutsch eingeheiratet, erst sechs Monate in Deutschland und verstand kaum ein Wort. Ihr Mann hatte sie per Katalog gefunden und im wahrsten Sinne des Wortes gekauft. Sie wusste, was sie in Deutschland erwartete, nahm es jedoch in Kauf, um dem Elend in ihrer Heimat zu entfliehen. Mit den Gepflogenheiten in einem Bordell kannte sie sich nicht aus. Ich wollte sie genau wie die anderen Mädchen einarbeiten, aber sie lehnte entrüstet ab.

„Sex mit Frau? Nu!"

„Ich möchte, dass du so arbeitest wie alle anderen hier. Dafür musst du keinen Sex mit mir machen, sondern wir machen zusammen Sex mit dem Mann".

„Nu, nu! Niciodată!"

Klasse, ich verstand kein Wort.

Wie sollte ich ihr erklären, was ich von ihr erwartete? Ich versuchte es noch einmal.

„Nicht Sex, du und ich." Dabei zeigte ich mit meinem Finger auf uns und schüttelte den Kopf.

„Du gut mit Männer! Küssen!" Ich küsste meinen Handrücken. „Du Männer küssen!"

„Nu, nu! Niciodată!"

Ich war mit meinem Latein am Ende, wohl eher mit meinem Rumänisch. Ich verstand sie nicht und sie verstand mich nicht.

Ich hatte keine andere Wahl als sie so auf die Freier loszulassen. Schon bei dem ersten Gast gab es Probleme.

Nur mit seinem Schlüpfer bekleidet kam der Freier zurück in den Empfangsraum.

„Ich habe zweihundert bezahlt! Beidseitig Französisch und Verkehr! Doch die Dame möchte ihn nicht in den Mund nehmen!", beschwerte er sich.

Ich ging in das Arbeitszimmer, fand Sorana auf dem Bett liegend vor. Sie wirkte nicht, als ob es ein Problem gegeben hätte.

„Sorana! Du blasen!"

Sie schaute mich fragend an.

Ich lutschte an meinem Daumen.

„Blasen! Verstehst du?"

„Nu. Pulă!"

Ich wusste, sie hatte mich genau verstanden. Doch ich begriff nicht, warum sie nicht blasen wollte.

Sie schimpfte in ihrer Sprache und ich stand Kopf kratzend da, verstand nicht das Geringste.

„Alle Frauen blasen!"

„Nu!"

Wie sollte sie so bei mir arbeiten?

Plötzlich hatte ich einen Geistesblitz. Ich ging zu der Schachtel neben dem Bett und gab ihr ein Kondom.

„Blasen! Mit Gummi?"

Ich hoffte, sie würde mich verstehen.

„Da."

Wie „da"? Es dauerte einen Moment, bis ich begriff, dass „da" ja hieß und die Sache damit erledigt war.

Der Gast war hochzufrieden, als er ging.

„Pulă" war Soranas Lieblingswort. Es bedeutet eigentlich „Schwanz", aber ich hatte stets das Gefühl, dass sie dieses Wort dann benutzte, wenn ich ihr gehörig auf den Geist ging.

Eine neue Frau belebt das Geschäft. Erst recht, wenn sie so rassig wie Sorana war. Auch wenn sie nicht küsste, keine Show abzog, waren die Männer trotzdem verrückt nach ihr.

Gaby litt unter der Konkurrenz. Ihr Verdienst ging erstaunlich schnell nach unten. Ich konnte nachvollziehen, dass viele Männer das neue Mädel ausprobieren wollten. Als Gabys Wochenverdienst unter tausend Mark fiel, wurde ich stutzig. Sie hatte genug Stammkunden, Männer, die so von ihr begeistert waren, dass sie niemals zu einer anderen Frau gegangen wären. Dazu kam, dass sie tabulos war, eine geniale Show abzog und Meisterin darin den Männern im Nachhinein noch Geld aus der Tasche zu ziehen. Nach dem Motto: Darf es ein bisschen mehr sein? Trotzdem hatte sie plötzlich wieder nur noch Hunderter-Freier. Mir war schnell klar, sie schaffte sich erneut Geld auf die Seite. Aber wie machte sie das? Ein paar Mal hatte ich sie gefilzt und nicht einen Pfennig bei ihr gefunden. Einige Male bekam ich mit, dass ein Freier mehr bezahlte als sie angab. Auch wenn sie mit den Gästen sehr leise hinter verschlossenen Türen sprach, hatte ich genau gehört, dass sie hundert nachkassiert hatte, weil der Freier Analverkehr wollte. Doch abgeliefert hatte sie statt der zweihundert Mark nur hundert.

Ich durchsuchte alles. Das Zimmer, ihre Kleidung und selbst das Badezimmer stellte ich auf den Kopf. Ich fand das Geld nicht und das machte mich wahnsinnig. Es gab nur eine Erklärung für mich: Sie musste das Geld noch bei sich haben.

„Ausziehen!", befahl ich ihr.

„Was?"

„Du verstehst mich genau! Klamotten runter!"

„Aber, Josy! Warum ich mich soll ausziehen?"

„Ich weiß genau, dass du mich beklaust! Zieh dich aus oder ich mache es!"

Mit hochrotem Kopf stieg sie aus ihrer Arbeitskleidung.

„Leg dich auf den gynäkologischen Stuhl!"

„Nein! Was du denkst von mir?"

Ich war in der Zwischenzeit so wütend, dass ich drohend, die Hand zur Faust geballt, auf sie zu ging.

„Ist gut, ist gut!", rief sie. „Ich geh!"

Sie stieg auf den Stuhl und legte ihre Beine in die Schalen. Mit flinken Fingern griff ich in ihre Vagina und beförderte auf Anhieb einen Hunderter nach draußen.

„Sieh mal einer an!", schrie ich. „Das kostet dich diesmal zweitausend Mark Strafe!"

Gaby weinte: „Bitte, Josy! Ich habe nicht Geld! Andere Mädchen verdienen gut!"

„Mir egal! Sieh zu, wie du es zusammen bekommst, sonst verkaufe ich dich!"

Gaby wurde bleich. „Nein, Josy! Ich geben dir alles zurück!"

Ich ließ sie stehen und machte mir einen Kaffee.

Endlich rollte der Rubel wieder.

In der Bar verdiente ich, wenn auch kein Vermögen, so doch konstant mein Geld.

Am Ende meiner Zahlungsfrist hatte ich die Kohle für meine Rückstände zusammen.
Verkleinern konnte ich mich nicht, denn dann wäre für die Mädchen nicht genügend Platz gewesen. Also behielt ich die Club-Wohnung und hörte nach drei Monaten in der Bar auf.
Allerdings zog ich mit meiner Familie in die kleinere Wohnung.
Das war ein enormer Rückschritt, doch es sparte im Monat eine Menge Geld.

12.

Meine Beziehung war eine einzige Katastrophe.
Sven hatte meine Abhängigkeit von ihm gut erkannt und nutzte diese Tatsache in vollen Zügen aus: Ständig war er unterwegs. Familienleben gab es schon lange nicht mehr und ich sah ihn nur noch kurz vor dem Schlafengehen. Wir sprachen nur noch das Nötigste miteinander und meist waren es Streitgespräche.

Meine Kräfte waren längst erschöpft. Die letzten Jahre hatten mich zu einer anderen Persönlichkeit werden lassen. Meine Angstzustände hatten sich verselbstständigt und ich schaffte die kleinsten Dinge nicht mehr. Ein Gang zum Bäcker war unmöglich und die Fahrt mit dem Taxi zu meinem Club eine reine Katastrophe. Obwohl sie nur zehn Minuten dauerte, starb ich tausend Tode. Ich war mir sicher, dass ich auf dem Weg dorthin einen Herzinfarkt bekommen würde. Mein Puls erreichte Spitzenwerte bis hundertachtzig Schläge in der Minute. Einmal in der Woche war ich Patientin in der Notaufnahme des Krankenhauses. Sie kannten mich dort inzwischen gut und nahmen meine Beschwerden nicht mehr ernst, denn alle Untersuchungen brachten kein körperliches Leiden zum Vorschein. So bekam ich meine übliche Dosis Valium gespritzt und ging wieder nach Hause.

Eine ganze Weile fühlte ich mich wenigstens im Club und zu Hause sicher. Ausflüge in die Disco oder mit den Kindern in den Zoo machte ich schon lange nicht mehr. Einkaufen, zum Spielplatz oder auch nur um die Straßenecke gehen ...
Alles wurde unmöglich.

Es dauerte kein halbes Jahr, da kamen die Anfälle auch im Club dermaßen stark, dass weder Pillen noch Alkohol halfen. Im Gegenteil. Hatte ich etwas getrunken, wurde es noch schlimmer. Also trank ich keinen Tropfen mehr.

Jeder Tag wurde zur Tortur. Ich hatte keine Kraft mehr im Laden zu erscheinen. Ich flehte Sven an, dass er sich um den Laden kümmerte. Die Mädchen würden sonst die Kohle in die eigene Tasche stecken.

Obwohl Sven versprach, den Laden im Auge zu behalten, sanken die Einnahmen.

Die Rumänin war eine kluge Frau. Sie hatte einige Monate mein Geschäft genau beobachtet und in der Zeit viel gelernt. Sie besuchte einen Deutsch-Kurs. Als sie der Sprache einigermaßen mächtig war, eröffnete sie einen eigenen Club und war von heute auf morgen weg.

Ich bat Mira sich um eine neue Frau zu kümmern, denn ich war nicht mehr in der Lage dazu. Sie stellte eine ältere Frau ein. Allerdings hatte sie noch nie vorher in dem Milieu gearbeitet. Ihr Service war schlecht, sie war nicht attraktiv genug und wie erwartet, verdiente sie nicht viel.

Mir ging es so schlecht, dass ich mein Bett nicht mehr verlassen konnte. Ich konnte nichts mehr. Selbst das Essen fiel mir schwer und inzwischen hatte ich 30 kg abgenommen. Ich lag abseits vom Familiengeschehen in einem Zimmer und vegetierte vor mich hin. Sven ging munter seinem Leben nach, die Kinder waren durch die Kindermädchen betreut.

Ich gehörte nicht mehr dazu.

Fast sechs Monate lebte ich in diesem kleinen Zimmer.

12 qm Gefängnis, aus dem es für mich kein Entrinnen gab. Freunde kannten mich nicht mehr. Die Kinder trauten sich kaum zu mir. Mein Mann brachte zweimal am Tag eine Kanne Tee und etwas zu essen an mein Bett. Ich sah ihn höchstens fünf

Minuten. Ich glaube, noch weitere vier Wochen und ich wäre einfach gestorben ohne dass es jemandem aufgefallen wäre.

Aber ein kleines Wunder geschah und rettete mich.

Ein Wunder, womit ich nicht mehr gerechnet hatte.

Eines Abends klingelte es an der Tür und Claudia war da. Ich hatte sie acht Monate nicht mehr gesehen und auch unser letztes Telefonat war schon lange her. Sven öffnete ihr die Tür und ich hörte, wie er sagte: „Tina schläft leider!"

„Aber es ist gerade mal 21 Uhr! Ich habe seit Tagen versucht sie telefonisch zu erreichen! Wo ist sie?"

„Sie schläft und will nicht gestört werden."

„Das interessiert mich nicht! Ich will zu ihr! Sofort!"

Widerwillig führte Sven sie in mein Zimmer.

„Oh Gott, Tina! Wie siehst du denn aus! Was ist mit dir nur passiert?", fragte sie, als sie mich zitternd im Bett vorfand.

„Sven! Was hast du mit ihr gemacht? Sie sieht schrecklich aus!"

Sven zuckte nur die Schultern und verließ das Zimmer. Claudia setzte sich auf die Bettkante und nahm meine Hand.

„Hey, mein Mädchen! Bist du krank? Hat er dir etwas getan? Erzähl mir, was passiert ist."

Aber ich konnte nicht reden. Unaufhaltsam rollten meine Tränen. Claudia konnte mich nicht beruhigen und erkannte sofort den Ernst der Lage. Sie rief einen Krankenwagen.

Ohne Widerstand ließ ich mich ins Krankenhaus fahren Dort angekommen erklärten die Ärzte, dass sie mir nicht helfen konnten. Viel zu oft war ich als Notfall eingeliefert worden und war nach einer Spritze nach Hause gegangen. Doch Claudia ließ nicht zu, dass sie mich abschoben.

„Ich kenne diese Frau viele Jahre! Sie hat über 30 kg abgenommen! In einem halben Jahr! Sie ist krank und braucht sofortige Hilfe."

„Ja, das ist wohl wahr", sagte der behandelnde Arzt, „aber nicht von einem Internisten! Ihre Freundin ist organisch gesund! Wenn wir sie aufnehmen, dann nur in die Psychiatrie!"

Mir war alles egal. Ich kämpfte mit meiner Angst und konnte dem Gespräch kaum folgen. Unfähig, irgendwelche Entscheidungen treffen zu können, ließ ich mich auf die psychiatrische Station bringen. Claudia half mir beim Ausziehen und sorgte dafür, dass ich mich ins Bett legte. Immer wieder versuchte sie herauszufinden, was mit mir passiert war.
„Nimmst du Drogen?"
Ich schüttelte den Kopf.
„Trinkst du?"
Ich schüttelte wieder den Kopf, holte aber meine Handtasche und zeigte ihr meine Pillen.
„Wie viele nimmst du davon am Tag?"
Ich zuckte die Schultern und schaute zu Boden.
„Tina! Schau mich an! Wie viele nimmst du davon?"
„Ich weiß es nicht genau! Vielleicht zehn?"
„Mensch Tina! Wie lange schon?"
Ich zuckte wieder mit den Schultern, denn auch das wusste ich nicht mehr. Waren es zwei Jahre? Drei? Ich hatte die Zeit irgendwie vergessen.
Claudia nahm die Pillen und ging damit zum Arzt. Eine Stunde später wurde ich verlegt. Sie brachten mich auf die Entzugsstation.

Die ersten drei Tage merkte ich fast nichts von dem Absetzen der Tabletten. Das war kein Wunder, denn sie dosierten mich erst auf die Hälfte herunter. Ab dem vierten Tag ging es los. Meine Muskeln verhärteten sich, Krämpfe waren die Folge. Übelkeit und Erbrechen begleiteten mich stundenlang und die Ängste wurden unerträglich. An Schlaf war nicht mehr zu denken. Die ganze Nacht wälzte ich mich schweißgebadet durchs Bett. Drei Wochen brauchte ich, bis ich ganz heruntordosiert war. Ständig hatte ich Kopfschmerzen und alle Knochen taten mir weh. Was hatte ich mir mit diesen Tabletten nur angetan?

Sven ließ sich in dieser Zeit selten blicken. Ich steigerte mich maßlos in den Gedanken hinein, dass er längst eine andere hatte. Jedes Treffen zwischen uns endete in einer Katastrophe. Zeitweise ging es mir so schlecht, dass ich mich nicht in den Raucherraum traute und heimlich eine halbe Zigarette auf dem Klo rauchte. Ich schaffte es nicht in den Essensraum zu gehen oder ein Gespräch zu führen. Ich wollte nur noch sterben. Es war alles so sinnlos. Ich hatte jede Kontrolle verloren, über mein Privatleben, über mein Geschäft und am Ende über mich selbst. Sven erzählte nicht viel, hielt mich aber finanziell kurz. Mehr als zwanzig Mark in der Woche hatte ich nicht zur Verfügung. Auf meine Fragen reagierte er nur ausweichend.

„Die Geschäfte laufen eben nicht! Was kann ich dafür?", war seine Standardaussage.

Wochenlang sah ich meine Kinder nicht.

„Das willst du denen wohl nicht antun! Sie hierher kommen zu lassen bei all den Verrückten! Die bekommen ja einen Schaden fürs Leben", empörte sich Sven, wenn ich nach den Kindern fragte.

Nach sechs Wochen wurde ich auf die Therapiestation verlegt. Der Tag sollte plötzlich ausgefüllt sein mit `zig therapeutischen Maßnahmen. Ich war nicht in der Lage auch nur eine davon wahrzunehmen. Das fing schon morgens mit dem Frühsport an. Fünf Minuten auf der Stelle laufen waren für mich nicht drin. Mein Herz jagte sofort hoch und der Kreislauf ging nach unten. Weinend saß ich auf dem Fußboden und jammerte: „Ich kann das nicht, ich schaffe das einfach nicht!"

Spaziergänge waren weder in der Gruppe noch allein möglich. Auch eine Tasse Kaffee in der angeschlossenen Cafeteria zu trinken war nicht machbar. Einfache Dinge wie Duschen und Haare waschen fielen mir unsagbar schwer. Für alles brauchte ich eine Ewigkeit. Aber das Pflegepersonal ließ keine Gnade walten und zwang mich, wenigstens das ein oder andere zu tun.

Nach weiteren drei Wochen schaffte ich es mein Mittagessen mit den anderen Patienten einzunehmen. Ich hielt es zwar nicht länger als zehn Minuten in dem Raum aus, aber es war ein Anfang. Der erste Stadtausflug war für mich ein reines Desaster.

Ich konnte die Fußgängerzone nicht durchqueren und setzte mich einfach weinend auf den Boden. Ein Pfleger schaffte es erst nach einer Stunde, mich so weit zu beruhigen, dass ich zurück in den Bus ging.

„Sie müssen sich ihren Ängsten stellen!", sagte die Psychiaterin. „Sie müssen lernen diese Angst auszuhalten, damit Sie erkennen können: Sie kann Ihnen nichts anhaben! Suchen Sie sich eine Ablenkung! Schauen Sie sich ein Bild an, riechen Sie an einem Parfum! Arbeiten Sie mit uns. Nicht gegen uns!"

Sie hatte leicht reden! Mir nutzte es überhaupt nichts, dass alle Ärzte behaupteten, ich wäre gesund! Mein Körper gab mir andere Signale! Wem fällt es denn leicht zu glauben, er sei kerngesund, wenn das Herz stolpert und wie verrückt rast; wenn sich ständig dunkle Felder vor den Augen auftun und die Knie weich werden; gepeinigt von Übelkeit und Durchfall! Ich war felsenfest davon überzeugt, dass ich schwer krank war und die Ärzte es einfach nicht einsehen wollten.

Damit machte ich mich tagtäglich verrückt. Dennoch zwang ich mich jeden Tag einen Schritt weiter zu gehen.

Meine Erfolge waren gering, aber kontinuierlich. Nach vier Monaten konnte ich mich zumindest im Haus frei und ohne Panikattacken bewegen.

Ich durfte an den Wochenenden nach Hause. Allein die Fahrt dahin war kaum auszuhalten und auf der Autobahn versank ich regelrecht in meinem Sitz, zitternd vor Angst. Ich war sehr geräuschempfindlich und selbst das Lachen der Kinder strengte mich an. Sven hatte sich weit von mir zurückgezogen und ließ mich spüren, dass er mich für eine Verrückte hielt.

Wieder in der Klinik wurden die Wochenenden und meine dazugehörigen Emotionen mit Hilfe der Ärztin analysiert. Die

Gespräche führten dazu, dass ich meine Beziehung in Frage stellte. Dass bei uns nichts mehr in Ordnung war, wusste ich schon viel länger, aber dass ich in eine emotionale Abhängigkeit abgeglitten war, ist mir nicht bewusst gewesen. Hatte ich überhaupt noch Liebe für diesen Menschen an meiner Seite? Was gab er mir, worauf ich nicht verzichten wollte oder konnte? Bei der Analyse über Pro und Contra blieb das Feld „Pro" leer. Ich fand keine Erklärung, warum ich bei diesem Mann blieb, dem Mann, der in keinster Weise Verantwortung übernehmen wollte, der kein Familienleben brauchte, stets nur an seinen eigenen Dingen interessiert war und mir das Gefühl vermittelte, ich sei der letzte Dreck. Plötzlich war mir klar: Ich trenne mich, vielleicht nicht von heute auf morgen, aber ich würde mich trennen - von dem Weg in den Abgrund, der Zerstörung meines Lebens, dem Mann, der Arbeit und dem ganzen Mist!

Nach sechs Monaten Therapie war ich soweit gestärkt, dass ich nach Hause gehen konnte, den Kopf voller guter Vorsätze und die Panikattacken einigermaßen im Griff. So wollte ich den Kampf aufnehmen.

13.

Zum ersten Mal nach vielen Monaten betrat ich meinen Laden. Der Anblick ließ mir das Blut in den Adern gefrieren. Es war dreckig und heruntergekommen. Überall lagen schmutzige Handtücher herum. Müll türmte sich in der Küche. Hier war seit Wochen weder geputzt noch gelüftet worden.

Gaby sah aus wie eine Tote. Die Augen waren von schwarzen Schatten bedeckt, ihre eh´ schon zarte Gestalt ausgemergelt und unterernährt. Sie begrüßte mich halbherzig und erklärte mir, sie sei seit einiger Zeit krank.

Mira hatte schon vor Wochen das Weite gesucht und niemand hatte mich informiert.

Dass dieser Laden keinen Pfennig mehr einbrachte, wunderte mich nicht. Dennoch klingelte es einige Male, während ich den Dreck wegräumte. Gaby ging mit dem Gast aufs Zimmer. Ich hatte Gelegenheit in ihrem Zimmer nach dem Rechten zu sehen. Unter ihrem Bett fand ich eine Spiegelkachel, der Beweis, dass sie voll auf Koks war und das hatte bereits Spuren hinterlassen. Deshalb sah sie so schlecht aus. Es war kein Wunder, dass keiner der Freier mehr als hundert Mark bezahlte.

Die Gäste hatten sich verändert. Bestanden sie früher hauptsächlich aus Geschäftsleuten, sahen sie jetzt eher wie Sozialhilfeempfänger aus. Der Laden war hinüber. Endgültig und unwiderruflich! Aber wollte ich nicht sowieso, dass es vorbei war? Ich rief mir ein Taxi und fuhr zu meinem Vermieter.

„Hallo Tina. Ich freue mich dich zu sehen! Hoffentlich hast du dich von deiner schweren Krankheit erholt", empfing er mich. Was wusste er von meiner Krankheit? Ich wollte mich auf dieses Thema nicht einlassen und kam direkt zur Sache.

„Es ist vorbei. Ich kann und will den Laden nicht mehr. Ich möchte raus aus dem Vertrag und hoffe auf deine Hilfe."

„Nun, was soll ich dazu sagen. Die Schulden werden immer höher und derweil liegen wir bei über 25.000 DM. Leg mir das Geld auf den Tisch und du kannst aussteigen."

Das durfte doch nicht wahr sein! Jetzt war ich wieder an diesem Punkt? All die Arbeit an mir sollte umsonst gewesen sein, weil ich Schulden begleichen musste?

„Wir müssen eine andere Lösung finden. Ich will ganz aussteigen!"

„Wie stellst du dir das vor? Dass du eine monatliche Rate von fünfzig Mark abstotterst? Du kannst nicht glauben, dass ich mich auf so etwas einlasse!"

Nein, das war natürlich kein akzeptables Angebot.

„Weder dir noch mir nutzt es etwas, wenn ich den Laden behalte! Es kommen immer mehr Schulden zusammen und am Ende kann ich sie gar nicht mehr zurückzahlen. Wir müssen etwas finden, wie wir das Drama stoppen."

„Es ist nicht mein Drama, Tina! Das hast du dir selbst gemacht."

Mein Gehirn arbeitete fieberhaft, doch eine Lösung wollte mir nicht einfallen.

„Ich will es noch einmal auf den Punkt bringen. Du kannst nicht aufhören ehe deine Schulden bei mir beglichen sind", sagte er. Hörte ich zwischen den Worten eine unausgesprochene Drohung?

„Hilf mir bitte einen Ausweg zu finden! Ich habe Kinder! Bitte!", flehte ich.

Für einen Moment sah es so aus, als wollte er mich über den Tisch ziehen, aber er kam meinem Gesicht nur sehr nahe und sagte: „Ich mag dich wirklich gut leiden! Dennoch kann ich keine Kompromisse eingehen."

„Eine Zahlungsfrist? Das haben wir doch schon mal gut hinbekommen." Ich bekam Angst.

Er schaute mich lange und durchdringend an.

„Gut. Wir haben viele Jahre miteinander gearbeitet. Acht Wochen Zahlungsaufschub. Und deinen Laden machen wir zu. Die Thai-Mädchen spekulieren schon seit einiger Zeit auf die Räumlichkeiten, denn sie wollen sich vergrößern. Du kannst den Laden zum Ersten abgeben. Wie willst du das Geld zusammenbringen? Möchtest du wieder in die Bar?"

Oh Gott, bewahre mich! Nein, das wollte ich auf keinen Fall!

„Hast du nicht eines der kleinen Appartements frei?"

„Parterre rechts ist ein Ein-Zimmer-Appartement frei. Kostet 1500 DM im Monat."

Ich musste es auf diesem Weg versuchen.

„Ok. Das schaffe ich. So machen wir es."

Ich fuhr zurück in meinen Laden, um Gaby davon zu unterrichten, dass wir umziehen würden. Doch Gaby war nicht da. Nichts von ihr war mehr da! Alle ihre Sachen waren verschwunden.

Ratlos saß ich in der Küche und versuchte meine Gedanken zu sortieren. Ich stand also wieder am Anfang. Genau dort, wo ich vor sieben Jahren begonnen hatte. Nein, das war so nicht richtig. Damals hatte ich Träume, glaubte, meine Beziehung sei in Ordnung, fühlte mich gesund und befand mich auf dem Weg in den Reichtum. Das alles war vorbei, die Chance vertan. Ich wusste genau, nichts von alledem würde wiederkommen. Es war vorbei. Alles war vorbei - meine Ehe ein Scheiterhaufen, meine Kinder kannten mich kaum noch, den Arsch voll Schulden und die Seele zerbrochen.

„Sie müssen die Dinge annehmen, wie sie in ihrem Leben kommen. Haben Sie Vertrauen zu sich selbst, dass Sie die richtigen Entscheidungen treffen", hallten die Worte der Psychiaterin in meinen Ohren.

Ich fuhr nach Hause.

„Du Mistkerl!", war mein erster Satz zu meinem Mann.

„Du hast alles zugrunde gerichtet! Hast den Laden vor die Hunde gehen lassen! Hast dir immer nur die Rosinen rausgepickt! All die Jahre hast du dafür gesorgt, dass es dir gut ging! Egal, wer dafür bezahlen musste! Dankbarkeit? Nein, das Wort ist dir fremd! Stattdessen war ich die letzte Hure, der Dreck überhaupt! Pack deine Sachen! Verschwinde aus meinem Leben und komm niemals, niemals wieder zurück!"

Sven starrte mich ungläubig an.

„Ja, aber ..."

„Nein! Es gibt kein aber! Keine Diskussion! Raus! Und zwar schnell, bevor ich mich vergesse."

Seine Mimik zeigte deutlich, dass er meine Ansage nur als eine meiner typischen Ausraster hielt. Stolz erhobenen Kopfes verließ er die Wohnung und ging ohne ein weiteres Wort.

Ich war erleichtert. Die altbekannte Verzweiflung setzte nicht ein. Keine Trauer schnürte mir mein Herz zu und ich konnte atmen.

Ich fuhr zurück in meinen Laden, packte den ganzen Krempel zusammen und schleppte ihn in das Parterre. Ich änderte das Namensschild an der Klingel, fuhr nach Hause und legte mich ins Bett. Keine halbe Stunde später war ich eingeschlafen.

Am nächsten Morgen ging ich direkt zur Zeitung. Ich ließ mein bekanntes Straps-Bein abdrucken und groß stand darüber: Josy ist zurück!

Es kamen längst nicht so viele Gäste wie zu meiner Anfangszeit, doch einige meiner alten Stammfreier fanden den Weg zurück. Sie freuten sich, dass ich wieder da war. Das Geld kam schleppend und ich wusste, ich musste Geduld haben. Das Arbeiten fiel mir schwer, denn alles in mir wollte keine Hure mehr sein. Die Panikattacken häuften sich. Ich wollte mich ihnen nicht ergeben und kämpfte gegen sie an. Ich suchte mir eine Psychologin, zu der ich ambulant gehen konnte.

Sven meldete sich drei Tage nicht. Auch ich unterdrückte mein Verlangen mich bei ihm zu melden. Das fiel mir nicht immer leicht. Manches Mal drohte ich zurückzufallen in meine alten Muster und die Schuld bei mir zu suchen.

Am vierten Abend, es war Wochenende, war es besonders schwer.

„Du musst dich ablenken!", dachte ich, und beschloss in die Disco zu gehen. Da war ich schon ewig nicht mehr gewesen. Erstaunlicherweise hatte man mich nicht vergessen. Der Besitzer erinnerte sich noch gut an die Frau, die mit dem Geld nur so um sich geworfen hatte und freute sich mich zu sehen. Dass ich allein war und nur ein Bier bestellte, schien ihn nicht zu stören. Ich saß noch keine halbe Stunde dort, da bekam ich eine SMS.

„Wie geht es dir? Du fehlst mir!", schrieb Sven mir.

Ich stellte das Handy auf lautlos und meldete mich nicht zurück.

Dann lief mein Lieblingslied und ich ging ich auf die Tanzfläche. Es war so lange her, dass ich unbeschwert tanzen konnte! Dabei war mein Leben früher Tanz und Musik gewesen. Ich genoss die bunten Lichter, das Dröhnen der Bässe und das kalte Bier.

Als ich zurück an meinen Platz kam, stand dort ein anderes Glas neben meinem Bierglas. Verwundert schaute ich mich um, ob mir jemand den Platz streitig gemacht hatte. Der Barkeeper kam und teilte mir mit, dass ich dieses Getränk ausgegeben bekommen hatte. Wodka mit Martini. Ein Mann gegenüber vom Tresen prostete mir zu. Na, eine Schönheit war der nicht, aber ich prostete trotzdem zurück. Es dauerte nicht lange, da gesellte er sich zu mir.

„Hi! Ich bin der Steffen. Wie geht es dir?"

Wir hielten ein bisschen Smalltalk und er gab mir ein Getränk nach dem anderen aus. So viel Alkohol war ich nicht mehr gewohnt. Nach dem dritten Glas wurde ich wirr im Kopf, doch ich wollte nicht aufhören und schon gar nicht nach Hause. Es gefiel mir, dass der Typ mir den Hof machte. Immer wieder tanzte ich und fühlte mich glücklich wie schon lange nicht mehr.

Als der Morgen nahte, lud Steffen mich noch auf einen Kaffee zu sich ein.

Warum nicht, dachte ich. Er machte einen netten Eindruck, auch wenn sein Äußeres eher nicht mein Geschmack war. Er war klein, dicklich und hatte kaum Haare auf dem Kopf. Aber was sollte es? Ich wollte ihn ja nicht heiraten!

Wir bestellten uns ein Taxi und fuhren zu ihm. Auf dem Weg machte ich mir plötzlich Gedanken. Sollte ich ihn nicht vorher aufklären, wer und was ich war? Oder sollte ich einfach einen netten Morgen genießen und es danach vergessen? Ich beschloss ihn aufzuklären, dass ich eine Hure war. Dann konnte er entscheiden, ob er mit mir schlafen wollte. Er war keinesfalls perplex.

„Mach dir keine Gedanken! Ich wusste schon vorher, auf wen ich mich da einlassen würde."

Ich hatte meinen Ruf weg.

Trotzdem wurde es ein schöner Morgen. Ich genoss die Zärtlichkeiten und war verwundert, was dieser Mann im Bett alles draufhatte.

Erst gegen Mittag fuhr ich nach Hause.

Auf meinem Handy waren 21 Nachrichten.

Sven hatte alle Register gezogen. Von „Ich liebe und brauch dich", bis „ich kann ohne dich nicht leben", und letztendlich die letzte SMS: „Wenn du dich jetzt nicht meldest, dann siehst du mich nie wieder."

Ich antwortete nicht. Stattdessen freute ich mich über eine Nachricht von Steffen, der fragte, ob wir uns bald wiedersehen konnten.

Wir trafen uns jeden Abend, und auch wenn ich nicht verliebt in ihn war, so tat er mir einfach gut. Ich konnte ihm alles erzählen, was mich in den letzten Jahren so gequält hatte. Er hörte mir zu, schenkte mir Blumen und lud mich zum Essen ein.

Sven schrieb jeden Tag. Er sah plötzlich all seine Fehler ein, die durch seine schreckliche Kindheit verursacht worden sein sollten und wollte sich professionelle Hilfe suchen. Eine Chance, er wollte nur diese eine Chance!

Ich ließ mich auf ein Gespräch mit ihm ein.

„Seit Tagen schlafe ich im Auto, Tina! Ich möchte nach Hause! Bitte."

„Du glaubst, alles ist wieder gut, nur weil du die Einsicht hast Fehler gemacht zu haben? Nein, Sven. Wenn du nicht weißt, wo du hingehen sollst, dann geh doch in die Psychiatrie! Die haben immer ein Bett frei."

Ich wollte es ihm nicht so leicht machen. Viel zu lange hatte ich gelitten.

Die nächste SMS kam tatsächlich aus der Klinik.

„Ich kann ohne dich nicht leben. Bin wegen Selbstmordgedanken in der Klinik."

Ich war hin und her gerissen.

Steffen bemühte sich nach allen Regeln der Kunst um mich. Wir verbrachten viel Zeit miteinander.

„Warum hast du eigentlich keinen Führerschein?", fragte er mich.

„Ich weiß nicht. Am Anfang hatte ich keine finanziellen Möglichkeiten. Das Geld hat nie gereicht. Auch sparen war nicht drin. Als ich die große Kohle verdient habe, war keine Zeit. Das Geld ist auch immer irgendwie verschwunden. Dann kamen die Angstzustände. Das hat mich so eingeschränkt, dass ich nicht mal mehr Einkaufen gehen konnte", erklärte ich.

Steffen schüttelte den Kopf.

„Ich kann das alles nicht nachvollziehen! Warum hat Sven dich nicht unterstützt?"

Ich wusste darauf keine Antwort.

Viele Jahre fühlte ich mich von Sven ausgenutzt und lange Zeit war er nicht bereit irgendetwas zu geben. Mit Wehmut erinnerte ich mich an unsere ersten Jahre. Zwar tat er sich auch in dieser Zeit mit dem Arbeiten schwer, aber er kümmerte sich rührend um mich. Jeden Morgen brachte er mir das Frühstück ans Bett, war zärtlich, romantisch und las mir jeden Wunsch von den Augen ab. Als das erste Kind geboren wurde, stand er des Nachts auf, wickelte es, brachte es zum Stillen an mein Bett und wenn es nicht mehr schlafen mochte, ging er mit ihm spazieren, um mir eine ruhige Nacht zu ermöglichen. Was war nur passiert? Was war mit uns passiert? All die vielen Jahre, wo wir Höhen und Tiefen gemeistert hatten, uns so unendlich nah waren. In meinem Herzen machte sich ein großer Schmerz breit. Ich liebte ihn immer noch und vermisste ihn sehr.

Steffen schaute mich an, sagte jedoch nichts. Es war, als ob er spüren konnte, was mich bewegte. Als wir uns trennten, nahm er mich in die Arme und fragte mich, ob wir uns wiedersehen werden. Ich zuckte die Schultern und hatte keine Antwort darauf. Meine Gefühlswelt war durcheinandergeraten. Ich wollte allein sein und nachdenken. Steffen hatte Verständnis für meine Situation. Er fuhr nach Hause.

Die halbe Nacht lag ich wach und ließ mein Leben wie einen Film an mir vorbeiziehen. War ich nicht selbst schuld daran, dass die Dinge so geschehen waren? Wie hatte sich Sven gefühlt, als ich plötzlich mit so vielen fremden Männern schlief? War das Geld am Ende nur ein Trost für ihn und die ständige Spielerei nur eine Flucht aus der Realität? Hatten wir uns nicht geschworen zusammenzuhalten, in guten wie in schlechten Zeiten? Die Fragen türmten sich in meinen Kopf und ich fand kaum Antworten.

Sven hatte auch kein leichtes Leben. Er kam aus sehr armen Verhältnissen, wo Gewalt und Entbehrungen an der Tagesordnung waren. Als ich ihn kennenlernte, war er dabei endgültig abzurutschen, obdachlos und nahe daran ein Alkoholiker zu werden. Wie zwei Ertrinkende hielten wir einander fest und wollten alles besser machen als das, was unsere Familien uns an Leid zugefügt hatten. Unsere Kinder sollten niemals Gewalt erleben und sich geliebt fühlen. Nun sollten sie zu Scheidungskindern werden. Nicht nur er hatte vieles falsch gemacht. Woher sollten wir wissen, wie es richtig geht? Wir kannten keine intakten Familienverhältnisse und wussten auch nicht wie eine harmonische Beziehung funktioniert. Dafür hatten wir es doch eine ganze Zeit lang ziemlich gut gemacht! Bis ich angefangen hatte, „Anschaffen" zu gehen.

Ich hockte wieder in der Schuld-Falle. Nur die guten Erinnerungen aus der Vergangenheit ließ ich in meinen Gedanken zu. Alles andere blendete ich gekonnt aus. Überlebensstrategie.

Am nächsten Morgen schrieb ich Sven eine SMS:
„Willst du immer noch nach Hause?"
Es dauerte keine zwei Minuten, da kam seine Antwort:
„Ja, ich liebe dich und die Kinder! Ihr fehlt mir sehr."
„Du bist wirklich bereit, unser Leben zu verändern?"
„Ich verspreche, ich werde alles tun, was in meiner Macht steht. Du und die Kinder, ihr seid das Wichtigste in meinem Leben! Das habe ich verstanden und möchte nie mehr ohne euch sein!"
„Ich werde über deine Worte nachdenken und wünsche mir, dass du es wirklich so siehst."
Damit endete unsere Schreiberei. Doch meine Gedanken kamen nicht zur Ruhe. Ich sehnte mich so stark danach, dass alles wieder so sein könnte wie früher.

Am Nachmittag stand Steffen plötzlich in meinem Laden.
„Zieh dich um! Wir haben einen Termin!"
Ich war überrascht, aber auch neugierig und so stellte ich keine Fragen und ging mit ihm. Er brachte mich zu einer Fahrschule.
„Das ist ein guter Kumpel von mir! Du kannst hier deinen Führerschein machen und ihn auf Raten bezahlen. So wie du das Geld übrighast! Ich habe mit ihm gesprochen und er weiß über deine Situation Bescheid", erzählte er freudestrahlend. In mir brach sofort die Panik aus.
„Ich kann da nicht rein gehen!", schluchzte ich.
„Warum denn nicht?"

Steffen verstand die Welt nicht mehr.

„Ich bin doch bei dir! Du schaffst das!"

„Ich habe Angst!"

Meine Beine zitterten und mein Herz raste wie verrückt. Steffen nahm mich in den Arm.

„Du schaffst das, Tina! Denk nur mal, wie unabhängig du sein wirst! Ich gehe mit dir! Wenn du nicht mehr kannst, gehen wir einfach hinaus! Versuche es wenigstens!"

Er nahm mich bei der Hand und führte mich behutsam in die Fahrschule. Sein Kumpel war ein netter Kerl. Entweder ließ er sich nichts anmerken, oder er erkannte meine Panik nicht. Meine Therapeutin sagte stets: „Sie fühlen es, aber die meisten Menschen sehen es nicht mal." Vielleicht hatte sie Recht.

Der Fahrschullehrer erklärte mir, wie sich die Kosten zusammensetzten, wann der Unterricht war und was es mit den Fahrstunden auf sich hatte. Außerdem musste ich einen Erste-Hilfe-Kurs besuchen. Er hatte mich bereits dort angemeldet und der Termin stand für die folgende Woche fest. Mir wurde immer schlechter. Zwei Tage hintereinander, je 4 Stunden am Tag! Wie sollte ich das schaffen?

„So, das zu der Theorie", sagte er. „Nun wollen wir mal zur Praxis wechseln. Er stand auf, ging vor die Tür und warf mir einen Autoschlüssel zu. Ich sollte fahren? Mir blieb der Mund offenstehen und ich versuchte meine Panik irgendwie in den Griff zu bekommen.

„Keine Angst! Du schaffst das!", munterte Steffen mich auf.

„Lass mich nicht allein!", jammerte ich.

„Nein, das hatte ich nicht vor!", beruhigte er mich und stieg auf der Rückbank ein.

„Wir fahren nur ein kleines Stück", sagte der Fahrschullehrer. „Wenn du nicht mehr kannst, hältst du einfach an. Dann tauschen wir die Plätze."

Ich hatte noch nie am Steuer gesessen, doch der Fahrlehrer war geduldig und erklärte mir alles immer wieder. Steffen legte seine Hand von hinten beruhigend auf meine Schultern. Nach 20 Minuten war ich bereit loszufahren.

Es war viel leichter als ich dachte. Ich kurvte fast eine halbe Stunde über die Straßen und hatte sogar Spaß daran. Hin und wieder ließ ich das Auto absaufen. Auch so manches Bremsen ließ meine Beifahrer hart in die Gurte rutschen, aber ich fuhr! Ich fuhr zum allerersten Mal Auto und war so glücklich dabei.

Als Steffen mich am Laden absetzte, konnte ich nichts anderes als ein „Danke" hauchen.

Lachend sagte er: „Wenn du willst, komme ich morgen mit in den Unterricht und falls du zu dem Kurs nicht alleine hingehen willst, sag mir einfach Bescheid! Ich begleite dich gerne!"

Er küsste mich auf die Stirn und weg war er.

Lange saß ich allein im Laden. Viel zu verdienen gab es nicht. Am Tag kamen nur drei Freier und so hatte ich Zeit nachzudenken. Steffen gab sich so viel Mühe. Ich schämte mich, dass ich ihm so wenig Gefühl entgegenbrachte. Sven schrieb mir eine SMS, ob ich ihn besuchen wolle. Ich war hin und her gerissen.

„Gib mir bitte noch ein bisschen Zeit!", schrieb ich ihm zurück und fühlte mich dabei noch schäbiger. Was wollte ich denn nun? Einen Neuanfang mit Sven oder darauf warten, dass ich Gefühle für Steffen entwickelte? Ich wusste es nicht und entschloss mich dazu Sven am Wochenende zu besuchen.

Schon auf dem Weg zur Klinik ging es mir total dreckig. Es erinnerte mich an meinen eigenen Aufenthalt und all den Schmerz, der damit verbunden gewesen war. Sven freute sich wie ein Schneekönig.

„Warum hast du die Kinder nicht mitgebracht? Ich hätte sie so gerne gesehen."

„Ich dachte, es ist besser, wenn wir erst allein reden."

Sven sah fantastisch aus.

„Ich trainiere jeden Tag und gehe schwimmen", erzählte er stolz über seine Fortschritte.

„Regelmäßig mache ich bei der Gesprächstherapie mit und erkenne immer klarer, was in meinem Leben falsch läuft. Ich will meine Spielsucht in den Griff bekommen und mich wieder mehr um die Kinder kümmern. Bitte, Tina. Gib mir noch eine Chance! Alles wird besser werden! Ich verspreche es!"

Ich hörte zu, sagte aber nichts. Ich wollte das hier und jetzt nicht entscheiden. Sven spürte meine Unsicherheit. Schnell war seine Euphorie verflogen. Stumm saßen wir auf einer Parkbank und fanden keine Worte mehr. Nach einer Stunde fuhr ich nach Hause. Zutiefst irritiert versuchte ich, meiner Gefühle Herr zu werden. War es noch Liebe, was mich mit diesem Menschen verband? Oder steckte nur Angst dahinter, das Alte endlich loszulassen? Hatte ich irgendwas für Steffen übrig? Oder war ich nur gemein und nahm bereitwillig alles, was er gab aus rein egoistischen Gründen an? Wie sollte mein Leben weiter gehen? Das Arbeiten fiel mir immer noch schwer. Ich glaubte auch nicht, dass sich das jemals wieder ändern würde. Jeder Freier war mir zuwider und der Druck meine Schulden bezahlen zu müssen, lastete schwer auf meinen Schultern. Ich brauchte Zeit. In meine Innenwelt eintauchen, meinen Sehnsüchten nachspüren, Gefühle und Wünsche empfinden, wahrnehmen und deutlich werden lassen - dafür brauchte ich Zeit, viel Zeit!

Die beiden Männer im Ungewissen zu lassen entsprach nicht meinem Charakter. Also nahm ich ein Blatt und einen Stift und schrieb Sven einen Brief.

Hallo Sven,
ich bin im Moment verwirrt und weiß nicht mehr, wo ich mit meinen Gefühlen stehe. Die letzten Jahre waren sehr hart und meine Verletzungen sind tief. So ein Leben wie, möchte ich nicht mehr. Ich will nicht mehr Anschaffen, wünsche mir für meine Kinder da zu sein und hoffe darauf ein Leben zu führen wie alle anderen Menschen auch. Ich bin mir nicht sicher, ob das mit dir möglich ist. Vor allem aber bin ich mir meiner Liebe nicht mehr sicher. Ich möchte dich nicht hintergehen und belü-

gen. Deshalb schreibe ich dir diesen Brief. Ich habe vor einigen Wochen einen anderen Mann kennengelernt. Für mich ist das keine feste Beziehung, doch du solltest wissen, dass es ihn gibt und dass ich auch mit ihm schlafe. Ich weiß nicht wohin das führen wird, wo wir beide, du und ich, stehen. Mein Kopf ist nicht in der Lage eine Entscheidung zu treffen. Bitte gib mir etwas Zeit.
Tina

Auch an Steffen schrieb ich einen Brief:

Hallo Steffen,
bitte verzeih, dass ich nicht das persönliche Gespräch suche. Manchmal kann ich mich schriftlich besser ausdrücken und brauche diesen Abstand, um meine Gedanken mitteilen zu können. Du bist ein fantastischer Mensch! Was du in dieser kurzen Zeit alles für mich getan hast, hat nie zuvor jemand für mich getan. Ich möchte mir nicht irgendwann anhören müssen ich hätte dich nur ausgenutzt. Daher spiele ich mit offenen Karten und erkläre dir, was mit mir los ist. Ich weiß nicht, wo ich mit meinen Gefühlen stehe. Sven ist immer noch präsent in meinem Leben und ein Teil von mir möchte ihm eine Chance geben. Ich weiß nicht, ob das noch Liebe ist, doch uns verbindet noch sehr viel. Schließlich sind wir lange verheiratet und haben zwei Kinder. Ich mag dich wirklich, doch ehrlich gesagt kann ich auch bei dir nicht von Liebe reden. Sicher kann sie noch wachsen. Vielleicht, aber vielleicht auch nicht. Ich möchte aufrichtig zu dir sein und hoffe, dass du Verständnis dafür hast.
Tina

Sven schickte ich den Brief mit der Post. Steffen sah ich erst einige Tage später, als wir gemeinsam am Erste-Hilfe-Kurs teilnahmen. Er war so rührend und half mir diese Stunden zu überstehen, dass ich erst am Ende der Woche die Kraft fand ihm den Brief zu überreichen.

Es dauerte keine halbe Stunde, da ging mein Telefon.

„Können wir reden?", fragte Steffen mich.

Ich wusste nicht, ob ich reden wollte. Hatte ich nicht alles gesagt, was ich zu sagen hatte?

„Tina, lass uns bitte reden."

Ich gab nach und er kam sofort zu mir nach Hause.

„Lass uns ein wenig Spazierengehen", schlug Steffen vor und wir fuhren zum Wald.

„Ich kann dich verstehen und bin dankbar für deine Ehrlichkeit. Ich glaube nicht, dass du von Sven je loskommst. Jahrelang hat er dich verletzt und ausgenutzt. Du bist ihm hörig."

Ich wollte ihm widersprechen, hatte aber nicht die Kraft dazu. So sprach er weiter: „Sven wird sich niemals ändern. Vielleicht schafft er es, für ein paar Monate eine Maske aufzusetzen. Danach wird wieder alles zusammenbrechen wie ein Kartenhaus. Ich weiß nicht, was noch alles passieren muss, bis du das einsiehst."

Ich zuckte die Schultern.

„Du bist mir in den wenigen Wochen sehr wichtig geworden, Tina und es fällt mir nicht leicht diese Entscheidung zu treffen. Auch ich bin in diesem Leben oft genug verletzt worden und habe gelernt, wann es Zeit ist auf mich aufzupassen. Ich werde mich zurückziehen."

Ich war immer noch nicht in der Lage etwas zu sagen.

„Das liegt nicht daran, dass ich nicht genug Gefühl für dich habe. Doch ich bin sicher, du bist noch nicht so weit dich endgültig zu trennen und dich auf etwas Neues einzulassen."

An dieser Stelle sollte ich dagegensprechen. Ihm sagen, dass ich dieses Leben nicht will, dass es vorbei ist. Endgültig. Mein Verstand schrie es förmlich in meinem Kopf, aber mein Herz wusste, dass er Recht hatte. Er brachte mich nach Hause, küsste meine Stirn und sagte: „Freunde?"

Ich nickte.

„Du kannst mich anrufen, Tag und Nacht", waren seine letzten Worte. Damit verschwand er aus meinem Leben.

14.

Zwei Wochen später war Sven wieder zu Hause. Rührend kümmerte er sich um die Kinder, putzte während ich arbeitete. Das Essen stand auf dem Tisch, wenn ich Feierabend hatte. Liebevoll umsorgte er mich und ich fühlte mich zurückversetzt in unsere Anfangszeit. Ich war dankbar und im festen Glauben die richtige Entscheidung getroffen zu haben. Das Geschäft lief zwar nicht so gut wie früher, doch es reichte, um leben zu können. Ich fing an meine Schulden abzutragen. Mehrere meiner alten Stammfreier waren zurückgekehrt. Manchmal verirrten sich auch neue Kunden in mein kleines Appartement.
Einer davon war Klaus.

Klaus war von kleiner Statur. Seine Haare waren im Laufe der Jahre dünn geworden und ließen mitten auf dem Kopf eine Glatze durchblicken. Er versuchte sie mit den anderen Haaren zu verdecken, was ihm nicht gelang. In seinem Gesicht thronten zwei kleine Schweinsäuglein, die stetig unruhig von einer Seite zur anderen huschten. Ein Schnurrbart verbarg die Narbe einer alten Hasenscharte. Er lispelte und manchmal kam er ins Stottern. Er war schon einige Male bei mir gewesen und immer wieder versagte er, sobald ich das Gummi zum Einsatz brachte. Mir blieb am Ende nichts anderes übrig, als ihn mit der Hand ohne Kondom fertigzumachen. Klaus war alleinstehend und vermögend. Seine Eltern hatten ihm einen wahren Reichtum hinterlassen. Er muss Mitte fünfzig gewesen sein. Sein genaues Alter hatte er mir nie verraten.

„Tina, ich möchte dich am Samstag zum Essen einladen", sagte er bei einem Besuch bei mir.

„Du, da muss ich dich enttäuschen! Ich bin verheiratet und treffe mich nie mit anderen Männern außerhalb meines Geschäfts."

Das war die Wahrheit. Ich traf mich niemals mit meinen Kunden privat. Öfter hatte mich der eine oder andere eingeladen und nicht alle davon waren unangenehme Zeitgenossen. Es gab sogar einen, der Bodybuilder, der nicht nur sehr nett war, sondern auch gutaussehend dazu! Dennoch hatte ich mich auf seine vielen Einladungen nicht eingelassen, denn meine Meinung über Freier hatte sich fest in mir verankert. Im Laden war ich nett und freundlich zu ihnen, spielte immer noch die geile Frau, die es von keinem so gut besorgt bekam wie von dem der gerade auf ihr lag. In meinem Kopf hatte sich jedoch ein anderes Bild eingeprägt: Für mich waren sie alle niedrige, charakterlose und schwanzgesteuerte Wesen, die glaubten mit ein bisschen Geld könnten sie einen Körper kaufen. Dass ich mich für ein bisschen Geld kaufen ließ, verdrängte ich.

„Ich habe nicht gemeint, dass du dich privat mit mir treffen sollst", holte mich Klaus aus meinen Gedanken.

„Du hast mich doch gerade zum Essen eingeladen!"

Er schmunzelte.

„Ja, aber ich habe nicht gemeint, dass ich dafür nicht bezahlen will. Ob ich dir hier dreihundert für eine Stunde Sex gebe oder du dafür mit mir Essen gehst, am Ende bleibt es ein gutes Geschäft, oder nicht?"

Der muss doch verrückt geworden sein! Niemand gibt dreihundert Mark für eine Frau aus, die ihn zum Essen begleitet.

„Ich gebe dir fünfhundert. Dafür möchte ich die Zeit allerdings offenlassen, egal ob unser Essen eine oder zwei Stunden dauert. Ist das ok für dich?"

„Du meinst, nur essen? Kein Sex?"

„Nur essen!"

Warum nicht, dachte ich. Schließlich war ich auf jeden Pfennig angewiesen, denn meine Schulden waren noch lange nicht bezahlt.

„Ok, wann sollen wir uns treffen?"

„Am Samstag um acht im Kreisler Hof. Zieh dich bitte sexy an, nicht ordinär!"

Das war für mich kein Problem.

An dem Abend wählte ich einen engen schwarzen Minirock aus, nicht zu kurz, der meine Beine schön zur Geltung brachte. Dazu eine schicke Bluse, die den Blick auf den Ansatz meiner Brüste freigab. Hohe Schuhe und ein schwarzes Jackett machten meinen Auftritt perfekt.

Sven sah mir zu, als ich mir die Haare hochsteckte.

„Bist du sicher, dass du dich für Geld mit irgendeinem Freier triffst?"

„Ja, klar! Wie kommst du darauf, dass es anders ist?"

„Ich mein ja nur ..."

Damit ließ er mich ziehen.

Pünktlich erschien ich vor dem Restaurant und Klaus erwartete mich am Eingang.

„Du siehst auch angezogen wunderschön aus!", begrüßte er mich. Ich lächelte und freute mich über das Kompliment.

Er führte mich in das Lokal. Mir war schnell klar, dass hier die High Society verkehrte. Da kam ich mir in meinen Klamotten schon fast billig vor, obwohl sie nicht von der Stange waren.

Wir hielten Smalltalk. Ich gab mein Bestes, um mit den Menschen rings um unseren Tisch mithalten zu können. Ein wenig nagte die Angst an mir, dass mir jeder ansah, wer und was ich war.

Das Essen war vorzüglich und Klaus hatte eine Menge zu erzählen. Er war noch nie in einer festen Beziehung und hatte bis zum Tod seiner Mutter bei ihr gewohnt. Sein Vater war viel zu früh gestorben, Klaus war da gerade vierzehn Jahre alt. Von diesem Zeitpunkt an musste er sich um seine Mutter kümmern, die schwere Depressionen bekam. Er war ein Einzelkind. Seine Eltern hatten die vierzig schon überschritten, als er geboren wurde. Seine Mutter kontrollierte ihn rund um die Uhr und eine Freundin durfte er nicht haben.

„Frauen sind böse! Sie wollen nur dein Geld! Keine wird dich lieben!", hatte sie ihm immer eingeschärft. Als sie starb, war

Klaus sechsundvierzig, lebte immer noch im Elternhaus und hatte bis dahin keine Erfahrungen mit Frauen gemacht.

Ein Jahr nach ihrem Tod ging er das erste Mal in den Puff.

Er hatte noch nie eine Muschi ohne Gummi gevögelt und auch noch nie beim Verkehr einen Orgasmus gehabt.

Sein Gesicht war traurig und es sah verloren aus. Er tat mir leid. All sein Geld nutzte ihm nichts, denn er war einsam und hatte nie gelernt zwischenmenschliche Kontakte zu knüpfen.

Ehe ich mich versah, waren über zwei Stunden vergangen.

„Ich muss gehen", sagte ich zu ihm, denn ich wusste, Sven würde Amok laufen, wenn ich nicht pünktlich nach Hause kam.

Klaus brachte mich zum Auto, drückte mir fünfhundert Mark in die Hand und gab mir ein Küsschen auf die Wange.

„Danke, Tina! Das war ein wundervoller Abend! Er hat mir unendlich viel gegeben."

Ich fuhr los und fühlte mich schäbig. Aus der Not eines Menschen hatte ich so viel Profit geschlagen, ohne wirklich etwas dafür zurückgegeben zu haben. Zumindest empfand ich das so.

Zu Hause bekam Sven kaum mit, dass ich wieder da war, denn er saß vor seiner Playstation und war in ein spannendes Spiel vertieft. Ich ging ins Bad, wusch mir die Schminke aus dem Gesicht und schaute in den Spiegel.

„Du bist ein abgezocktes Miststück", sagte ich zu mir und konnte mir nicht in die Augen sehen.

Es dauerte keine drei Tage, da stand Klaus wieder in meinem Laden. Mit gemischten Gefühlen ließ ich ihn ein.

Er legte dreihundert Mark auf den Tisch und ich wollte ins Badezimmer gehen.

„Nein, Tina! Ich möchte keinen Sex mit dir! Ich möchte mich mit dir unterhalten."

Ich war perplex und wusste mit der Situation nicht umzugehen. Einerseits war es gut verdientes Geld, andererseits fand ich es wenig ehrenhaft, dem armen Kerl für ein bisschen Unterhaltung so viel Geld abzuluchsen.

„Bitte lass mir das. Ich kann selbst entscheiden was ich möchte. Dreihundert Mark sind für mich kein Geld und jeder Pfennig ist es mir wert. Bitte!"

Ich kochte uns einen Kaffee und setzte mich zu ihm. Er legte seinen Arm um meine Schulter und erzählte aus seiner Vergangenheit. Seine Mutter hatte ihn mit ihren Depressionen erpresst. Als er neunzehn Jahre alt war, wollte er in einer anderen Stadt studieren. Seine Mutter reagierte entsetzt und drohte ihn zu enterben, wenn er sie verlassen würde. Er kannte diese Art von Drohung und wollte sich ihr dieses Mal widersetzen. Deshalb bewarb er sich um einen Studienplatz in Hannover. Als er die Zusage erhielt und sie freudestrahlend seiner Mutter zeigte, ging sie kurzerhand in die Küche, nahm ein großes Brotmesser und schnitt sich die Pulsadern auf. Obwohl er ihr sofort zu Hilfe eilte, verlor sie viel Blut und wurde in seinen Armen ohnmächtig. Er war sich sicher, dass er seine tote Mutter im Arm hielt. Als der Notarzt und die Sanitäter eintrafen, mussten sie ihn zu dritt von ihr trennen, denn er hielt sie krampfhaft fest und schrie immer wieder, er habe sie umgebracht. Erst als der Arzt ihm sagte, dass sie noch lebte, aber sicher nicht mehr lange, wenn er sie nicht bald losließe, konnte er sie freigeben. Seine Aussage brachte ihn in große Schwierigkeiten. Es wurde polizeilich gegen ihn ermittelt. Da die Mutter jedoch bei ihrer Aussage blieb, die Verletzung sich selbst zugefügt zu haben, wurde die Sache eingestellt. Allerdings hatte die Mutter nun ein perfektes Druckmittel, das sie bei jeder Gelegenheit einsetzte. So studierte Klaus Wirtschaft an der Uni um die Ecke und war jeden Abend zu Hause.

Die Stunde war schon lange überschritten, doch ich wollte ihn nicht unterbrechen. Immer wieder weinte er bei seinen Erzählungen und obwohl es schellte, ließ ich die anderen Freier vor der Tür stehen.

„Ich danke dir, Tina!", sagte Klaus, sprang auf, legte noch einen Hunderter auf den Tisch und verschwand.

Fast eine Woche hörte ich nichts von ihm. Aber dann hatte ich ihn plötzlich am Telefon. Er bat mich noch einmal mit ihm Essen zu gehen. An den Konditionen würde sich nichts ändern.

Ich war hin und her gerissen. Mein Gefühl sagte mir, dass dieser Mann dabei war, sich in mich zu verlieben. Mir war klar, dass ich niemals nur annähernd etwas Ähnliches für ihn empfinden würde. Sex zu verkaufen war eine Sache, aber die Gefühle eines Menschen auszunutzen kam für mich nicht in Frage. Andererseits tat er mir leid. Seine Geschichte machte mich betroffen und ich wusste, wie einsam er war. Obwohl alles in mir schrie, dass ich nicht hingehen sollte, sagte ich zu und traf mich erneut mit ihm.

Auch an diesem Abend erzählte er mir erschütternde Geschichten aus seiner Zeit mit seiner Mutter.

Ich wollte mich schon verabschieden, da nahm Klaus meine Hand.

„Tina! Verbring die Nacht mit mir! Bitte!"

„Nein, das kann ich nicht!"

„Du musst es nicht umsonst tun! Bitte! Egal was es kostet, ich bezahle es dir!"

„Nein, das kann ich nicht!", wiederholte ich. „Was soll ich meinem Mann sagen, wo ich die Nacht war? Sorry, aber das geht wirklich nicht!"

„Er lässt dich doch auch den ganzen Tag im Laden anschaffen! Ruf ihn an und sag ihm, dass du ein gutes Angebot bekommen hast."

Ich wollte die Nacht nicht mit ihm verbringen. Ich hatte Angst so viele Stunden bei einem Mann zu liegen, den ich nicht kannte und ich wollte keine persönliche Nähe. Aber Klaus redete auf mich ein, erklärte wie wertvoll es für ihn sei und lockte mich mit 1500 DM, als ob er meine finanzielle Not geahnt hätte. Ich rief Sven an, in der Hoffnung, dass er für mich entscheiden und es mir verbieten würde.

„Mensch Tina! Das ist doch super! Das Geld brauchen wir dringend! Stell dich doch nicht so an. Ich schreib mir seine

Adresse auf, du rufst mich zwischendurch an und dann geht das in Ordnung", war alles, was Sven dazu sagte.

Widerwillig fuhr ich mit Klaus nach Hause.

„Du hast doch nicht etwa Angst vor mir?", stotterte er, als ich mich im Haus umsah. Hier hatte sich seit Jahrzehnten nichts verändert. Wie es schien standen immer noch die alten Möbel der Mutter herum. Es roch muffig nach alten Menschen und Tod. Keine Blume zierte die Fensterbänke. An den Wänden hing kein einziges Bild. Die Tapeten waren sicher schon über zwanzig Jahre alt. Das Sofa war abgewetzt und schmuddelig. Dieser Mann hatte so viel Geld und nicht einen Pfennig davon genutzt, um das Haus schön zu machen, als ob die Zeit stehengeblieben wäre. Auch das Schlafzimmer war veraltet. Zwei altmodische Betten standen getrennt nebeneinander. Er erzählte mir, dass er bis zum Tod seiner Mutter in dem einen Bett geschlafen hatte, in dem anderen schlief sie. Auf einem Nachtschränkchen stand ein kleines Bild, das Einzige im ganzen Haus. Es wirkte irgendwie seltsam. Eine hagere Frau mit grauen Haaren und harten Gesichtszügen war darauf zu sehen. Bevor ich es mir näher anschauen konnte, legte er es mit dem Gesicht nach unten hin. „Entschuldige, Mutter", murmelte er dabei.

Ich hatte Angst. Wollte nur raus aus diesem Haus und weg von Klaus, denn mir war klar, das konnte nur ein Verrückter sein.

„Möchtest du baden?", fragte Klaus mich beiläufig.

Ich möchte gehen, wollte ich sagen, aber er nickte nur.

In einem Bad, das genauso unmodern wie alle anderen Räume war, ließ er Wasser in die Wanne.

„Bis die Wanne eingelaufen ist, trinken wir etwas."

Er schob mich in die Küche, ging zum Kühlschrank und holte eine edle Flasche Champagner heraus. Dann nahm er kostbare Kristallgläser und schenkte uns ein.

„Auf einen wunderbaren Abend! Auf die erste Frau, die mein Elternhaus betritt. Eine Wunderschöne dazu!", prostete er mir zu.

Ich lächelte unsicher.

Ich weiß nicht genau, womit ich rechnete. Irgendwie kam ich mir vor, wie in einem schlechten Horrorfilm.

Als die Wanne vollgelaufen war, ging ich ins Bad und schloss mich ein. Bevor ich mein Handy auf lautlos stellte, schrieb ich Sven eine SMS: „Oh Gott! Es ist alles so schrecklich hier und ich habe furchtbare Angst."

Es dauerte keine zwei Minuten, da schrieb er mir zurück.

„Was ist denn so schrecklich?"

„Das Haus ist so alt und es fühlt sich an, als ob seine Eltern noch hier sind."

„Ich verstehe nicht."

„Ach, schon gut."

„Tut er dir irgendwas?"

„Nein, nichts."

„Dann ist ja alles in Ordnung. Melde dich, wenn es Probleme gibt."

Ich stieg in die Wanne und versuchte mich einen Moment zu entspannen. Was war schon passiert? Es war ein altes Haus und jahrelang wurde hier nichts gemacht. Ging deshalb eine Gefahr davon aus? Ich schalt mich eine hysterische Kuh, wusch mich und stieg wieder aus der Wanne.

Klaus hatte im Schlafzimmer Kerzen angezündet. Ich fröstelte. Alles wirkte gespenstisch und gruselig. Er lag auf dem kleinen Bett, nackt und wartete auf mich.

„Da bist du endlich, meine Schöne! Ich habe so lange auf dich gewartet."

Noch eine Gänsehaut ließ meinen Körper erschauern.

Mir war übel und schwindelig. Auf was hatte ich mich da nur wieder eingelassen? Warum hatte ich meinem Gefühl nicht vertraut? Aber nun war ich hier und musste da durch.

Ich legte mich zu ihm und musste sehr dicht an ihn heranrutschen, denn das Bett war wirklich winzig. Er breitete eine Decke über uns. Eine weitere Welle der Übelkeit erfasste mich. Mit einem Freier unter einer Decke liegen war das Letzte, was ich wollte. Sein Atem fuhr heiß in mein Gesicht und ich erinnerte mich an das schreckliche Erlebnis im Puff. Meine Beine zitterten.

„Du frierst ja, meine süße Prinzessin!", sagte er und drückte sich noch fester an mich. Ich bekam kaum noch Luft.

„Ich möchte mit dir schlafen", hauchte er in mein Ohr.

„Das war vielleicht das Beste", dachte ich. Eine schnelle Nummer und wenn ich Glück hatte, schlief er danach gleich ein. Ich wollte nach meiner Handtasche angeln, um Kondome herauszuholen.

„Bitte nicht! Du weißt, dass ich damit nicht kann und ich möchte dich so gerne ganz spüren."

Damit erwachte ich zum Leben. Mit einem Sprung hechtete ich aus dem Bett, meine Handtasche fest im Griff, denn darin befand sich eine kleine Dose mit Tränengas.

Ich lief ins Bad, wo meine Sachen lagen und schloss mich ein. Klaus klopfte an die Tür.

„Hey, was ist denn passiert? Es ist ok, wenn du nicht ohne Gummi willst. Bitte mach auf."

Ich hatte schon Svens Nummer gewählt, legte aber auf, bevor er sich meldete. Ich atmete ein paar Mal tief durch. Das hier war nicht der Puff und da draußen stand kein schwarzer Mann. Da draußen stand ein armer Kerl, der sich nach ein bisschen Zärtlichkeit sehnte.

„Tina? Du machst mir Angst! Alles ok bei dir?"

Mit zitternden Knien schloss ich die Tür auf.

Ratlos schaute Klaus mich an.

„Entschuldige, dass ich dir Angst eingejagt habe. Das wollte ich nicht."

Mir schossen die Tränen in die Augen.

„Oh Mann, was habe ich denn getan?" Hilflos legte Klaus seinen Arm um mich, führte mich ins Wohnzimmer und legte eine Decke um meinen immer noch nackten Körper. Er ging zurück ins Schlafzimmer, zog sich einen Slip an und kam mit einer Flasche Schnaps zurück. Er stellte zwei Gläser auf den Tisch und schenkte ein.

„Trink einen Schluck, vielleicht beruhigt dich das."

Ich nahm das Glas und leerte es in einem Zug.

Für einen Moment sprachen wir beide kein Wort.

Schweigend füllte Klaus das zweite und dritte Glas. Ich schüttete es hinunter wie Wasser.

Dann fing ich an zu erzählen. Dieses schreckliche Erlebnis im Puff sprudelte aus mir heraus, immer wieder unterbrochen durch meine Tränen. Ich hatte noch nie einem Freier etwas Privates von mir erzählt. Niemals wäre mir auch nur der Gedanke gekommen. In dieser Nacht konnte ich es nicht aufhalten. Ich redete und redete, während mir Klaus einen Schnaps nach dem anderen gab. Ich erzählte von meinen Ängsten, von der Beziehung zu Sven und den ständigen Geldsorgen. Der Alkohol tat seine Wirkung. Denken konnte ich schon eine Weile nicht mehr klar. Tief in meinem Inneren regte sich die Angst, dass ich nun ein leichtes Opfer war und Klaus sich nehmen konnte, was immer er wollte. Stattdessen brachte er mich in das andere Bett, deckte mich zu und streichelte mein Gesicht. Ich war erschöpft, betrunken und fiel in einen unruhigen Schlaf. Keine Ahnung, wie lange er an meinem Bett gesessen hatte.

Am Morgen weckte mich Kaffeeduft. Orientierungslos versuchte ich die Nacht Revue passieren zu lassen. Ich schämte mich. Klaus kam gut gelaunt in das Schlafzimmer und strahlte mich an:

„Meine Schöne ist erwacht! Das Frühstück ist fertig!"

„Wie spät ist es?"

„Schon zehn vorbei. Du hast eine ganze Weile geschlafen."

„Oh nein! Ich müsste längst zu Hause sein! Mein Mann steht bestimmt jeden Moment vor der Tür!"

Ich nahm mein Handy und rief ihn sofort an.

„Hallo?", meldete sich seine verschlafene Stimme.

„Ich bin es. Wollte nur Bescheid sagen, dass ich mich verspätet habe. Werde aber gleich nach Hause kommen."

„Die Kinder schlafen noch. Du hast mich geweckt. Gab es ein Problem?"

„Nein, wollte nur Bescheid sagen."

„Ok, dann bis später."

Damit legte Sven auf und ich schaute verwundert in das Telefon.

„Alles ok?", fragte Klaus.

„Ja, alles bestens."

„Super, dann können wir noch zusammen frühstücken."

Mir war viel zu schlecht, als dass ich eines der Brötchen hinunter bekam. Ich wollte nach Hause, auch wenn bei Tageslicht das Haus weitaus weniger bedrohlich wirkte.

„Sei mir nicht böse, aber ich muss los."

Traurig schaute mich Klaus an, sagte jedoch nichts. Stattdessen kramte er seine Brieftasche aus der Hose und legte mir 2000 DM auf den Tisch.

„Ist das ausreichend?"

Ich schämte mich noch mehr. Dieser Mann hatte die ganze Nacht einer betrunkenen Hure die Hand gehalten, während sie ihre Geschichte lallte, hatte nicht einmal Sex bekommen und wurde nun abserviert. Ich wollte das Geld nicht. Doch was sollte ich zu Hause erklären? Ich war eine ganze Nacht mit einem Freier zusammen und brachte kein Geld mit nach Hause? Als ob er meine Gedanken lesen konnte, sagte Klaus:

„Es ist ok, mach dir keine Gedanken. Nimm das Geld! Aber versprich mir, dass du bald wieder für eine Nacht zu mir kommst."

Ich nickte, auch wenn ich nicht wusste, ob ich mein Versprechen halten würde und fuhr nach Hause.

Sven war hoch erfreut über die Kohle. Ich erzählte ihm, dass Klaus unbedingt ohne Gummi mit mir schlafen wollte.

„Wo ist das Problem? Der Typ scheint eine Menge von seinem Geld übrig zu haben und will es dir in den Rachen schieben. Lass ihn doch einen AIDS-Test machen und zock ihn so richtig ab. Ich wette, da ist eine Menge zu holen!"
Ich war entsetzt. Sven schaute mich an.
„Mensch Tina! Sei doch nicht so blöd! Wenn du ihn nicht ausnimmst, tut es eine andere! Wir brauchen die Kohle!"

Es dauerte keine Woche, da rief mich Klaus wieder an. Er hatte mich abends am Telefon erwischt und Sven saß neben mir, als ich mit ihm sprach.
„Kannst du morgen kommen?"
„Das tut mir leid. Ich kann leider nicht."
Sven schaute mich strafend an.
„Ich gebe dir gerne dieselbe Summe wie beim letzten Mal."
Sven konnte jedes Wort hören und trat mir vors Knie.
Verunsichert schaute ich ihn an. Ja, formten seine Lippen lautlos.
„Ok. Ich komme morgen. Wann soll ich bei dir sein?"
„Gegen acht. Ich freue mich so sehr auf dich."
Ich legte auf und giftete Sven an.
„Bist du verrückt? Ich will da nicht hin! Schon mal gar nicht will ich mich ohne Gummi vögeln lassen."
„Stell dich nicht so an! Was ist denn dabei? Du wirst sehen, der wird dir hörig, und ehe du dich versiehst, gehört all sein Geld dir!"

Am nächsten Abend fuhr ich zu ihm. Ich hatte einen Plan, wollte Klaus beschwichtigen, dass wir beim nächsten Mal ohne Gummi miteinander schlafen würden und ihn dann abservieren, wenn Sven nicht dabei war.
Klaus empfing mich voller Vorfreude.
„Wir müssen heute in der Küche sitzen! Mein Wohnzimmer wird renoviert. Schau mal, ich hab hier einen Katalog. Such mit mir neue Möbel aus."

Stolz wie ein kleiner Junge zeigte er mir Möbel aus einem sündhaft teuren Laden.

„Ich möchte, dass es dir hier gefällt! Ich werde alles neu machen, Tina! Für mich beginnt ein neues Leben."

Stundenlang saßen wir und suchten Möbel aus. Aber ganz gleich wie die Zeit auch verging, irgendwann musste ich mit ihm ins Bett. Ich legte das Kondom auf das alte Nachttischchen.

„Tina, bitte. Ich möchte dich spüren!"

Mein großer Auftritt.

„Ja, das verstehe ich! Doch du musst auch verstehen, dass ich kein Risiko eingehen kann. Du musst erst einen HIV-Test machen lassen. Dann können wir so miteinander schlafen."

Er stand auf, ging in die Küche und holte ein Blatt aus einer Schublade.

„Das habe ich schon vor vier Wochen gemacht!", sagte er stolz und hielt mir den Befund vor die Nase.

HIV-negativ, las ich. Das durfte doch nicht wahr sein! Aber ich hatte noch ein letztes Ass im Ärmel.

„Ich muss mir erst die Pille besorgen! Ich nehme sie schon lange nicht mehr und wir können nicht riskieren, dass ich schwanger werde!"

„Da mach dir mal keine Sorgen! Auf Drängen meiner Mutter, die eine wahnsinnige Angst hatte, dass ich eine Frau schwängern könnte, die es nur auf mein Geld abgesehen hätte, hab ich mich vor zehn Jahren sterilisieren lassen."

Ich saß in der Falle und kam aus der Nummer nicht mehr raus.

Obwohl Klaus sich wirklich bemühte, lag ich wie versteinert. Auch der Wein vorher machte es mir nicht leichter. Er war ein unerfahrener Liebhaber. Sein Vorspiel war alles andere als erregend. Unbeholfen rutschte er auf mich und ehe er zweimal zustoßen konnte, ergoss er seinen Saft in meinen Körper.

Ich hätte kotzen können.

„Ich liebe dich, ich liebe dich! Heirate mich!", stöhnte er dabei.

Danach verlangte ich einen Schnaps nach dem anderen und betrank mich. Klaus war auf den Geschmack gekommen. Er nahm mich in dieser Nacht noch zweimal. An das dritte Mal konnte ich mich am nächsten Tag nicht mehr erinnern.

Morgens ging ich ins Bad. Ein ekelerregender Geruch stieg aus meinem Unterleib hoch. Ich erbrach mich fast eine halbe Stunde lang, während Klaus in der Küche das Frühstück zubereitete.

Mit dreitausend Mark in der Tasche machte ich mich auf den Weg nach Hause. Noch ehe ich dort angekommen war, hatte ich Klaus eine SMS geschrieben.

„Bitte ruf mich nie wieder an und komm auch nicht mehr in mein Geschäft!"

Er rief mich an und weinte bitterlich.

„Ich liebe dich, Tina!"

„Aber ich liebe dich nicht und werde das niemals tun!"

„Meine Mutter hatte Recht! Ihr seid alles billige Fotzen, geldgeil und nur darauf bedacht einen Mann auszunehmen! Ich hätte mir so sehr gewünscht, dass du anders bist! Du bist auch nur eine dreckige Hure!"

Ich legte den Hörer auf und hoffte, dass er sich nie wieder meldete.

Eine ganze Weile verfolgte mich das Geschehene. Lange fühlte ich mich beschmutzt und duschte mehrmals am Tag. Wenn Sven mit mir schlief, konnte ich es nicht ertragen, dass er in meinen Körper ejakulierte. Der Geruch von Sperma löste bei mir eine so massive Übelkeit aus, dass ich mich oft erbrach. Die Arbeit fiel mir unendlich schwer und jede Nacht hatte ich Albträume.

Aber das Leben ging weiter. Das Geld half mir meinen Führerschein zu bezahlen. Kurze Zeit später machte ich meine Fahrprüfung. Mit zittrigen Beinen und klopfendem Herzen bestand ich. Bald kaufte ich mir einen kleinen roten Corsa, den ich in Raten abstotterte. Noch unsicher fuhr ich die ersten Wochen gerade bis zu meinem Laden. Schnell wurde mir klar, wie viel Freiheit mir mein kleiner Wagen brachte. Es dauerte nicht lange, da fuhr ich einfach so zum Spaß. Ich kaufte mir eine tolle Musikanlage fürs Auto und fuhr jeden Tag für zwei Stunden zum Stall. Meine Freizeit dort zu verbringen tat mir sehr gut. Mein Pferd wurde mein Seelentröster. Wenn mir zu Hause oder im Laden alles zu viel wurde, ritt ich mit meiner Stute durch den Wald und vergaß den Rest der Welt.

Eine tolle Zeit begann.

Ich konnte mit den Kindern fahren, wohin ich wollte und wann ich wollte. Wie konnte ich nur so lange auf ein Auto verzichtet haben? Zwar hinderten mich manchmal meine Angstzustände, aber ich bekämpfte sie, so gut es ging und wollte mich davon nicht mehr einschränken lassen. Das Herzrasen kam in unregelmäßigen Abständen, blieb oft bis zu zwei Stunden und verschwand dann genauso unvermittelt, wie es aufgetreten war.

Ich wollte mir mein neu gewonnenes Glück dadurch nicht trüben lassen.

Einige Monate blieb dieses Glücksgefühl konstant. Ich war überzeugt davon, dass wir es nun endgültig geschafft hatten. Auch wenn mir meine Arbeit jeden Tag schwerer fiel, war das Leben lebenswert.

Die Veränderungen kamen schleichend und waren nicht sofort erkennbar für mich.

An einem Wochenende wollte ich mit den Kindern in einen Freizeitpark und hatte dafür alles geplant. Sven sollte fahren, denn wir mussten eine ganze Weile über die Autobahn und das fiel mir noch etwas schwer. Die Kinder freuten sich seit Tagen auf diesen Ausflug. Sie wollten am Abend zuvor kaum schlafen, weil sie so aufgeregt waren. Am nächsten Morgen waren sie ein wenig nervig. Einerseits, weil sie zu wenig geschlafen hatten, anderseits, weil es ihnen nicht schnell genug ging zu den Karussells zu kommen. Beim Frühstück wurde Svens Laune immer schlechter und kurz bevor es losgehen sollte, sagte er: „Tina, ich hab heute keine Nerven dafür! Fahr mit den Kindern allein!"

Ich war total geschockt. Zwar hatte ich meine Panikattacken gut im Griff, aber so eine weite Strecke ganz allein fahren, dann den ganzen Tag mit den Kindern unter so vielen Menschen und der lange Rückweg! Das traute ich mir nicht zu.

„Mach keinen Scheiß, Sven! Die Kinder freuen sich seit Tagen darauf und ich schaffe das nicht!"

„Warum nicht? Du fährst doch sonst auch stundenlang Auto! Jetzt kannst du es plötzlich nicht mehr?"

„Das ist doch etwas ganz anderes! Ich bitte dich!"

„Ich bin es leid, mich ständig von deinen Panikattacken erpressen zu lassen! Mein Therapeut hat mir gesagt, ich muss auf mich selbst hören! Nicht nur tun, was man von mir erwartet, sondern das tun, was ich will! Und heute will ich nicht in den Freizeitpark! Heute will ich Formel Eins gucken!"

„Das ist wohl ein Scherz! Warum hast du mir denn nicht früher gesagt, dass du heute zu Hause bleiben willst? Dann hätte ich anders planen können!"

„Muss ich ständig Rechenschaft ablegen über das, was ich will oder nicht will? Nein! Muss ich nicht. Ich gehe nicht mit! Ende der Diskussion!"

Die Kinder weinten inzwischen und ich war hilflos. Ich versuchte mir einzureden, dass ich es auch allein schaffen konnte, aber sofort setzte die altbekannte Panik ein und es war mir unmöglich auch nur einen Schritt vor die Tür zu setzen.

„Wir fahren ein anderes Mal", versuchte ich die Kinder zu beruhigen. Beide weinten herzerweichend. Ich konnte nicht verstehen, dass Sven sich seelenruhig vor den Fernseher setzte und uns ignorierte. Als nach einer Stunde immer noch keine Ruhe eingekehrt war, rastete Sven aus.

„Verdammt noch mal! Kann ich nicht einmal meine Ruhe haben?", schrie er. „Ab ins Kinderzimmer! Wehe ich höre noch einen Ton von euch!"

Die Kinder verstummten augenblicklich und verkrochen sich in ihre Betten. Ich saß hilflos in der Küche. Was war plötzlich passiert? Ich versuchte zu verstehen, warum Sven so reagiert hatte. Doch ich fand keine Erklärung dafür.

Ich war mir so sicher gewesen, dass sich alles verändert hatte und wir eine glückliche Familie waren! Warum wehrte sich Sven so massiv gegen den Familienausflug? Ich beschloss fürs Erste die Ruhe zu bewahren und das Gespräch mit ihm später zu suchen.

Aber auch gegen Abend stieß ich nur auf Ablehnung:

„Er habe ein Recht auf sein Leben und müsse seit Monaten immer nur funktionieren. Sein Therapeut habe ihm gesagt, er könne nur gesund werden, wenn er das tue, was er möchte", rieb er mir unter die Nase.

Von diesem Tag an ging es in einem rasanten Tempo bergab.

Sven verschwand wieder stundenlang. Schon bald war mir: Seine Spielsucht war zurück.

Das Geld reichte kaum noch für alle Rechnungen. Ehe ich mich versah, saß ich in demselben Schlamassel wie einige Monate zuvor. Ich war leicht erregbar und die Panikattacken häuften sich. Ich konnte es mir nicht mehr erlauben so oft zum Stall zu fahren, denn es fehlte mir an Arbeitszeit und am Ende am Geld. Ich wollte nicht in die alten Ängste zurückfallen und wenigstens versuchen die kleineren Dinge allein zu schaffen. Wenn die Zeit es mir erlaubte, ging ich mit den Kindern Schwimmen und zum Spielplatz. Am Wochenende tobte ich mich in den Discotheken aus, denn auf das Tanzen wollte ich nicht mehr verzichten. Manchmal begleitete mich Sven, aber meist blieb er zu Hause vor seiner Spielkonsole oder seinem Fernseher sitzen. Tagsüber konnte er es nicht zu Hause aushalten und flüchtete in die Spielhallen. Die Kinder nervten ihn, ob sie lachten oder weinten. Jedes Geräusch von ihnen ging ihm auf die Nerven.

Monatelang ging das so. Ich hatte mich damit abgefunden. Nach wie vor machte ich meine Arbeit, versuchte das Geld zusammenzuhalten und versteckte es vor Sven. Ich hatte mich mit dem Leben arrangiert und war mir sicher, dass sich niemals etwas ändern würde.

Bis zum 16. Oktober 1999.

15.

Ein Samstag - wie viele in meinem Leben. Ich hatte die ganze Woche gearbeitet und wollte diesen Abend in meiner Stammdisco verbringen. Sven wollte auch mit, allerdings nur bis nachts um zwei, denn im Fernsehen lief eine wichtige Sendung. Ich weiß nicht mehr, ob es Boxen oder Formel Eins war - mich interessierte das alles nicht besonders.

Unsere Beziehung war auf dem absoluten Nullpunkt angelangt und mich wunderte es, dass er überhaupt mitgehen wollte.

So zogen wir gegen 23 Uhr los.

Die Kinder wurden das ganze Wochenende durch den Babysitter betreut und so wusste ich, dass ich ausschlafen konnte.

In der Disco war nicht viel los. Dafür war es noch zu früh. Ich bestellte mir ein Alt mit Cola. Harte Sachen trank ich nur noch selten. Die Musik war gut. Hin und wieder ging ich tanzen. Sven war die meiste Zeit nicht zu sehen. Aber auch das kannte ich nur zu gut.

Mitternacht war schon vorbei, als mich ein Typ ansprach und mich fragte, ob ich mit ihm tanzen wollte. Warum nicht, dachte ich und hatte eine Menge Spaß.

Irgendwann verabschiedete sich Sven. Meine gute Laune ließ ich mir davon nicht nehmen, denn mein Tanzpartner brachte eine kesse Sohle aufs Parkett und zog mich immer wieder in das grelle Licht. Nach zwei durchtanzten Stunden war ich fix und fertig. Ich machte Pause und wollte mich am Tresen erholen.

Da sah ich ihn. Direkt gegenüber stand er.

Groß, braungebrannt und total selbstsicher, rechts und links von ihm zwei schöne Frauen. Sie redeten mit ihm. „Bei so einem Mann war das kein Wunder, wenn sich gleich zwei

Damen um ihn bemühten", dachte ich. Ich beobachtete die drei eine Weile.

Mein Tanzpartner forderte mich immer wieder auf, aber ich hatte keine Lust mehr. Er zockelte von dannen und ward nicht mehr gesehen.

Der hübsche Mann war inzwischen allein. Ich nahm allen Mut zusammen und sprach ihn an. Mir war klar, dass ich mich mit den beiden Frauen nicht messen konnte und rechnete fest mit einem Korb. Doch er war freundlich und lud mich zu einem Bier ein. So kamen wir ins Gespräch. Zwei Stunden hielten wir Smalltalk, doch meine Einladung zum Tanzen lehnte er ab.

„Ich tanze nie. Bin eher der Typ, der die ganze Nacht am Tresen sitzt", waren seine Worte.

Es war schon kurz vor fünf und der Laden würde gleich schließen. Wir waren uns nähergekommen, hielten Händchen und küssten uns leidenschaftlich.

„Wohin sollen wir gehen?", fragte ich ihn.

„Nebenan das Bistro hat 24 Stunden geöffnet", sagte er.

Ich hatte an etwas anderes gedacht, wollte lieber mit ihm allein sein, Zweisamkeit genießen. Treue gab es für mich schon lange nicht mehr. So manchen One-Night-Stand gönnte ich mir und machte auch vor Sven keinen Hehl daraus. Unser Sexualleben war fast vollständig zum Stillstand gekommen und wenn, dann war es nur eine kurze Befriedigungsgeschichte, die nicht viel mit Zärtlichkeit und Liebe zu tun hatte.

Dieser Mann gefiel mir. Er zog mich an und ich begehrte ihn. Aber er wollte in ein Bistro! So hatte ich keine andere Wahl. Nach Hause wollte ich nicht. Wir aßen ein Bauernfrühstück. Er erzählte mir, dass er verheiratet sei und eine kleine Tochter habe. Treue war für ihn ein großes Wort. Nie würde er seine Frau betrügen. Er liebte sie beide sehr. Mein Herz schmerzte. So einen Mann hatte ich mir immer gewünscht. Er war im öffentlichen Dienst und fuhr nebenbei Taxi, damit sich die Familie mehr leisten konnte. So war er erst vor einigen Tagen aus Ägypten zurückgekommen. Daher seine fantastische Bräune. Seine

Frau würde in der kommenden Woche zur Kur fahren, damit sie sich noch ein bisschen erholen konnte. Das Kind sollte in dieser Zeit bei ihm und bei der Oma bleiben. Ich erzählte auch viel von mir. Allerdings konnte ich mit seinem Bilderbuch-Leben nicht mithalten. Gegen zehn Uhr morgens trennten sich unsere Wege. Ich schrieb ihm meine Handynummer auf einen Bierdeckel und gab sie ihm mit den Worten: „Ein Mann wie du ruft mich sowieso nicht an."

Er sagte nichts darauf.

Sven schaute mich vorwurfsvoll an, als ich die Wohnung betrat.

„Aus welchem Bett kommst du wieder gekrochen?", hielt er mir entgegen.

„Aus keinem Bett!"

„Ach hör doch auf! Du landest doch fast jedes Wochenende bei irgendeinem Typen und lässt dich durchvögeln!"

„Das stimmt nicht!"

Ich hatte ihn das ein oder andere Mal betrogen. War das denn ein Wunder? Er sorgte dafür, dass ich mich hässlich und schlecht fühlte. Wie oft hatte er gesagt, dass ich nur eine Hure war und mich mal im Spiegel betrachten sollte! Ich brauchte hin und wieder das Gefühl, dass ein Mann mich schön fand. So kam es zu den Seitensprüngen. Doch das war ganz sicher nicht jedes Wochenende so. Ich konnte es an einer Hand abzählen. Er hielt diesen Trumpf in der Hand und spielte ihn gnadenlos gegen mich aus.

„Du machst unsere ganze Ehe kaputt mit deiner Rumhurerei!", brüllte er mich an.

„Ist schon klar! Wenn ich Geld dafür nehme, dann ist das in Ordnung! Denn dann kann der Herr ja zum Zocken gehen!"

Es war immer das gleiche Thema, immer die gleichen Streitpunkte. Am Ende waren wir nicht mehr in der Lage noch ein vernünftiges Wort zu sagen und ich verzog mich in ein anderes Zimmer, während Sven trotzig im Wohnzimmer sitzen blieb.

Es war Mittag geworden und ich entschied mich zum Stall zu fahren. An Schlafen war nicht zu denken, denn Sven kochte immer noch vor Wut.

Ich zog mir alte Klamotten an. Bevor ich das Haus verlassen konnte, klingelte mein Handy - eine SMS.

„Ich hoffe, du bist gut ins Bett gekommen und schläfst dich in Ruhe aus. Liebe Grüße von Tom."

Mein Herz schlug heftig. Er hatte mir geschrieben. Er hatte mir tatsächlich geschrieben! Ich konnte es nicht glauben! Dieser tolle Mann war gerade zwei Stunden zu Hause und schrieb mir eine SMS!

Ich schrieb zurück: „Hallo Tom. Schlafen ist leider nicht drin. Mein Mann hat argen Terror geschoben. Ich hoffe, deine Frau war nicht so böse auf dich, weil du so spät zu Hause gewesen bist. Ganz liebe Grüße, Tina."

Seine Antwort kam umgehend.

„Meine Frau ist seit gestern mit unserer Tochter bei ihrer Mutter und hat nicht mitbekommen, dass ich so spät zu Hause war."

„Da hast du Glück gehabt! Bei mir brennt die Hütte."

„Soll ich lieber nicht mehr schreiben?"

„Quatsch! Ich freue mich total darüber!"

Wir schrieben den ganzen Tag miteinander. Ich fuhr nicht zum Stall, kuschelte mich unter meine Bettdecke, döste zwischendurch und freute mich, wenn das Piepen meines Handys mich zurück aus dem Schlaf holte. Sven wurde immer wütender, denn er bekam mit, dass ich die ganze Zeit simste.

„Das ist wohl dein neuer Lover!", stänkerte er herum.

Mir war egal, ob er sich verletzt fühlte. Wochenlang hatte er sich nicht um mich gekümmert und nun stellte er Ansprüche?

Am Abend wünschte mir Tom eine gute Nacht, aber nicht ohne ein Treffen für den nächsten Tag auszumachen. Wir verabredeten gemeinsam zum Stall zu fahren. Ich wollte ihm gern meine Stute zeigen.

Sven schlief auf der Couch und sprach den ganzen Abend kein Wort mit mir.

Am nächsten Tag weckte mich morgens ganz früh eine SMS.

„Guten Morgen! Bist du schon wach? Ich habe um 14 Uhr frei. Wo wollen wir uns treffen? Liebe Grüße, Tom."

Ich schrieb sofort zurück und teilte ihm einen Treffpunkt mit. Ich wusste nicht warum, aber mein Herz schlug Purzelbäume und ich freute mich sehr, diesen Mann wiederzusehen.

Als ich aufstand, um mir einen Kaffee zu machen, war Sven schon wach. Es war nicht einmal sieben Uhr und eigentlich nicht seine Zeit. Er schlief gerne länger.

Böse funkelte er mich an.

„Ich habe die ganze Nacht kein Auge zugetan! Was ist das für ein Kerl? Was soll das alles, Tina?"

Ich hatte keine Antwort darauf. Ich wusste, das was ich tat war nicht richtig. Schließlich war ich genauso in einer festen Bindung wie Tom.

„Ich habe mit ihm nicht geschlafen! Zudem ist er verheiratet und hält nichts vom Fremdgehen!", versuchte ich mich zu verteidigen.

„Ach! Deshalb schreibt ihr die ganze Zeit? Glaubst du, ich schlafe auf dem Baum?"

„Kann man nicht einen ganz normalen, freundschaftlichen Umgang haben? Muss man ihn gleich vögeln?"

Ich war schnell auf hundertachtzig und wollte mir diesen netten Kontakt nicht kaputt machen lassen.

„Ich kenne dich! Einmal Hure, immer Hure!", brüllte Sven mich an.

Wortlos verließ ich das Haus.

Ich fuhr zu meinem Laden und dachte über seine Worte nach. War das so? Würde ich mein ganzes Leben eine Hure bleiben? War ich überhaupt noch in der Lage ein normales Leben zu führen? Gefühle zu empfinden? Was wusste ich denn von einem glücklichen Familienleben, von einer sorgenfreien Beziehung?

Die Wahrheit war, ich hatte auf meinem Lebensweg nie eine gesunde Beziehung kennengelernt. Genauso wenig kannte ich eine glückliche Familie.

Als ich sieben Jahre alt war, wurden meine Schwestern und ich in ein Kinderheim gebracht. Meiner Mutter war es nicht möglich ihre vier Mädchen großzuziehen. Viel zu sehr hatte sie sich dem Alkohol hingegeben und uns Kinder nicht nur vernachlässigt, sondern auch misshandelt. Hunger war neben den alltäglichen Quälereien an der Tagesordnung. Auch der Freund meiner Mutter machte uns das Leben zur Hölle. Seine Übergriffe gingen weit über das Popo-Tätscheln hinaus und für uns war es ein Segen, das Elternhaus verlassen zu können. Das Trauma saß tief. Keiner von uns bereute es, selbst wenn das Heimleben nicht einfach war. Die Chance auf eine Pflegefamilie hatte ich zweimal vertan. Zu tief saßen meine Verletzungen, als dass ich ein normales Kind hätte sein können. Ich neigte zur Selbstzerstörung, hatte starke Aggressionen, die ich auf meine Umwelt abwälzte. Niemand konnte es auf Dauer mit mir aushalten. Mit keinem konnte ich es auf Dauer aushalten! Dabei hatte ich mich immer nur nach Liebe gesehnt. Als ich mit zwanzig Jahren Sven traf, war er wie ein Retter in der Not. Obwohl ich noch mitten in einer Beziehung war, kamen wir zusammen und verliebten uns heftig.

Meine Tochter war erst wenige Monate alt. Er nahm sie an wie sein eigenes Kind. Ich fand nur schwer aus der alten Beziehung heraus. Dennoch ertrug Sven die Zeit, bis ich mich endgültig von dem Vater meiner Tochter lösen konnte. Er las mir jeden Wunsch von den Augen ab, kümmerte sich rührend um meine Tochter und gab mir all das, was ich nie zuvor bei jemand anderem gefunden hatte. Dass er nicht arbeiten ging und selbst wenn er einen Job hatte, nach sechs Wochen wieder auf der Straße stand, verdrängte ich.

Ich wollte mir meine kleine Traumwelt nicht zerstören lassen.

Jedes Jahr wurde es schwieriger, die finanzielle Not immer größer. Ich arbeitete jede Nacht in irgendwelchen Kneipen und versuchte so unsere Familie über Wasser zu halten. Als ich mit dem zweiten Kind schwanger wurde, war das nicht mehr möglich.

So begann das Drama der letzten Jahre.

Ich saß in meinem Puff und die Tränen kullerten unaufhörlich. Einige Male klingelte es an der Tür und Freier wollten hereingelassen werden. Doch ich konnte keinen empfangen. Tom schrieb mir, dass er gleich losfahren würde. Auch das lockte kein Lächeln auf mein Gesicht. Was sollte dieser Mann schon von mir wollen?

Er hatte alles, was ein Mensch sich nur wünschen konnte, eine Frau, die ihn liebte, eine Tochter, die sich jeden Abend auf ihn freute und ein gutes finanzielles Einkommen. Dazu sah er blendend aus, war gebildet und wohlerzogen. Dieser Mann würde sich ganz sicher nicht auf eine Hure einlassen. Wozu dann das Ganze? Ich schrieb ihm eine SMS, dass ich verhindert sei und zu unserer Verabredung nicht kommen würde.

„Kein Problem. Ich warte am Treffpunkt. Auch, wenn es länger dauert, ich habe Zeit", kam seine Antwort postwendend zurück.

„Was nun", dachte ich. „Das hört sich ja an, als ob er sich nicht so leicht abschütteln lässt."

„Lass uns einen anderen Tag ausmachen. Ich schaffe es heute wirklich nicht", schrieb ich ihm.

„Ich möchte dich wirklich gerne sehen und es macht mir nichts aus, wenn ich auf dich warten muss."

Ein harter Brocken. Einen Moment saß ich unsicher da. An Arbeiten war nicht zu denken und nach Hause wollte ich auf keinen Fall. Was hatte ich zu verlieren! Er sollte mich nicht heiraten! Selbst wenn es nur ein nettes Gespräch werden würde, so war das mehr, als ich woanders erwarten konnte.

Ich wusch mir das Gesicht, legte dezent neues Make-up auf und fuhr zum Treffpunkt.

Wir hatten einen großen Parkplatz in der Nähe von meinem Stall als Treffpunkt ausgemacht. Noch bevor ich zum Stehen gekommen war, hatte ich ihn entdeckt. Er trug seine Uniform.
Lässig lehnte er an seinem Kombi. Er war unglaublich attraktiv. Mein Puls beschleunigte sich und ich schalt mich eine Närrin. Unsicher stieg ich aus dem Auto und ging auf ihn zu.
„Schön dich zu sehen! Ich habe wirklich einen Moment geglaubt, du würdest mich versetzen."
Röte zog über meine Wangen und verlegen senkte ich meinen Blick.
Das hier war etwas anderes als eine Nacht in einer Diskothek, wo der Alkohol für Selbstsicherheit sorgte.
„Nun bin ich da", sagte ich und wusste nicht, was ich dem hinzufügen sollte.
„Das ist schön!", freute er sich. Dabei küsste er mich auf die Stirn. „Magst du ein bisschen laufen?"
„Würde ich gerne. Doch ich muss noch zu meiner Stute. Der Stall ist nicht weit von hier und ganz in der Nähe ist ein Wald. Wir könnten beides miteinander verbinden, wenn du magst", sagte ich verschüchtert.
„Das hört sich gut an. Fahr einfach vor und ich werde dir folgen."
Für einen Moment war ich froh, der Situation entfliehen zu können, und stürzte in mein Auto. Sein Lächeln im Rückspiegel, gefiel mir. Alles an diesem Mann gefiel mir viel zu gut. Ein Schauer lief über meinen Körper und mein Verstand sagte mir: „Hau ab! So schnell es geht!"
Stattdessen fuhr ich zum Stall. Tom folgte mir und ließ mich nicht aus den Augen.
Als ich meine Stute von der Wiese geholt hatte, leuchteten seine Augen.
„Was für ein schönes Tier! Meine Tochter reitet auch, aber keines der Pferde ist mit diesem zu vergleichen."
„Ja", lachte ich, „das ist eine Stinker-Tute. Eine besondere Pferderasse."

Er schaute mich verdutzt an.

„Stinker-Tute? Von so einer Rasse habe ich noch nie gehört."

Erst da fiel mir mein Versprecher auf und ich konnte mich vor Lachen kaum halten.

„Lass mich wissen, was so lustig ist, dann würde ich gerne mitlachen!"

„Es heißt Tinker-Stute", prustete ich los und konnte mich nicht beruhigen. Jetzt lachte auch er herzhaft. Ich brauchte ganze zehn Minuten, ehe ich ein Wort sagen konnte. So hatte ich schon lange nicht mehr gelacht.

„Wirst du sie reiten?", fragte Tom mich.

„Ich weiß nicht. Ich habe kein zweites Pferd und ich glaube, es wäre blöd, wenn du nebenherlaufen musst."

„Ein bisschen Bewegung schadet mir nicht! Ich würde mich freuen, wenn ich dir beim Reiten zusehen kann."

Ich putzte mein Pferd, trenste und sattelte es, bevor ich aufsaß und in Richtung Wald ritt. Tom lief neben mir her. Am Waldrand nahm er meine Hand zärtlich in seine. Wieder wusste ich nichts zu sagen. Dieser Mann machte mich sprachlos. Ich staunte, wie gut er Schritt halten konnte. Fast zwei Stunden waren wir unterwegs und sprachen kaum ein Wort. Nur seine Hand lag die ganze Zeit in meiner.

Zurück am Stall wunderte ich mich über meine Schüchternheit. Was machte dieser Mann mit mir?

Bevor wir in die Autos stiegen, zog er mich an sich und küsste mich.

„Sehen wir uns morgen wieder?", fragte er mich und schaute mir dabei tief in die Augen.

„Ich muss arbeiten!", versuchte ich mich aus der Affäre zu ziehen.

„Dann treffen wir uns, wenn du Feierabend hast! Bis wann musst du arbeiten?"

„Bis 22 Uhr."

„Ok. Sag mir die Adresse und ich hole dich ab."

Nein, das wollte ich nicht. Ich wollte nicht, dass er sah, wo ich arbeitete. Zwar hatte ich ihm von meinem Job erzählt, doch ich wollte auf keinen Fall, dass er dort auftauchte und mich womöglich in Arbeitskleidung sah.

„Ganz in der Nähe ist eine nette Kneipe. Wir können uns dort treffen. Gegen halb elf?"

Ich nannte ihm die Adresse des Lokals. Ehe ich mich versah, war er verschwunden. Auch ich fuhr zurück zum Laden und das Arbeiten fiel mir an diesem Tag nur halb so schwer. Immer musste ich an seine himmelblauen Augen denken, seine zärtlichen Küsse und diese ruhige, sanfte Stimme.

Ich war verliebt.

Abends zu Hause schmollte Sven immer noch vor sich hin. Er sagte nicht einmal etwas dazu, dass ich an diesem Tag über achthundert Mark verdient hatte. Das war inzwischen eine Seltenheit.

Ich versuchte jedem Streit aus dem Weg zu gehen und wollte mich in der Badewanne entspannen. Ich hatte das Wasser schon eingelassen, als mein Telefon klingelte. Tom war am Apparat.

„Hey, hast du deinen Tag gut rumgekriegt?", begrüßte er mich.

Mein Herz machte einen Hüpfer und ich freute mich riesig seine Stimme zu hören.

„Ja, der Tag ist gut vorbeigegangen und nun wollte ich in die Badewanne."

„Na, dann nimm mich doch einfach mit! Dann bist du nicht so einsam in der Wanne."

War er etwa vor dem Haus? Ich stotterte in den Telefonhörer:

„Das geht doch nicht! Ich bin nicht allein!"

Er lachte.

„Das ist mir klar, Tina! Ich meinte, dass du das Telefon mit an die Wanne nehmen sollst! Dann können wir noch ein bisschen reden!"

Jetzt lachte ich auch.

„Ok, aber du darfst nicht hinsehen, wenn ich mich ausziehe!", scherzte ich.

Das Wasser war warm und seine Stimme an meinem Ohr herrlich beruhigend. Wir sprachen über seine Ehe und das schon lange alles nicht mehr so golden war, wie er es zuvor behauptet hatte. Zwischen ihm und seiner Frau fand bereits eine ganze Weile keine Körperlichkeit mehr statt. Er musste sogar im Kinderzimmer schlafen. Dafür lag seine Tochter jede Nacht in seinem Bett. Obwohl sie schon fast sechs Jahre alt war, genoss sie jede Nacht das Vergnügen auf seinem Platz zu liegen und veranstaltete ein großes Theater, wenn er auch nur eine Nacht in seinem Bett schlafen wollte. So hatte er klein beigegeben und sein Lager im Kinderzimmer aufgeschlagen. Seine Ehefrau gestattete ihm nicht die Zimmertür zu schließen. Sie hatte ihn einmal bei der Selbstbefriedigung erwischt und duldete das in ihrem Haus nicht - schon mal gar nicht in dem Zimmer seiner Tochter. Da er von Betrug und Fremdgehen nichts hielt, blieb nur noch das Badezimmer, um sich seiner Lust zu entledigen. Auch da passte seine Frau auf wie ein Luchs und tatsächlich erwischte sie ihn, wie er sich mit Hilfe ihrer Unterwäsche befriedigte. Sie machte ihm eine riesige Szene und unterstellte ihm die Wäsche seiner Tochter zu benutzen. Sie ging sogar so weit, dass sie sich einbildete, er würde sich an dem Kind vergreifen.

Er durfte sich nicht mehr frei bewegen. Beim Duschen musste er die Tür geöffnet lassen und seine Wäsche wurde regelmäßig auf Spermaspuren untersucht. Seine Tochter durfte nur auf einem seiner Knie weit vorne sitzen. Saß sie direkt auf seinem Schoß, unterstellte seine Frau ihm eine Erektion.

Ich war geschockt.

Tom erzählte mir seine Probleme, als ob er mich schon ewig kannte und vertraute mir Dinge an, die ich kaum glauben konnte. Er hatte alles für seine Familie getan, arbeitete sieben Tage in der Woche, damit seine Frau regelmäßig allein Urlaub machen konnte, betreute das Kind und putzte den Haushalt. Was er erntete, war Psychoterror der feinsten Art. Obwohl er sehr unglücklich war, blieb er seiner Familie treu und fraß all die üblen Beschuldigungen still in sich hinein.

Ich saß weit über eine Stunde in der Wanne und das Wasser war kalt geworden. Wie ungerecht war diese Welt? Was hätte ich für so einen Menschen an meiner Seite gegeben! Wie bestellt steckte Sven seinen Kopf zur Tür hinein.

„Willst du noch länger das Bad blockieren?", knurrte er mich an. Dann sah er, dass ich das Telefon in der Hand hielt.

„Das darf doch wohl nicht wahr sein! Sag mir nicht, dass du die ganze Zeit mit diesem Typen telefonierst und ich nicht mal aufs Klo kann!"

Wütend schmiss er die Tür zu und ich beendete das Gespräch mit Tom. Verfroren kletterte ich aus der Wanne, aber mein Herz fühlte sich warm an.

Sven sprach an diesem Abend kein Wort mehr mit mir. Ich legte mich hin und obwohl mein Kopf versuchte, die ganzen Informationen zu verarbeiten, war ich innerhalb kürzester Zeit eingeschlafen.

Auch am nächsten Morgen blieb Sven stumm. Ich hatte auf Auseinandersetzungen keine Lust und brach zeitig zu meiner Arbeit auf.

Den ganzen Tag blieb das wärmende Gefühl in meinem Herzen. Ich freute mich auf den Moment, wenn ich Tom wiedersah. Als der Uhrzeiger dann endlich auf 22 Uhr stand und meine Schicht zu Ende war, eilte ich in die Kneipe, in der wir verabredet waren. Dort saß er bereits am Tresen. Ruhig und gelassen trank er sein Bier.

„Hey", sagte ich zur Begrüßung und Tom zog mich in seine Arme und küsste mich leidenschaftlich. Eine lang vergessene Erregung ließ meinen Körper erschauern.

Ich wollte ihn, wollte ihn so sehr.

Den ganzen Abend kuschelte ich mich an ihn. Ich fühlte mich wohl bei ihm. Selbst langes Schweigen machte mich nicht unsicher. Obwohl ich diesen Mann erst seit wenigen Tagen kannte, vermittelte er mir ein Gefühl von totaler Geborgenheit.

Es war schon weit nach Mitternacht, als wir uns trennten.

„Bis morgen? Gleiche Zeit, gleiche Stelle?", fragte er mich zum Abschied.

„Ja", hauchte ich, „gleiche Zeit, gleiche Stelle."

Glücklich fuhr ich nach Hause, seine Küsse noch auf meinem Mund vibrierend.

Sven war nicht begeistert, als ich die Wohnung betrat. Vorwurfsvoll schaute er mich an.

„Du schläfst mit ihm!"

„Nein, ich schlafe nicht mit ihm!"

„Hör auf mich anzulügen! So wie du aussiehst! Du strahlst ja wie ein Honigkuchenpferd!"

Was sollte ich darauf sagen?

„Glaubst du etwa, dieser Mann will was von dir? Ja, selbstverständlich will er was von dir! Dich umsonst vögeln! Aber mal im Ernst! Glaubst du, der will mit einer Hure leben? Einem dreckigen Flittchen, was nicht genug bekommt und auch noch außerhalb ihrer Arbeit rumvögeln muss!"

Seine Sätze trafen mich mitten ins Herz.

„Hör auf damit! Ich schlafe nicht mit ihm!"

„Du kannst mir viel erzählen, du miese kleine Schlampe!"

Ich spürte die alte Wut in mir aufsteigen. So viele Monate hatte ich sie erfolgreich besiegt und nun übermannte sie mich. Sven gab nicht nach und schimpfte weiter auf mich ein.

„Du bist so dumm! Glaubst du tatsächlich, dass der Typ dich mag? Er ist ein Freier wie all die anderen auch! Kommt er aus einer heilen Welt, ja? Hat er einen Paradiesvogel gefunden, der sein langweiliges Leben aufpeppt? Tina! Du glaubst doch selber nicht, dass er ein menschliches Interesse an dir hat?"

Tief in mir berührte er meine Selbstzweifel, stach gezielt in die lang erworbenen, verborgenen Wunden.

Ich versuchte, mich zu beherrschen. Ich war schon lange an dem Punkt angelangt, wo ich auf ihn einprügeln wollte. Stattdessen zog ich mich aus und legte mich ins Bett. Sven dachte nicht daran Ruhe einkehren zu lassen. Er lief im Zimmer auf und ab.

„Ich habe dich immer gewähren lassen! Selbst als du Anschaffen wolltest, habe ich dich unterstützt! Glaubst du im Ernst, ein anderer Mann hätte das geduldet? Hätte zugeschaut, wie seine Frau jeden Tag ihre Geilheit mit anderen Typen auslebt? Und dann deine verrückte Krankheit! Was glaubst du, wie lange der dich noch kennt, wenn er weiß, wie verrückt du bist?"

All seine Worte berührten meine tiefsten Ängste und plötzlich war ich nicht mehr Herr meiner Rage. Ich sprang aus dem Bett und stürzte mich auf ihn.

„Ja, schlag mich! Das ist das Einzige was du kannst!", brüllte Sven.

Ich hielt inne.

„Mach schon, du krankes Ding! Prügel auf mich ein, wie du es immer getan hast und dann kannst du ja mal deinen Supermann prügeln! Mal sehen, wie der das findet!"

Ich versuchte, meine Aggression unter Kontrolle zu bekommen.

„Verlassen sie den Raum, wenn Sie nicht Herr über ihre Wut werden", hat mir meine Therapeutin bei jeder Sitzung eingetrichtert. Ich ging in ein anderes Zimmer, aber Sven folgte mir sofort.

„Da kannst du wohl nicht mehr kontern, was? Du hast unsere ganze Familie in den Schmutz gezogen! Deine Kinder sind die Kinder einer billigen Hure! Jeder weiß das und sie können sich nirgends blicken lassen, ohne dass sie gehänselt werden! Glaubst du wirklich, dass ein Mann sich auf so eine einlässt!"

Ich konnte nicht mehr. Ich musste hier raus! Ich ging zurück in das Zimmer, wo meine Kleidung lag und wollte mich anziehen. Sven riss mir die Klamotten aus der Hand.

„Jetzt willst du dich verpissen, ja? Zurück zu deinem Lover gehen und dich anständig durchficken lassen! Nein, mein Fräulein! So kommst du mir nicht davon!"

Ich rannte ins Wohnzimmer und suchte meine Handtasche. Ich wollte nur raus hier. Wenn es sein musste in Unterwäsche. Aber Sven entriss mir auch meine Handtasche. Mein Autoschlüssel lag noch auf dem Tisch und ich schnellte vor, um ihn an mich zu nehmen. Dann stürzte ich zur Haustür. Doch Sven war schnell und stark. Er packte mich, knallte die Tür zu und drückte mich vor die Wand.

„Du bleibst hier! Du haust jetzt nicht ab!"

Ich hielt krampfhaft meinen Autoschlüssel fest, während Sven versuchte mir die Finger auseinanderzubrechen.

In diesem Moment kam der Blackout. Mit unvorstellbarer Kraft löste ich mich aus Svens Griff, schlug wie eine Wilde auf seinen Kopf ein und schaffte es aus der Haustür zu kommen. Ich rannte das Treppenhaus hinunter und stürzte in mein Auto. Mit quietschenden Reifen fuhr ich los. In Unterwäsche!

Nach ein paar Kilometern bog ich in eine versteckte Seitenstraße ein und versuchte zur Ruhe zu kommen. Der typische SMS-Ton von meinem Handy ließ mich überrascht zusammenzucken. Ich hatte das Telefon im Auto vergessen. Mit zitterigen Händen kramte ich das Handy aus der Seitentür und schaute die SMS nach. 3 Stück waren in der Zwischenzeit eingegangen, allesamt von Tom.

„Hallo Kleines, wollte mich für diesen wunderbaren Abend bedanken. Liebe Grüße, Tom."

„Keine Antwort? Schläfst du vielleicht schon? Liebe Grüße, Tom."

„Dann möchte ich dich nicht weiter stören und hoffe von ganzem Herzen, dass wir uns morgen wiedersehen. Schlaf schön und träum gut!"

Ich hatte ihn bisher nie angerufen. Obwohl ich wusste, dass seine Frau in Kur war, traute ich mich nicht. Aber jetzt konnte ich nicht anders und wählte seine Nummer. Eine verschlafene Stimme meldete sich am anderen Ende der Leitung.

„Hallo?"

„Ich bin`s, Tina", schluchzte ich.

Sofort war er hellwach.

„Was ist passiert, Kleines?"

Ich erzählte unter Tränen, was sich zugetragen hatte.

„Sag mir wo du bist und beweg dich nicht vom Fleck! Ich bin sofort bei dir!"

Als ich das Telefon auflegte, ging erneut eine SMS ein.

„Komm nach Hause, Tina. Wir müssen reden! So geht das nicht weiter!", schrieb Sven mir.

Ich antwortete nicht.

Es dauerte keine zehn Minuten, bis Toms Wagen neben meinem auftauchte. Er stieg aus, öffnete meine Fahrertür und zog mich direkt in seine Arme. Ich weinte hemmungslos. Er ließ mich gewähren und so standen wir fast eine halbe Stunde am Straßenrand, ohne ein Wort zu wechseln. Ich hatte ganz vergessen, dass ich nur Unterwäsche am Körper trug. Erst als ich mich beruhigt hatte, fragte er mich, was ich vorhatte.

„Willst du wieder nach Hause?"

„Ich weiß nicht wie, aber ich muss nach Hause! Meine Kinder sind dort und ich weiß nicht, ob Sven das Haus verlassen hat! Das Kindermädchen hat heute frei und vielleicht hat er die Kinder alleine gelassen!"

„Gut. Dann fahren wir jetzt zusammen zu dir! Ich lass dich jetzt nicht allein in die Höhle des Löwen gehen!"

Seine Stimme ließ keinen Widerstand zu. In mir brach Panik aus. „Ich kann euch doch unmöglich aufeinandertreffen lassen! Was wäre, wenn Sven eine Prügelei entfacht?" Ich teilte Tom meine Bedenken mit.

„Ich bin schon groß! Ich kann auf mich aufpassen!", sagte er nur und zog sein Hemd aus, um es mir über den Kopf zu streifen.

„Ich kann dich doch nicht halb nackt durch die Stadt fahren lassen", schmunzelte er. „Hinterher klauen sie dich noch und ich hätte etwas Wundervolles verloren, was ich gerade erst gefunden habe!"

Trotz meiner Verzweiflung musste ich lächeln.

Wir fuhren den Weg langsam zurück zur Wohnung und ich hoffte, dass Sven das Weite gesucht hatte. Als ich die Wohnungstür öffnete, stand er bereits im Flur und nahm uns in Empfang.

„Hast du deinen Lover jetzt mitgebracht? Soll er mich aus der Wohnung entfernen?"

Wir schwiegen beide.

An Svens Stirn war eine große Beule, die er mit einem kalten Lappen kühlte.

„Ja, schau dir das nur an!", sagte er zu Tom. „Das war diese kleine Nutte und das nicht zum ersten Mal! Die ist verrückt und dürfte nicht frei auf der Straße rumlaufen! Eingesperrt gehört die!"

Sven steigerte sich in seine Wut. Tom blieb gelassen und sagte immer noch kein Wort.

„Was hat sie dir erzählt? Dass ich sie prügle und sie Anschaffen schicke? Was hast du ihm erzählt, Tina? Weiß er überhaupt, dass du dich von jedem Kerl durchvögeln lässt? Ob mit oder ohne Geld, Hauptsache nen strammen Schwanz zwischen deinen Beinen? Dass du deine Kinder seit Jahren vernachlässigst? Weiß dein ach so toller Freund das alles?"

Svens Stimme überschlug sich.

„Tina, magst du uns einen Kaffee kochen?", fragte Tom.

Ich nickte und ging in die Küche.

Tom setzte sich unbeeindruckt ins Wohnzimmer auf die Couch. Sven stand unsicher im Flur und wusste nicht so recht, was er machen sollte.

„Ich lasse mich nicht aus meiner eigenen Wohnung vertreiben!", schimpfte er, aber seine Stimme klang brüchig.

Schließlich ging er auch ins Wohnzimmer und setzte sich in einen Sessel. Eine ganze Weile sagte niemand ein Wort. Ich stellte den Kaffee auf den Tisch und setzte mich zu Tom.

„So einfach ist das also, Tina."

Svens Stimme war nicht mehr wütend, sondern hörte sich plötzlich traurig an.

„Du tauschst mich einfach aus. Nach all den Jahren, wo wir durch dick und dünn gegangen sind." In seinen Augen bildeten sich Tränen.

„Du irrst dich, Sven", sagte ich und versuchte meine eigenen Tränen zurückzuhalten. „Ich habe nichts mit Tom. Wir verstehen uns einfach nur gut."

Sven schaute Tom an.

„Ich denke du bist verheiratet und hast eine Tochter!"

„Ja, das ist richtig und ich habe nicht vor meine Familie zu verlassen. Ich suche auch keine Affäre."

„Was willst du dann hier? Mit welchem Recht mischst du dich in Angelegenheiten, die dich nichts angehen?"

Die Stimme meines Mannes war wieder trotzig geworden.

„Ich mische mich nicht ein, falls du das noch nicht bemerkt hast. Ich habe mitten in der Nacht einen Anruf bekommen von einer Frau, die halb nackt auf der Straße stand. Ich glaube, da würde jeder helfen wollen."

„Gut. Du hast geholfen und kannst jetzt gehen", schleuderte Sven ihm entgegen.

„Tina, möchtest du, dass ich gehe?", wandte sich Tom an mich.

Was wusste ich schon? Was brachte es, wenn er ging und was sollte es mir bringen, wenn er blieb? Sven hatte mit keiner seiner Anschuldigungen Unrecht. Tom hatte klargestellt, dass er in mir nicht mehr als eine gute Freundin sah.

Ich zuckte die Schultern.

Eine ganze Weile saßen wir stumm da und die Situation war für mich kaum auszuhalten.

Irgendwann stand Tom auf und meinte: „Ich fahre nach Hause. Falls du mich brauchst, bin ich jederzeit erreichbar für dich. Aber im Moment kann ich nichts weiter tun."

Ich wusste darauf nichts zu sagen. Mein Herz schrie: „Bitte nimm mich mit! Lass mich hier nicht zurück!" Doch mein

Mund war unfähig auch nur einen Laut herauszulassen. Sven sagte nichts mehr. So ging ich mit Tom zur Haustür und außer einem „auf Wiedersehen" brachte ich nichts heraus.

„Gleiche Zeit, gleiche Stelle?" Tom knipste mir ein Äuglein zu. Mein Herz schlug einen Tick schneller und ich nickte. Dann schloss ich die Tür und ging zurück ins Wohnzimmer.

„Ich bin müde, Tina", sagte Sven.

„Gut, gehen wir schlafen."

„Das meine ich nicht! Ich bin dieser ewigen Streitereien müde. Ich kann nicht mehr!"

War das nicht total absurd? Er saß mit Tränen in den Augen in seinem Sessel und jammerte, dass er nicht mehr konnte!

„Ich kann auch nicht mehr! Schon lange nicht mehr!"

„Was ist nur mit uns geschehen? Wir haben uns doch einmal geliebt!"

Diese Frage hatte ich mir tausendmal gestellt.

„Ich weiß es nicht. Ich weiß gar nichts mehr." Nun rollten auch mir die Tränen über mein Gesicht.

Sven stand auf und streichelte mir über den Kopf.

„Ich will dich nicht verlieren, Tina! Ich brauche dich."

Mein Hals war wie zugeschnürt. Ich wusste nichts darauf zu sagen. Als auch von Sven kein weiteres Wort kam, schlug ich vor schlafen zu gehen und unser Gespräch zu vertagen.

„Wir finden heute keine Lösung und sind beide kaputt von den Ereignissen", sagte ich zu ihm.

„Schläfst du bei mir?"

Seine Augen sahen mich bittend an.

„Ja, warum nicht? Lass uns den Streit begraben. Ein bisschen Ruhe wird uns guttun."

Wir waren beide sehr erschöpft und nach langer Zeit schlief ich das erste Mal wieder auf seiner Brust ein.

Am nächsten Morgen weckte Sven mich zärtlich und brachte mir Kaffee ans Bett.

Seine wechselnden Gesichter machten mich ganz verrückt. Er konnte so liebevoll und zärtlich sein.

Dann wieder war er der totale Egoist. Ich fragte mich, ob er schizophren war.

Mittags fuhr ich in meinen Laden. Tom hatte sich den ganzen Vormittag nicht gemeldet und ich war verunsichert, ob es abends bei dem Treffen blieb. Von zu Hause aus wollte ich ihm keine SMS schreiben, denn ich hatte Angst, dass Sven Krach schlagen würde. In meinem Geschäft kamen mir dann doch Zweifel, ob ich ihm schreiben sollte. Wollte ich ihn wirklich wiedersehen? Wofür sollte das gut sein? Ich war immer noch gekränkt, weil er mir am Abend zuvor zu verstehen gegeben hatte, dass aus uns niemals etwas werden würde. Sicher konnte ich auch einen guten Freund gebrauchen, doch das erschien mir unmöglich. Mein kleines Herz hatte sich in diesen großen stattlichen Mann verliebt. Auch dieses Gefühl stellte ich in Frage. Was wusste ich schon von ihm? Er hatte mir am Telefon seine halbe Lebensgeschichte erzählt, doch von dem Menschen „Tom" wusste ich so gut wie gar nichts. Wie konnte ich glauben, ich sei verliebt? Letztendlich war ich verheiratet, hatte zwei Kinder und nicht einmal die Kraft mich zu trennen. Es war alles so absurd. Statt meine Probleme zu lösen, dachte ich über ein Treffen mit einem Mann nach, den ich gerade ein paar Tage kannte.

Nein, ich würde nicht zu dem Treffen gehen und ich würde ihm keine SMS schreiben, entschied ich. Vielleicht würde sich eh´ alles in Wohlgefallen auflösen und er würde sich auch nicht mehr melden. Ich verdrängte die aufkeimende Traurigkeit und machte meine Arbeit. Um 21 Uhr kam eine SMS:

„Ich bin schon da und warte sehnsüchtig auf dich. Bis gleich, Tom."

Bevor mein Gehirn richtig funktionieren konnte, hatten meine Finger eine Antwort getippt:

„Ist eh´ nicht viel los heute. Ich mache Feierabend und bin in zehn Minuten da."

Als ich die Gaststätte betrat und ihn am Tresen stehen sah, wurden meine Knie weich. Er begrüßte mich mit einem Kuss, zog mich in seine Arme und raunte mir ins Ohr: „Ich habe den ganzen Tag nur auf diesen Augenblick gewartet."

Ich verstand die Welt nicht mehr.

Wir tranken Bier, vergaßen die Welt, küssten, schmusten und ehe ich mich versah war es nach Mitternacht. Mein Handy riss mich zurück in die Realität. Sven rief an.

„Verdammt noch mal! Warum bist du nicht zu Hause?", schrie er mich an.

„Bin gleich da."

„Wo steckst du? Ich höre Musik im Hintergrund! Also wo zum Teufel bist du? Und mit wem?"

„Ich erkläre dir alles, wenn ich gleich zu Hause bin", versuchte ich ihn zu besänftigen.

Er legte ohne ein weiteres Wort den Hörer auf.

„Ich muss los", sagte ich zu Tom.

„Du kannst nicht fahren. Bitte ruf dir ein Taxi."

„Dafür habe ich keine Zeit. Ich muss sofort los."

„Dann fahre ich dich!"

„Nein, du hast genauso viel getrunken wie ich. Ich schaff das schon."

„Aber ich habe meinen Führerschein nicht auf Probe! Also, entweder Taxi oder ich fahr dich."

Tom ließ keinen Widerspruch zu. So bestellte ich mir ein Taxi. Das ließ auf sich warten. In der Zwischenzeit klingelte mein Handy `zig Mal. Ich sah Svens Nummer und ging nicht dran. Er schickte mir einige böse SMS, dass ich meinen Arsch nun endlich nach Hause schwingen und mich nicht wagen sollte, meinen Fick zu Ende zu bringen. Als das Taxi endlich kam, war ich mit den Nerven fix und fertig. Schnell verabschiedete ich mich von Tom.

„Soll ich nicht lieber mitkommen?"

„Nein! Auf keinen Fall. Ich will kein Benzin ins Feuer schütten." Und weg war ich.

Gegen eins schloss ich die Wohnungstür auf.

Sven saß auf der Couch und weinte. Hilflos setzte ich mich neben ihn.

„Ich habe dich verloren! Du warst wieder mit ihm zusammen!"

Sollte ich lügen? Was sollte ich ihm sagen? Ich wusste doch selber nicht, was mit mir geschehen war und was die Zukunft bringen würde.

„Bitte triff dich nicht mehr mit ihm, Tina! Bitte! Du machst alles kaputt."

Es nutzte nichts. Ich musste mit ihm ein ehrliches Gespräch führen.

„Sven, es ist alles kaputt! Schon lange ist mit uns nichts mehr in Ordnung! Wir haben es versaut und müssen uns der Wahrheit stellen."

„Liebst du mich nicht mehr?"

„Ich weiß es nicht!"

„Liebst du ihn?"

Ich schwieg.

„Sag es mir, Tina! Liebst du ihn?"

„Mein Gott! Ich kenne diesen Mann gerade ein paar Tage! Wie sollte ich ihn denn lieben?"

„Schläfst du mit ihm?"

„Nein! Wie oft muss ich das noch sagen? Ich schlafe nicht mit ihm!"

„Warum musst du dich täglich mit ihm treffen?"

Ich hatte doch selbst keine Antworten auf diese Fragen!

„Willst du die Scheidung, Tina? Wenn du die Scheidung willst, sag es endlich! Quäl mich nicht länger."

Wie krank war das? Jahrelang fühlte ich mich in dieser Beziehung gequält. Nun saß mein Mann mit verheulten Augen neben mir und bat mich ihn nicht weiter zu quälen.

„Vielleicht ist es wirklich besser, wir trennen uns für eine Weile, damit wir beide zur Ruhe kommen."

Ich rechnete fest mit einem Wutausbruch. Stattdessen brach Sven regelrecht zusammen und weinte, bis er keine Luft mehr bekam.

„Verlass mich nicht! Verlass mich nicht!"

Ich war total geschockt. Instinktiv nahm ich ihn in die Arme und tröstete ihn mit den Worten: „Es wird alles gut! Ganz bestimmt wird alles gut."

Irgendwann schlief er in meinen Armen ein. Ich lag die ganze Nacht wach.

Am nächsten Tag traf ich mich wieder mit Tom. Am Tag darauf auch.

Jeden Abend machte ich eher Feierabend, damit ich ein paar Stunden mit Tom genießen konnte. Sven hatte ich erzählt, dass ich ihn nicht mehr sehen würde. Seitdem war bei uns Ruhe eingekehrt.

Zwei Wochen trafen wir uns jeden Abend. Nie gingen unsere Zärtlichkeiten über Händchenhalten und Küssen hinaus.

In der dritten Woche sagte Tom: „Ich würde so gerne mal ein paar Stunden mit dir alleine sein."

Mein Herz setzte für einen Moment aus. Ich begehrte diesen Mann so sehr! „Ja, sicher. Wann und wo?"

„Bei dir geht es nicht, bei mir geht es nicht."

„Warum geht es bei dir nicht? Deine Frau ist doch noch für mindestens drei Wochen in Kur."

„Nein, ich kann und will dich nicht in meine eheliche Wohnung mitnehmen!"

Im ersten Moment war ich gekränkt. Einerseits dachte ich, wenn er mit mir eine Affäre anfangen will, dann ist es doch egal, wo er das tut. Anderseits fand ich es gut, dass er es nicht in seinem Ehebett tun wollte.

„Ich überlege mir was."

Am nächsten Tag besuchte mich ein alter Stammgast. Ihm gehörte ein kleines Hotel außerhalb der Stadt.

„Kann ich günstig ein Zimmer für ein paar Stunden bei dir mieten?"

„Für wann brauchst du es?"

„Nächstes Wochenende wäre toll. Etwa von 22 Uhr bis fünf Uhr morgens."

Er grinste anzüglich, fragte aber nicht weiter nach.

„Klar, kannst du haben! Ich habe ein tolles Zimmer mit Whirlpool. Ich reserviere es dir für Samstag."

Ich freute mich und schrieb Tom sofort, was ich erreicht hatte.

Er war begeistert. Nun musste ich nur noch eine Möglichkeit finden allein aus dem Haus zu kommen. Der Zufall ging mir zur Hand.

Sven erzählte mir, dass am Samstag ein wichtiges Ereignis im Fernsehen stattfinden sollte.

„Ach, Mensch! Ich wollte mit dir tanzen gehen!"

„Tina! Da freue ich mich nun schon seit Wochen drauf! Das ist ein ganz wichtiger Boxkampf! Lass uns doch bitte an einem anderen Tag gehen!"

Ich schmollte sichtlich und schimpfte weiter.

„Du freust dich! Ich sitze wieder die ganze Nacht blöde auf der Couch und kann mir an den Füßen pulen! Wir haben nicht mal einen zweiten Fernseher!"

Sven reagierte wie erwartet.

„Du gönnst mir das Schwarze unterm Fingernagel nicht! Dieser Kampf ist einzigartig! Du kannst jedes Wochenende tanzen gehen!"

„Jedes Scheiß-Wochenende ist irgendwas! Fußball, Boxen, Autorennen! Es gibt kein Wochenende, wo nichts ist!"

„Verdammt noch mal! Ich werde mir diesen Kampf anschauen! Da kannst du dich auf den Kopf stellen! Wenn du meinst, du musst unbedingt tanzen gehen ... bitte schön! Geh doch alleine!"

Ich hatte mein Ziel erreicht.

„Lass uns doch nicht schon wieder streiten", lenkte ich ein. „Wenn der Kampf für dich so wichtig ist, dann ist das ok."

Sven schaute mich dankbar an. Ein schlechtes Gewissen hatte ich nicht.

Am Samstagabend gönnte ich mir ein langes Bad. Ich rasierte mich, peelte meine Haut und schlüpfte in die schönste Reizwäsche, die ich besaß. Sorgfältig achtete ich darauf, dass Sven nichts davon bemerkte. Kurz vor 22 Uhr machte ich mich auf den Weg. Tom war für 23 Uhr bestellt, denn ich wollte das Zimmer vorher in Romantik tauchen. Ich hatte am Nachmittag Kerzen gekauft und sie sorgfältig im Auto versteckt.

Beim Hotel angekommen, empfing mich ein Freier.

„Hast du nicht noch ein halbes Stündchen für mich? Dann brauchst du nichts für das Zimmer bezahlen."

Ich war entsetzt! So verrückt wie es sich anhörte, aber ich fühlte mich so rein und unschuldig. Alles in mir war in Aufregung. Fast kam es mir vor, als ob ich das erste Mal mit einem Mann schlafen würde. Nun kam dieser Freier und wollte mir dieses wundervolle Gefühl zerstören!

„Nein, das geht heute leider nicht. Ich bin Montag im Laden. Da kannst du gerne kommen."

Beleidigt zog er ab.

Ich stellte die Kerzen auf. Obwohl ich gebadet hatte, ließ ich den Whirlpool volllaufen und wartete sehnsüchtig auf Tom. So hatte ich mich noch nie gefühlt! Endlich sah ich am Fenster, wie er sein Auto parkte. Er kramte in seinem Kofferraum herum, zog eine Flasche Sekt, eine Schüssel und einen Kassettenrekorder hervor. Er klemmte sich alles unter den Arm und ich stürzte zur Tür.

„Hallo Kleines! Schön, dass das alles geklappt hat. Ich hoffe, es gab keinen Ärger zu Hause."

„Nein, alles ok!"

„Ich hab uns ein bisschen was mitgebracht! Sekt und Musik. Damit wir nicht hungern müssen, habe ich heute Nachmittag Tzatziki gemacht. Ich hoffe, er schmeckt dir."

Tzatziki? Er wollte Tzatziki essen? Ich wollte lieber ihn essen! Nachdem er die Musik ans Laufen gebracht hatte, goss er uns zwei Gläser ein und prostete mir zu: „Auf einen wundervollen, ruhigen Abend!"

Ich prostete mit, doch im Stillen wollte ich von einem ruhigen Abend nichts wissen.

Ich war so heiß auf ihn! Eng saß ich neben ihm auf der Couch und hatte nur den Wunsch endlich mit ihm zu schlafen.

„Ich habe Badewasser eingelassen."

„Lieb von dir! Aber ich komme gerade unter der Dusche weg."

„Das ist ein Whirlpool! Darin kann man wunderbar entspannen."

„Ja, das glaube ich! Ich kann mir nichts vorstellen, was mich mehr entspannt, als hier mit dir zu sitzen und Musik zu hören."

Dieser Mann war unglaublich.

Er hielt mich einfach im Arm, fütterte mich mit Tzatziki und schlürfte den Sekt. Ich drängte mich enger an ihn und hoffte, dass er mein Begehren merken würde. Er reagierte nicht. Zwar küsste er mich dann und wann, aber mehr kam von ihm nicht. Ich war dem Verzweifeln nah. Der Sekt war schon fast leer und die Stimmung immer noch nicht umgeschlagen.

„Hast du noch eine Flasche?"

„Nein, leider nicht."

„Ich besorge uns was", sagte ich und schon war ich auf dem Flur. Mein Freier schaute mich ziemlich dumm an, als ich bei ihm klingelte und nach einer Flasche Sekt fragte. Gott sei Dank hatte er welchen da und gab ihn mir mit einem zwinkernden Auge.

Auch diese Flasche neigte sich dem Ende zu und nichts war zwischen uns geschehen. Die Uhr zeigte schon fast zwei. Wir redeten, hielten uns bei den Händen und mir wurde klar, dass sich nichts ereignen würde, wenn ich nicht die Initiative ergriff. Vom Sekt beschwipst und dadurch mutig gab ich vor, dass mir heiß war. Noch ehe ich seine Reaktion abgewartet hatte, zog ich mir die Bluse über den Kopf. Zum Vorschein kam mein rotes Hemdchen mit schwarzer Spitze. Stolz präsentierte ich meinen

Busen, der sich schön gestützt durch den roten BH üppig aus dem Hemd vorstreckte. Tom reagierte kaum.

War ich denn zu dumm einen Mann zu verführen? Das konnte nicht wahr sein! Jahrelang arbeitete ich als Hure und nun bekam ich den Mann nicht ins Bett, den ich unbedingt haben wollte?

Ich zog meine Jeans auch noch aus.

Das hatte dann doch eine Wirkung und ich spürte, wie Tom nervös wurde. Ich küsste ihn leidenschaftlich, ließ meine Hände unter sein Hemd gleiten und drückte meinen halb nackten Körper gegen ihn. Von diesem Moment an ging es rund. Tom riss sich die Klamotten vom Leib. Endlich hatte ich ihn dort, wo ich ihn haben wollte. Wie zwei hungrige Tiere fielen wir übereinander her.

Im Anschluss streichelte er mich sanft und überschüttete mich mit Zärtlichkeiten.

Es dauerte nicht lange, da schliefen wir noch einmal miteinander. Langsam und weich, wie es zwei Verliebte tun.

Ich hatte die Zeit vergessen und so war ich total erschrocken, als ich beim Blick aus dem Fenster feststellte, dass es hell wurde.

„Ich muss nach Hause. Sven wird sonst Verdacht schöpfen."

Tom zog sich an, ohne ein Wort zu sagen. Ich war verunsichert.

„Alles ok mit dir?", fragte ich ihn.

Er hielt inne und schaute mich an.

„Tina. Das habe ich nicht gewollt. Ich wollte einfach nur ein bisschen mit dir allein sein. Reden, Musik hören. Ich habe an Sex nicht gedacht."

Mein Hochgefühl fiel sofort in den Keller.

„Bereust du es?"

„Das kann ich dir noch nicht sagen."

Mein Leben war ein schlechter Scherz.

Wir trennten uns vorm Hotel, dann fuhr jeder allein nach Hause.

Sven schlief tief und fest, als ich die Wohnung betrat. Ich zog mich leise aus und legte mich zu ihm.

Am nächsten Tag bekam ich eine SMS von Tom:
„Verzeih, Tina. Aber ich kann das nicht", war alles, was er geschrieben hatte. Ich hatte schon damit gerechnet. Auf dem Weg nach Hause kaufte ich mir das erste Mal seit langer Zeit eine Flasche Wodka und leerte sie bis auf den letzten Tropfen. Schon nach der Hälfte der Flasche ging mein Bewusstsein unter und an den Rest der Nacht konnte ich mich nicht erinnern.

Sven brachte mir morgens einen Kaffee ans Bett und sagte: „So leidenschaftlich habe ich dich lange nicht mehr erlebt."
Ich schämte mich entsetzlich.
Gegen Mittag piepte mein Handy und zeigte mir an, dass eine SMS eingegangen war.
„Ich hoffe, du hast wieder einen klaren Kopf und dir geht es nicht allzu schlecht. Liebe Grüße, Tom."
Woher wusste er, dass ich gesoffen hatte?
Ich ahnte Schreckliches und überprüfte meinen SMS-Ausgang. Oh Gott! Was hatte ich getan? Über 20 SMS hatte ich Tom in meinem betrunkenen Zustand geschickt.
Von „ich liebe dich", bis „bitte lass es so nicht enden", war alles dabei. Einige konnte ich nicht mehr entziffern, denn die Wörter ergaben irgendwann keinen Sinn mehr.
Nun wollte ich nur noch im Erdboden versinken. Dennoch schrieb ich ihm, dass es mir, bis auf den dicken Kopf, gut ging.
Ich war froh, dass ich an diesem Tag nicht arbeiten musste. Also blieb ich im Bett und versuchte den Tag irgendwie zu überstehen. Mir tat das Herz weh, wenn ich an das Erlebnis mit Tom und dann an den rasanten Wechsel dachte. Ich war verliebt in einen Mann, der mich nicht wollte. Mein zerschlagenes Selbstbewusstsein litt furchtbar. Anderseits konnte ich nur allzu gut verstehen, warum Tom sich nicht auf mich einließ. Wäre ich Mann gewesen, hätte ich das auch nicht getan.

Montags ging ich wie gewohnt meinem Trott nach. Es fiel mir doppelt schwer nett zu den Freiern zu sein, denn ich hätte mich am liebsten verkrochen und den ganzen Tag geweint. Abends, kurz vor Feierabend, kam eine SMS.
„Gleiche Stelle? Gleiche Zeit?"
Mein Herz machte einen Satz. Plötzlich war all die Traurigkeit verflogen. Ich war eine halbe Stunde vor der verabredeten Zeit in der Kneipe. Tom war schon da. Er tat, als sei überhaupt nichts geschehen, küsste mich und hielt mit mir Händchen. Ich war verwirrt, aber unendlich glücklich.
Jeden Tag trafen wir uns, und als das Wochenende nahte, fragte Tom mich, ob ich nochmal das Hotelzimmer buchen könnte. Ja, ich konnte!
Es war eine ebenso berauschende Nacht wie die erste. Ab da hatten wir eine richtige Affäre.

Zu Hause ließ ich mir nichts anmerken. Was sollte sich groß ändern, wenn ich Sven reinen Wein einschenkte? Tom würde seine Frau nicht verlassen und wenn sie aus der Kur wiederkam, wäre der Spaß eh´ vorbei. Dumm war nur, dass jeder Moment, den ich mit Tom verbrachte, mich immer tiefer in seinen Bann zog. Mein Herz stand in Flammen.
Aber irgendwann waren die sechs Wochen um und es war Zeit Abschied zu nehmen.
Ich wusste, wir hatten noch 24 Stunden, bis Toms Ehefrau zu Hause sein würde und ich war mir sicher, dass dann endgültig Schluss war. Ich wollte erneut das Zimmer für diesen letzten Abend buchen, aber leider war es belegt und so trafen wir uns in unserer Stammkneipe. Wir beide tranken viel zu viel. Jeder von uns wusste im Stillen, wie es heute enden würde, aber keiner sprach es aus. Als der Abend schon recht fortgeschritten war, raunte mir Tom ins Ohr: „Ich will dich noch einmal spüren!"
Obwohl wir das ein oder andere Mal Sex im Auto hatten, kam es an diesem Tag nicht in Frage.

Unser Alkoholspiegel ließ nicht zu, dass sich einer von uns ans Steuer setzte.

Kurzerhand bestellte Tom ein Taxi und fuhr mit mir in seine Wohnung. Er hatte mich bis zu diesem Tag nie in sein Reich mitgenommen und immer betont, dass das auf keinen Fall ginge. Es schien ihm genauso schwerzufallen mich loszulassen wie mir.

Die Wohnung war nüchtern eingerichtet, fast schon steril. Ein paar Blumen auf der Fensterbank konnten auch nicht dafür sorgen, dass es gemütlicher wirkte. Die Küche sah aus, als ob sie nie benutzt wurde und selbst das Kinderzimmer zeigte kaum Leben.

„Deine Frau scheint aber wirklich sehr ordentlich zu sein."

„Das meiste mache ich hier."

Ich staunte nicht schlecht, denn das würde bedeuten, dass dieser Mann schon fast ordnungsfanatisch war. Ich war eher der Chaos-Typ, bei dem man unter keinen Umständen in die Schränke schauen durfte.

„Ist die Küche neu?"

„Nein, die ist über zehn Jahre alt. Aber wir kochen nicht. Meine Mutter kocht für uns."

Der helle Teppich im Wohnzimmer ließ auch nicht vermuten, dass dort irgendjemand lebte.

„Meine Mutter macht viel für uns. Sie wäscht, kocht und wenn wir es nicht schaffen, dann putzt sie auch noch die Wohnung. Wir sind beide berufstätig und da ist man für jede Hilfe dankbar. Sie nimmt häufig die Kleine. Ich arbeite oft sechzehn Stunden am Tag. Meine Frau hat einen anstrengenden Beruf und ist dabei viel auf den Beinen."

Er zeigte mir das Schlafzimmer. Auch hier wirkte alles kalt und steril. Ich kuschelte mich an ihn. Es war kein Wunder, dass dieser Mann Nähe brauchte. Würde ich in so einem Umfeld leben, ich würde erfrieren. Ich dachte an unsere vielen Unterhaltungen, wie sehr ihm körperliche Nähe fehlte und wie oft er den Zustand zu Hause bemängelte.

„Ich habe alles, Tina, und doch nichts", sagte er einmal und ich verstand, was er meinte.

Meine Hände krochen unter seinen Pullover.

„Nein, nicht hier!" Er schob mich aus dem Schlafzimmer ins Wohnzimmer. Einladend setzte ich mich auf die Couch.

„Nein, da geht es auch nicht!", sagte er und zog mich von der Couch runter. „Wir würden Spuren auf dem Bezug hinterlassen."

Meine Lust schwand so langsam dahin. Die ganze Wohnung sorgte dafür, dass ich ein beklemmendes Gefühl bekam. Seine Reaktionen taten ihr Übriges. Tom schien das anders zu sehen, denn er zog mich rasch aus. Ehe ich mich versah, hatte er mich umgedreht und war von hinten in mich eingedrungen. Mit eiserner Härte stieß er mich. Schon recht bald waren meine Knie wund vom Rutschen auf dem Teppich. Lust kam bei mir nicht auf. Seine ganze Art war mir in diesem Moment zuwider. Ohne jede Zärtlichkeit und Rücksicht trieb er seinen Höhepunkt voran. Als er fertig war, holte er schnell ein Papiertuch und wies mich an keine Flecken auf den Teppich zu machen. Ich ging ins Bad, um mich zu säubern. Als ich zurück ins Wohnzimmer kam, war er komplett angezogen. Er hatte ein Taxi für mich bestellt. Mir standen die Tränen in den Augen und ich hatte selbst nur noch den Wunsch hier zu verschwinden. Schnell schlüpfte ich in meine Sachen, küsste ihn flüchtig und stürzte ins Freie. Das Taxi stand schon vor der Tür. Ohne mich umzublicken fuhr ich nach Hause.

Vorbei. Es war vorbei und er hatte es mich genau spüren lassen. Unaufhaltsam rollten meine Tränen.

Sven war noch wach, als ich die Wohnungstür aufschloss. Ein Blick von ihm und er wusste genau, dass etwas Entscheidendes geschehen war.

Er kochte mir einen Kaffee, setzte sich zu mir und eine ganze Weile sprachen wir beide kein Wort.

Ich weinte.

„Willst du mir erzählen, was passiert ist?", fragte Sven zärtlich.

Erst wollte ich den Kopf schütteln, aber dann strömten die Worte aus meinem Mund und ich war nicht in der Lage sie zu stoppen. Ich erzählte ihm alles, vom Anfang bis zum Ende.

Sven unterbrach mich nicht und hörte schweigend zu. Erst als ich am Ende angekommen war, sagte er: „Tina, er hat dich von Anfang an benutzt. Glaube mir, er hat nicht einen Moment daran gedacht mit dir etwas Richtiges anzufangen! So ein Typ verlässt seine Welt nicht! Er ist ein Feigling und hat sich deine Gefühle zu Nutze gemacht!"

Ich war nicht in der Lage etwas darauf zu erwidern. Im Stillen wusste ich, Sven hatte Recht. Diese Art Mann passte nicht zu mir und meinem Leben. Er stand im Dienst der Öffentlichkeit und hatte ein gutes Ansehen. Was sollte er mit einer Hure? Sein Leben verlief genau nach Plan und alles darin war gut sortiert. Ich war nur eine willkommene Abwechslung.

„Niemand liebt dich so wie ich!", betonte Sven. Dabei drückte er mich fest an sich. „Ich würde dich nie verlassen, Tina! Ich bin der einzige Mann, der dich nehmen kann wie du bist!"

Ja, es stimmte. Trotz aller Schwierigkeiten war er immer noch da. Dankbar legte ich meinen Arm um ihn.

„Der Albtraum ist nun vorbei. Versuch es zu vergessen! Dein Platz ist hier bei uns", sagte er zärtlich.

Ich war müde und erschöpft. Sven half mir beim Ausziehen. Zusammen krochen wir unter die Bettdecke und sanft streichelte er mich in den Schlaf.

Der nächste Tag kam mit der grausamen Erinnerung, dass ich Tom verloren hatte. Obwohl ich mich nicht danach fühlte, fuhr ich in den Laden. Ich wollte allein sein. Die Klingel stellte ich ab, denn Freier empfangen konnte ich in diesem Zustand nicht. Den ganzen Tag weinte ich - um eine verlorene Liebe, um ein verkorkstes Leben und alles erschien mir so sinnlos.

„Jetzt holt er sie vom Bahnhof ab", dachte ich und mein Herz krampfte sich zusammen.

„Nun sitzen sie gemeinschaftlich beim Abendessen."
Die Gedanken quälten mich immer weiter.
Um 19 Uhr klingelte mein Handy. Tom ruft an, stand auf dem Display. Ich konnte es nicht glauben!
„Hallo Kleines", begrüßte er mich. „Bist du die Nacht noch gut nach Hause gekommen? War ja nicht so toll der Abschied und du hast dich nicht mal umgedreht, als du gegangen bist."
Wie sprach er mit mir? War seine Frau gerade im Keller?
„Wo bist du?", brachte ich heraus.
„Ich bin bei meinen Eltern."
„Was machst du bei deinen Eltern?"
„Ich wohne jetzt eine Weile hier."
Ich dachte, ich höre nicht richtig!
„Warum wohnst du jetzt eine Weile bei deinen Eltern?"
„Ich bin ausgezogen, Tina. Ich habe mich von meiner Frau getrennt."

16.

Ich war sprachlos.

„Gleiche Zeit, gleiche Stelle?", fragte Tom mich.

„Ja, ich werde da sein."

Verstört schaute ich das Telefon an.

Er hatte sich getrennt. Das war unglaublich. Seine Frau kam aus der Kur und er zog einfach aus! Ich wusste nicht genau, was ich davon halten sollte. Sicher würde er mir später alles erklären.

Doch er erklärte gar nichts. Als ich ihn in der Kneipe traf, benahm er sich wie die Wochen zuvor. Mit keinem Wort erwähnte er seine Trennung. Mir lagen die vielen Fragen auf der Zunge, und als er nach zwei Stunden immer noch nichts erzählte, fragte ich ihn.

„Warum bist du ausgezogen?"

„Weil das Leben, das ich führte, falsch war."

„Aber du liebst deine Frau!"

„Ich dachte, ich liebe meine Frau! Die Wahrheit ist, da war nichts als Gewohnheit. Als ich sie heute vom Bahnhof abgeholt habe, wusste ich, dass es schon lange keine Liebe mehr ist."

„Und deine Tochter?"

„Ich kann sie sehen, wann immer ich will."

Ich konnte es immer noch kaum glauben.

„Du hast sie vom Bahnhof abgeholt und ihr gleich gesagt, dass du dich trennst?"

„Nein, wir sind erst nach Hause gefahren. Dort haben wir angefangen Abendbrot zu essen. Dabei saß ich ihr gegenüber und habe sie angeschaut. Und plötzlich wusste ich, dass es vorbei war. Ich bin aufgestanden, ins Schlafzimmer gegangen und habe meine Sachen gepackt."

„Was hat sie gesagt?"

„Was machst du da, hat sie mich gefragt. Ich habe gesagt, ich packe. Warum hat sie mich gefragt. Weil ich mich trenne, habe ich ihr geantwortet. Sie ist zurück an den Tisch gegangen und hat weiter gegessen."

Ich war sprachlos.

Wie war es möglich, dass eine Ehe so auseinandergehen konnte? So viel Emotionslosigkeit war für mich nicht nachvollziehbar. Mir wollten so gar keine Worte einfallen. Dann schoss mir ein Gedanke durch den Kopf. Erwartete Tom nun von mir, dass ich meine Ehe auch einfach so mir nichts dir nichts wegschmiss?

„Hey, alles ok?", riss mich Tom aus meinen Gedanken.

„Ja, aber ich bin ein bisschen fassungslos."

„Warum? Meine Ehe hat sicher viel länger einen Knacks, als ich es mir denke! Wenn sie in Ordnung gewesen wäre, dann hätte ich mich niemals auf dich einlassen können."

„Vielleicht hast du damit Recht. Aber ich bin ein bisschen erstaunt, dass du diese Entscheidung so schnell und erbarmungslos getroffen hast. Deine Frau hatte keine Gelegenheit darauf zu reagieren. Du hast ihr keine Chance gelassen."

„Meine Frau hat mir all die Jahre keine Chance gelassen und ich hatte nicht einmal die Möglichkeit ein Gespräch mit ihr zu führen. Jeder Satz wurde schon im Ansatz erstickt. Es galten ihre Regeln und fertig. Ich war immer nur der Kerl, der die Kohle nach Hause geschafft und ihr ein bequemes Leben ermöglicht hat. Du irrst, Tina, wenn du glaubst, dass sie keine Chance hatte. Ich hatte bis zu dem Tag, als ich dich getroffen habe, nicht mal gewusst, wie unglücklich ich war! Sie hat es sogar geschafft, mir jeden Tag einzureden, dass ich zufrieden sein müsste. Jetzt ist es vorbei und das ist gut so."

Seine Worte klangen hart und bitter.

Mir war klar, ich konnte mir nicht wirklich eine Meinung bilden und sagte nichts mehr dazu.

In meiner Gefühlswelt brach ein Chaos aus.

Die Freude hätte doch riesig sein müssen, dachte ich.

Er war frei und interessierte sich noch für mich. Also warum setzte die Euphorie nicht ein? Aber alles, was ich spürte war Angst.

Tom schaute mir tief in die Augen. Dann kam der Satz, auf den ich lange hoffte und vor dem ich gleichzeitig so eine Panik hatte.

„Ich möchte mit dir zusammen sein, Tina."

„Ich möchte auch mit dir zusammen sein, Tom."

„Aber?"

Mir fielen nicht die richtigen Worte ein.

„Du brauchst Zeit und kannst das nicht so schnell wie ich? Ist es das, was dich quält?"

„Ja, ich glaube, damit liegst du richtig."

„Das ist kein Problem. Nimm dir die Zeit, die du brauchst!"

Tom strotze vor Verständnis.

Mir war klar, ich brauchte keine Zeit, um meine Trennung vorzubereiten. Ich brauchte Zeit, um herauszufinden, ob ich diesmal wirklich bereit war mich zu trennen.

„Du kommst spät!", empfing mich Sven.

Ich schaute zu Boden.

„Du hast dich wieder mit ihm getroffen."

Svens Worte waren fast emotionslos und ohne Vorwurf.

Ich wollte nicht lügen.

„Ja. Er hat sich von seiner Frau getrennt."

Sven sackte auf der Couch zusammen.

„Und nun willst du auch gehen?"

„Ich weiß es nicht!"

Ich hatte das Gefühl, jeder erwartete eine Entscheidung von mir und ich fühlte mich überrannt. Die ganzen Ereignisse der letzten Wochen setzten mir zu und ich wusste nicht mehr, wo ich hingehörte.

Plötzlich blieb mir die Luft weg und ich wollte nur noch aus der Wohnung raus. Ich nahm meine Handtasche und Sven machte keine Anstalten mich aufzuhalten.

Rastlos fuhr ich durch die Straßen, hörte die Musik, die ich in den Nächten mit Tom gehört hatte und wusste nicht wohin. Irgendwann fand ich mich in der Straße wieder, wo wir gewohnt hatten, als alles angefangen hatte. Bei Claudia brannte noch Licht und so schellte ich.

„Hey, was machst du denn mitten in der Nacht hier?", begrüßte sie mich.

„Kann ich mit dir reden?"

„Ja, klar! Du weißt doch, ich bin immer für dich da."

Ich erzählte ihr von all dem, was sich in den letzten Wochen zugetragen hatte und sie hörte schweigend zu.

„Du wirst dich entscheiden müssen, selbst wenn es noch so hart ist. Es nutzt dir auch nichts, wenn du diese Entscheidung endlos hinauszögerst."

Ja, das wusste ich. Dennoch tat es mir gut, mir alles von der Seele zu reden.

„Das Leben ist schon gemein, Tina. Du hast zwei Männer, ich hab keinen", schmunzelte Claudia.

„Gib mir doch einfach einen ab, dann sind wir beide zufrieden."

Ihren Witz hatte sie nicht verloren, obwohl sie schon so lange allein war.

Es war fast Morgen, als ich wieder zu Hause war. Sven saß immer noch genauso auf der Couch, wie ich ihn verlassen hatte.

„Nein, ich war nicht bei ihm", sagte ich, bevor er reagieren konnte. „Ich war bei Claudia. Bitte Sven. Gib mir ein bisschen Zeit, dass ich mir über meine Gefühle klar werden kann."

Er nickte nur und in seinen Augen standen Tränen.

Zwei Wochen vergingen, ohne dass ich auch nur annähernd wusste, was ich tun sollte.

Sven benahm sich wie ein liebender Ehemann und kümmerte sich rührend um mich. Alles war plötzlich wie weggeblasen.

Kein Fußballspiel war mehr wichtig und die Playstation blieb aus. Er erzeugte so eine Harmonie, dass es mir schon unangenehm wurde. Ich traf mich jeden Tag mit Tom. Manchmal kam ich erst morgens nach Hause. Sven machte mir keine Vorwürfe. An einem Abend legte mir Tom einen Zeitungsausschnitt vor:

Vier Zimmer-Wohnung,
KB plus Balkon und Garage
580 DM KM

Mir war klar, jetzt war der Tag der Entscheidung da.
„Die Miete ist erschwinglich und du könntest deinen Job aufgeben. Mein Anwalt hat ausgerechnet, was ich an Unterhalt bezahlen muss. Es bleibt nicht viel, aber wenn du dir einen Teilzeit-Job suchst, bekommen wir das hin."
Und dann war es plötzlich klar.
Ja, das würden wir hinbekommen und ich wollte genau das!
„Wie erkläre ich es Sven?"
Ich hatte solche Angst davor.
„Ich lasse dich nicht allein. Wenn du willst, komme ich mit!"
Ich war unsicher. Ich wusste, die Entscheidung war gefallen. Genauso wusste ich, dass ich es niemals allein durchstehen konnte, mich von Sven endgültig zu trennen.
„Ich brauche dich. Allein schaffe ich das niemals."
Tom schaute mich an.
„Ich bin bei dir, Kleines! Wann immer du mich brauchst! Ich bin bei dir!"
Er nahm meine Hand und zusammen gingen wir los, um mein Leben zu verändern.

„Das kann nicht wahr sein!", empfing uns Sven. „Du wagst es hier mit diesem Typen aufzutauchen?"
Hinter all seiner Wut spürte ich eine tiefe Traurigkeit.
„Es ist vorbei", sagte ich ruhig und Tom drückte meine Hand sacht, um mich zu bestätigen.
„Vorbei? Was ist vorbei? Du willst mich austauschen gegen diesen Willi? - diesen Schönling, der nicht mal weiß, wie man

Leben schreibt? - dieser Typ, der sich einbildet, er würde dich kennen? Nein, Tina! Es ist noch lange nicht vorbei! Niemals!"

Sven setzte sich erschöpft auf die Couch, als ob seine Worte ihm alle Kraft geraubt hätten.

„Du solltest sie ernst nehmen und es endlich verstehen! Sie möchte ein Leben mit mir! Du hattest deine Chance!"

Tom funkelte Sven an.

„Was bildest du dir ein! Du Lackaffe! Glaubst du wirklich, dass du sie verstehen kannst? Ihren Ansprüchen gerecht werden kannst? Was weißt du schon von ihrer Welt? Von ihren Bedürfnissen? Hau ab! Geh zurück zu deinesgleichen! Zerstöre hier keine Ehe!"

„Ich möchte mich nicht wiederholen. Du hattest deine Chance! Und du hast sie vertan. Glaubst du tatsächlich, dass du etwas ändern kannst, wenn du nun eine Szene machst? Kapier endlich! Es ist vorbei!"

Noch mitten im Satz zog mich Tom Richtung Wohnungstür. Ehe Sven noch etwas sagen konnte, standen wir auf der Straße.

„Komm mit mir. Bleib die Nacht nicht hier!"

Sanft schob mich Tom in sein Auto und wir fuhren zu seinen Eltern. Unterwegs sprachen wir nicht viel.

„Sei leise! Sie schlafen schon eine Weile und werden nicht mitbekommen, dass du da bist", flüsterte Tom, als er mich durch die Wohnung und dann in das kleine Zimmer schob, dass ihm seine Eltern zur Verfügung gestellt hatten.

Das Bett war winzig und ich konnte mir nicht vorstellen, dass man darauf zu zweit schlafen konnte.

Leise zog ich mich aus, schlüpfte unter die Bettdecke und wusste nicht so recht, wie mir geschah.

„Scht. Versuch zu schlafen", sagte Tom mit gedämpfter Stimme. „Morgen ist ein neuer Tag. Dann sieht alles nicht mehr so schlimm aus!"

Eng legte er sich neben mich, umschlang mich mit beiden Armen und hielt mich so fest, als ob er mich nie mehr loslassen wollte. Es dauerte nicht lange, da war er eingeschlafen.

Ich aber quälte mich mit dem Gedanken, ob das wirklich der richtige Weg war.

Als die Sonne schon ihre ersten Strahlen über die Erde schickte, schlief auch ich ein. Tom hielt mich immer noch fest in seinen Armen.

„Das ist Tina. Sie ist an meiner Seite und wird mein Leben bereichern."

Toms Mutter staunte nicht schlecht, als eine fremde Frau am Frühstückstisch saß. Ich war noch verschlafen, als Tom mich in die Küche bugsierte.

Seine Mutter reagierte gelassen, nicht übermäßig freundlich, aber immerhin warf sie mich nicht gleich aus der Wohnung.

Wortkarg verbrachten wir das Frühstück und unmittelbar danach hatte Tom es eilig, die elterliche Wohnung zu verlassen.

„Wir haben einen Termin! Da dürfen wir nicht zu spät kommen!"

Ich war viel zu verdattert, um Fragen zu stellen. Ich gerade mal drei Stunden geschlafen und mein Gehirn war noch nicht richtig wach.

„Perfekt ist das nicht, aber die Verbindungen sind gut."

Tom fuhr die Straße mehrmals auf und ab, parkte dann vor einem vierstöckigen Haus.

„Es ist Dachgeschoss! Das sind zwar viele Stufen, doch von oben hat man sicher einen guten Blick über die Stadt."

Jetzt erst verstand ich, dass wir bei einer Wohnungsbesichtigung waren.

Das Haus war kalt und erstaunlich still, obwohl es mitten in der Stadt und ganz in der Nähe vom Bahnhof lag. An der Haustür empfing uns der Vermieter und führte uns in eine helle, freundliche Wohnung. Ein großer Balkon umrandete sie fast vollständig. Über die Dächer konnte man nicht blicken. Stattdessen türmten sich ringsherum nur Häuserwände auf, die jede Sicht behinderten.

„Schau mal Tina! Vier Zimmer! Alle sind groß genug!", freute sich Tom. Ich sah die Zimmer und groß waren sie in der Tat, doch die Aufteilung war ungünstig. Man musste durch das Wohnzimmer, um zu den anderen Zimmer zu gelangen.

„In diesem Haus ist Ruhe das oberste Gebot! Müll können Sie nur in der Zeit von 10 bis 19 Uhr in die dafür vorgesehenen Behälter bringen! Die Kaution beträgt tausend Mark! Ratenzahlung ist nicht möglich. Sie können sofort einziehen!", sagte der Vermieter.

Super, dachte ich, mit zwei Kindern Ruhe halten. Wie sollte das gehen?

„Wie Sie sagten, sind Sie im öffentlichen Dienst? Dann dürfte die Miete für Sie erschwinglich sein", redete der Vermieter weiter. „Warm kommen Sie auf etwa achthundert."

Sven nickte nur und schien hell begeistert zu sein. Mir erschien die Wohnung viel zu kalt und steril.

Als wir wieder draußen standen, strahlte Tom über das ganze Gesicht. Ich wollte keinen Schatten darauf werfen, aber mir war nicht ganz klar, wie ich meine Zweifel anbringen sollte, ohne ihm seine Freude zu trüben.

Achthundert Mark waren viel Geld und ich wusste, dass Tom von seinem Einkommen gerade tausendzweihundert bleiben würden. Nahmen wir diese Wohnung, konnte ich meinen Job nicht aufgeben. Als ob Tom meine Gedanken las, ging er sofort auf dieses Thema ein, ehe ich auch nur ein Wort sagen konnte.

„Ich habe einen Job für dich gefunden! Hier! Schau mal!"

Er hielt mir eine Anzeige aus der Zeitung unter die Nase.

Ein großer Betrieb suchte eine Dame für die Kundenbetreuung.

Was sollte ich mit so einem Job? Ich hatte nie zuvor in einer Kundenbetreuung gearbeitet!

„Ach komm! Das kann doch jeder!", widersprach Tom meinen Bedenken.

„Hallo? Die suchen Fachkräfte! Ich habe keine Ahnung!"

Tom wiegelte einfach ab.

„Schreib eine Bewerbung und fertig. Dann werden wir sehen, was passiert!"

„Super! Was soll ich denn reinschreiben? In den letzten Jahren habe ich mich ausschließlich um das Befinden der sexuell ausgehungerten Ehemänner gekümmert?"

Tom sah mich entsetzt an.

„Oder wäre es dir lieber, wenn ich schreiben würde: Als stadtbekannte Hure kenne ich sicher einige Ihrer Kunden?"

Ich war wütend, fühlte mich hintergangen und überfordert.

Tom sagte nichts mehr.

„Fahr mich nach Hause! Ich muss nach den Kindern schauen und die Arbeit wartet auf mich!"

Ohne ein Wort ließ er mich zu Hause raus.

Ich konnte mir mein Verhalten nicht erklären. Sollte ich nicht dankbar sein, dass Tom Zukunftsperspektiven suchte? Mich nicht freuen, dass er mit mir leben wollte und alles dafür tat, was möglich war? Ich verstand mich selbst nicht mehr. Aufgebracht ging ich in die Wohnung. Sven empfing mich gebührend.

„Na, heimgekehrt von einer durchgefickten Nacht?"

„Lass mich in Ruhe!", knurrte ich.

„Ach? Du meinst, so einfach ist das? Du kommst hier her, dein Freier erklärt mir, dass es vorbei ist, die gnädige Dame bleibt die ganze Nacht weg und am nächsten Tag ist der Idiot immer noch da?"

Ich ging ins Bad und knallte die Tür zu.

„Du bist ein mieses Stück Dreck!", schrie Sven durch die geschlossene Tür. „Eine billige Hure, die glaubt, einen tollen Fisch an der Angel zu haben! Berechnend und eiskalt!"

Ich duschte und ließ ihn toben.

Auch nach einer halben Stunde im Bad schimpfte Sven weiter. Ohne auf seine Worte einzugehen, zog ich mir frische Klamotten an und verließ die Wohnung, um zu meiner Arbeit zu fahren. Sven hielt mich nicht auf.

Es dauerte ein paar Stunden, bis ich meine Gedanken und Gefühle sortiert hatte. Dann schrieb ich Tom eine Nachricht:
„Sorry. War etwas überrollt! Aber ich freue mich, wenn wir die Wohnung nehmen würden."
Eine Antwort ließ nicht lange auf sich warten.
„Gleiche Zeit, gleiche Stelle?"
„Ja, werde da sein!"

„Ich habe keine Ahnung, wie ich eine Bewerbung schreiben soll", erklärte ich Tom, nachdem wir uns ein Bier in unserer Lieblingskneipe bestellt hatten.
„Ich weiß sehr wohl, wie man so was macht, aber ich habe keine Ahnung, wie ich meine Lücken ausfüllen soll. Ich habe keine abgeschlossene Ausbildung, mein Hauptschulabschluss ist nicht gerade gut und in den ganzen Jahren bin ich nicht einem vernünftigen Job nachgegangen. Damit brauche ich mich doch gar nicht erst zu bewerben."
Tom verstand meine Einwände und wollte trotzdem, dass ich es versuche.
„Schreib doch einfach, dass du sehr lange selbstständig warst, was ja nun auch nicht gelogen ist. Sicher fällt dir etwas ein."
Ich wollte an diesem Abend nicht nach Hause gehen. Es würde nur wieder zu Auseinandersetzungen kommen und ich hatte keine Kraft Sven die Stirn zu bieten. So fuhr ich mit Tom zu seinen Eltern und blieb auch diese Nacht dort.
Am Morgen erwachte ich und war allein im Zimmer. Auf dem Tisch lag ein kleiner Zettel mit einem großen Herzen bemalt. Tina und Tom, stand darauf geschrieben, darunter: Bin Brötchen holen.
Ich wollte das Zimmer nicht verlassen, denn allein zu sein mit seiner Mutter empfand ich als unerträglich. Ich schnappte mir die Zeitung, die neben dem Zettel lag und blätterte sie durch. Auf der Immobilienseite waren diverse Wohnungen angekreuzt. Ich lächelte still in mich hinein und freute mich, dass Tom noch weitersuchte. Bei näherem Betrachten blieb mir

jedoch das Herz fast stehen. Da waren keine großen Wohnungen angekreuzt! Die waren alle nur ein bis zwei Zimmer groß und bei einer stand darüber gekritzelt: Morgen 16 Uhr. Mein Herz überschlug sich und meine Gedanken rasten. Er meinte nicht, was er sagte! In Wirklichkeit suchte er für sich eine Bleibe! Schnell packte ich meine Sachen und verließ fluchtartig das Haus. Seine Mutter schaute mir verblüfft nach, als ich die Haustür krachend ins Schloss fallen ließ.

Ich fuhr eine Stunde sinnlos durch die Gegend. Unfähig die Zusammenhänge zu verstehen, ging ich nicht ans Telefon, obwohl ich sah, dass Tom dreimal angerufen hatte. Ich wollte nicht mit ihm reden, keine sinnlosen Erklärungen hören. Es war alles eine große Lüge. Dessen war ich mir inzwischen sicher. Wütend und traurig zugleich fuhr ich nach Hause.

Sven empfing mich mit seinen üblichen Vorwürfen. Aber schon bald sah er, dass etwas nicht stimmte. Dieser Mann kannte mich genau. Sofort schwang seine Stimmung um und seine Vorwürfe hörten auf.

„Was ist passiert?", fragte er mich.

„Nichts. Lass mich einfach in Ruhe!"

„Rede mit mir! Ich sehe doch, dass es dir nicht gut geht!"

Zärtlich legte er den Arm um meine Schultern und zog mich an sich. Das brachte das Fass zum Überlaufen und unter Tränen erzählte ich ihm, was ich vorgefunden hatte.

„Vielleicht soll es einfach so nicht sein, Tina! Wir gehören zusammen und sicher finden wir Lösungen! Dieser Typ ist ein Blender! Bitte glaub mir doch!"

Ich war durcheinander. Hatte ich mich denn so sehr geirrt? All die Gefühle, die zwischen uns waren, sollten am Ende nur eingebildet gewesen sein?

Sven küsste mich innig und zog mich auf die Couch.

„Wir gehören zusammen!", murmelte er, während er mich auszog. Ich ließ es geschehen. Alles in mir war wie tot und es spielte keine Rolle, was da geschah. Meine Seele hatte sich längst ausgeklinkt.

Den ganzen Tag ignorierte ich das Telefon. Ich wusste, es waren mehrere SMS eingegangen und es klingelte regelmäßig einmal in der Stunde. Ich fühlte mich nicht in der Lage mit Tom zu reden. Ich wollte nicht wissen, was er geschrieben hatte, keine seiner Ausreden lesen. Dennoch konnte ich mich nicht den Rest meines Lebens davor verstecken und so nahm ich beim nächsten Klingeln das Telefonat an.
„Mensch, Tina! Ich habe mir totale Sorgen gemacht! Warum bist du einfach abgehauen? Ist etwas passiert?"
Mir schossen sofort Tränen in die Augen. Tränen der Wut, der Enttäuschung.
„Was willst du von mir?", brüllte ich in den Hörer.
„Was ist denn nur los mit dir? Warum schreist du mich an?"
„Verschwinde einfach! Du bist ein Lügner!"
„Bist du verrückt geworden? Warum bin ich ein Lügner? Gestern Abend war die Welt noch in Ordnung. Dann komme ich vom Brötchenholen wieder und du bist weg! Gehst nicht ans Telefon und jetzt beschimpfst du mich? Denkst du nicht, das erfordert eine Erklärung? Was in aller Welt habe ich dir denn getan?"
„Du willst nicht mit mir leben! Du hast nicht im Ernst daran gedacht eine Wohnung für uns zu suchen! Spar dir all deine tollen Worte und lass mich in Ruhe!"
Ich legte den Hörer auf und versuchte mich zu beruhigen. Es war vorbei, ehe es richtig angefangen hatte. Was hatte ich schon verloren? Nichts außer einer Illusion.
Sven nahm mich behutsam in den Arm.
„Alles wird wieder gut. Ich kann mich ändern! Du kannst dich ändern! Du wirst sehen, wir schaffen das!"
Für einen Moment wollte ich ihm glauben. Für einen Moment wollte ich einfach nur, dass meine Welt etwas war, was ich

begreifen konnte. Mein Handy piepte - eine SMS. „Ich stehe unten. Bitte komm runter. Lass uns reden."

Tom hatte sich also die Mühe gemacht sofort zu mir zu kommen. Ich verstand das alles nicht.

„Ich muss weg", sagte ich zu Sven.

„Bitte geh nicht, Tina!"

„Ich muss!"

Sven hielt mich nicht auf.

„Steig ein, wir fahren ein Stück."

Tom hielt mir die Autotür auf.

„Ich will aber nicht fahren!", fauchte ich ihn an.

„Willst du mir hier eine Szene auf offener Straße machen? Sei vernünftig und steig in den Wagen!"

Ich zögerte.

„Ich habe dich nicht gebeten zu kommen!"

„Tina! Lass uns wie zwei erwachsene Menschen miteinander reden! Bitte steig in den Wagen!"

Trotzig stieg ich ein.

Tom fuhr zum Wald und parkte an einer einsamen Stelle.

„Also, was ist passiert?" Tom schaute mich ratlos an.

Ich konnte die Tränen nicht zurückhalten.

„Du hast gesagt, dass wir eine Wohnung zusammennehmen", schluchzte ich. „Aber in Wahrheit suchst du eine für dich allein!"

„Ich habe mir beide Möglichkeiten offengehalten!"

„Warum? Wolltest du in beiden Wohnungen leben?"

Tom sah betroffen aus.

„Für mich kommt das auch alles zu schnell! Mein Leben steht genauso Kopf wie deines! Glaubst du, ich stecke das alles so weg?"

„Wie kann ich etwas anderes wissen, wenn du mich nicht aufklärst? Mit mir nicht über deine Gefühle redest?"

„Das ist nicht so einfach für mich!"

„Toll! Denkst du, für mich ist es einfach, wenn ich nicht weiß, woran ich bin?"

Tom schwieg.

„Willst du nun mit mir und den Kindern leben oder nicht?"

Tom senkte den Kopf und betrachtete seine Schuhe.

„Also keine Antwort? Dann leck mich am Arsch!", brüllte ich und sprang aus dem Auto.

„Warte, Tina!"

Aber ich rannte davon.

Er setzte seinen Wagen in Gang und fuhr neben mir her.

„Steig ein! So hat das doch keinen Sinn!"

„Verschwinde! Hau ab! Verpiss dich einfach!"

Ich war total hysterisch und nicht Herr meiner Sinne.

Tom brauste davon.

Erschöpft ließ ich mich an den Straßenrand fallen.

Es war also wahr. Er wollte nur einen Teil von mir. Ich war nicht mehr als ein Paradiesvogel, der seinem langweiligen Leben einen Kick gab. Es fühlte sich an, als würde alles zerbrechen. Jede Hoffnung, jedes Gefühl, jeder zauberhafte Moment mit ihm schwand dahin.

Eine ganze Stunde saß ich dort und war unfähig einen klaren Gedanken zu fassen. Dann endlich rief ich Sven an und bat ihn, mich abzuholen.

Er brachte mich nach Hause, kochte mir einen Kaffee und ließ mir eine heiße Wanne ein.

„Alles wird wieder gut! Wir schaffen das!", flüsterte er, während er mir den Rücken einseifte.

Den ganzen Tag behandelte er mich wie ein rohes Ei. Ich weinte viel und er trocknete meine Tränen. So viel Liebe hatte er schon lange nicht mehr gezeigt. Abends streichelte er mich in den Schlaf und ich fragte mich, was all die Jahre falsch gelaufen war. Mit diesem Gedanken schlief ich ein.

Abrupt riss mich das Telefon aus meinen Träumen. Ich schaute auf die Uhr. Zwei Uhr. Sven lag friedlich neben mir und schnarchte. Ich sprang schnell aus dem Bett. Es war Tom.

Ich schlich in die Küche und schloss die Tür, um niemanden im Haus zu wecken.

„Was willst du?"

„Tina, ich ...". Er verstummte.

Ich wartete. Er schien es nicht zu schaffen, seinen Satz zu vollenden.

„Tom, was willst du?"

„Ich wollte deine Stimme hören."

Nun bemerkte ich, dass seine Zunge schwer war. Er hatte getrunken.

„Wo bist du?"

„Bei meinen Eltern."

„Du hast getrunken."

„Ja."

Ich wusste nicht mehr so recht, was ich sagen sollte.

So schwiegen wir beide eine ganze Weile.

„Bist du noch da?", fragte Tom.

„Ja."

„Das ist gut."

„Nein, nichts ist gut!"

„Ich weiß, du bist böse auf mich."

Er musste viel getrunken haben, denn ich konnte ihn kaum verstehen.

„Tom, was soll das? Du hast eine Entscheidung getroffen."

„Nein, habe ich nicht! Du hast eine Entscheidung getroffen!"

Sein Kopf schien noch zu funktionieren.

„Ja, weil du keine treffen wolltest!"

„Ich will nicht, dass es vorbei ist."

„Was soll das heißen?"

„Müssen wir denn gleich zusammenziehen?"

„Das war doch nicht meine Idee!"

In meinem Kopf meldete sich Svens Stimme: „Er möchte nur einen Teil von dir ..."

„Ich weiß nicht. Ich weiß im Moment gar nichts mehr!", sagte ich verzweifelt.

„Sehen wir uns morgen? Gleiche Zeit, gleiche Stelle?"

Ich legte, ohne seine Frage zu beantworten auf.

Sven war wach, als ich das Schlafzimmer betrat.
„Tu das nicht, Tina!"
„Was genau soll ich nicht tun?"
„Wende dich nicht wieder ab. Ich liebe und ich brauche dich."
Er zog mich in seine Arme.
„Bleib bei mir! Niemand wird dich lieben wie ich!"

Unfähig mich aus seiner Umarmung zu befreien, unfähig zu verstehen, was mit mir geschah, gab ich mich seinen Zärtlichkeiten hin.

Sven schlief danach zügig ein. Für mich war die Nacht gelaufen. Leise schlich ich mich aus der Wohnung und fuhr bis zum Sonnenaufgang Auto.

17.

So ging das nicht mehr weiter.
Ich musste für klare Verhältnisse sorgen. Nicht für die beiden Männer! Für mich! Ich musste mich endlich entscheiden, ob ich diese Ehe noch wollte, ganz unabhängig von Tom. Ich fuhr nach Hause und weckte Sven.
„Ich kann das alles nicht mehr! Ich werde noch verrückt!"
„Aber warum? War die letzten Tage nicht alles in Ordnung? Ich hatte nicht das Gefühl, dass du unglücklich warst."
Sven verstand das alles genauso wenig wie ich.
„Ich brauche eine Auszeit. Abstand. Ich muss selber erst einmal herausfinden, was ich will und wo ich mit meinen Gefühlen stehe. Ich werde mir eine Wohnung suchen. Und diese gottverdammte Bewerbung schreiben."
Sven schaute mich verdattert an.
„Was für eine Bewerbung?"
„Ach egal! Vergiss es! Ich brauche Abstand. Wenn du mich wirklich liebst, dann respektiere das bitte!"
Dieser Albtraum musste ein Ende haben.
„Wie du meinst", war alles, was er sagen konnte.

Ich hatte meine Entscheidung getroffen. Punkt. Und ich würde sie nun auch Tom deutlich machen.
Gestärkt durch Gedanken ging ich zu unserer Stammkneipe. Tom erwartete mich freudestrahlend mit den Worten: „Ich habe eine Überraschung für dich!"
Er legte den Mietvertrag der Wohnung, die wir uns angeschaut hatten auf den Tresen. Er war von beiden Parteien unterschrieben.
„Wir können in zwei Wochen einziehen!"
Das durfte alles nicht wahr sein.
„Freust du dich denn gar nicht?"

Tom schaute mich erstaunt an.

„Ja, doch. Sicher! Aber das muss sich erst mal setzen!"

Er strahlte über das ganze Gesicht.

„Wir müssen nur die Kaution zusammenbekommen und die erste Miete."

„Ja", erwiderte ich, „und neue Möbel. Oder nimmst du etwas von zu Hause mit?"

Toms Euphorie ließ nach.

„Nein. Ich fange bei null an. Meine Frau behält die Wohnung, die Konten, eigentlich alles."

„Gut, Sven behält auch alles und ich habe keinen Pfennig."

„Ich frage meine Eltern, ob sie mir einen Kredit geben."

Mit so etwas konnte ich nicht dienen.

„Du könntest dein Pferd verkaufen. Die Zeit dafür hast du sowieso nicht."

Ich schaute ihn fassungslos an.

„Das ist nicht dein Ernst."

„Es ist eine Möglichkeit. Manchmal muss man Opfer bringen, wenn man etwas Besseres möchte."

Ich wollte nicht wieder einen Streit vom Zaun brechen und schwieg. Verwirrt von den Ereignissen trank ich mein Bier.

„Ich fahr dann mal nach Hause. Ich muss meine Gedanken sortieren".

„Jetzt schon?", fragte Tom erstaunt.

„Ja. Ich glaube, da gibt es für mich einiges zu klären."

„Kommst du danach zu meinen Eltern?"

Ich nickte und machte mich auf den Weg.

„Ich habe eine Wohnung gefunden und ziehe in zwei Wochen aus."

Es machte keinen Sinn, lange um den heißen Brei zu reden und so eröffnete ich Sven sofort, welche Veränderungen auf uns zukamen.

„Wie kommst du so schnell an eine Wohnung?"

Als ich nicht antwortete, wusste er sofort, was geschehen war.

„Du ziehst mit ihm zusammen!"

Lügen brachten mich nicht weiter. Ich hoffte so sehr darauf, dass wir uns friedlich trennen würden.

„Bitte, Sven. Lass uns Freunde bleiben."

„Ich bin dein Mann! Und ich werde niemals mit einer Scheidung einverstanden sein!"

„Wir müssen uns nicht gleich scheiden lassen. Aber Abstand wird uns guttun!"

„Das hast du dir fein ausgedacht! Meinst du, du kannst mal ein bisschen ausprobieren, wie es mit einem anderen Mann ist? Und wenn es nicht klappt, dann gehst du einfach zurück zu deinem Trottel von Ehemann."

„Hör zu! Ich möchte keine sinnlosen Streitereien mehr. Ich gehe jetzt. Wir wissen beide, dass es schon lange vorbei ist!"

„Was ist mit den Kindern?"

„Ich hole sie nach dem Umzug."

„Was soll das heißen? Du bleibst nun weg?"

„Ich komme tagsüber."

Ich musste raus aus der Wohnung, denn sonst würde ich das nicht überstehen. Schnell packte ich ein paar Sachen zusammen.

„Tu das nicht, Tina! Tu mir das nicht an! Tu uns das nicht an! Bitte, Tina." Sven weinte.

Ratlos stand ich mit meinen Taschen im Flur.

„Bitte! Ich kann und will nicht ohne dich leben! Ich liebe dich."

Einen kurzen Moment packte mich die Angst, ob es richtig war, was ich tat. Einen kurzen Moment spürte ich, dass ich diesen Mann wohl doch noch sehr viel mehr liebte, als ich dachte. Dennoch ging ich.

Tom empfing mich vor dem Haus.

„Ich war unruhig und für einen kurzen Moment fühlte es sich an, als ob du nicht kommen würdest."

„Ich bin da", sagte ich und küsste ihn.

Mitten in der Nacht erreichte mich eine SMS von Sven.

„Ohne dich hat mein Leben keinen Sinn mehr! Ich springe jetzt. Ich hoffe, das war es dir wert."

Mir gefror das Blut in den Adern.

Tom hatte gerade die Augen aufgeschlagen und war sofort hellwach. „Was ist passiert? Du bist leichenblass!"

„Ich muss sofort weg!", stammelte ich, während ich mich anzog.

„Was ist los? Wo willst du mitten in der Nacht hin?"

„Sven ..."

„Du willst zu ihm? Warum denn nur?"

„Er will sich umbringen", brachte ich noch raus und dann war ich auch schon verschwunden.

Im Auto wählte ich Svens Nummer.

„Wo bist du?"

„Es hat keinen Sinn mehr. Alles hat keinen Sinn mehr! Es ist zu spät! Zu spät für alles."

„Sven, lass den Scheiß! Ich bin krank vor Sorge! Wo bist du?"

„Ich springe jetzt."

„Nein! Bitte, bitte tu das nicht!", rief ich verzweifelt in das Telefon. „Bitte nicht! Ich liebe dich noch! Bitte, bitte spring nicht!"

Aber es blieb still am anderen Ende der Leitung.

„Sven! Sven!", schrie ich und weinte nun bitterlich.

„Sag doch was! Bitte!"

Ich hatte längst angehalten, war nicht mehr in der Lage zu fahren.

„Nein!", kreischte ich. „Tu mir das nicht an! Denk an die Kinder!"

Ein leises Schluchzen kam aus dem Hörer.

„Sven? Sven!"

„Ja."

„Oh Gott sei Dank! Bitte sag mir, wo du bist. Wir reden, ja?"

„Ich bin auf der Autobahnbrücke, die große, beim Güterbahnhof."

„Ok. Bleib ganz ruhig! Versprich mir das! Ich bin in zehn Minuten da!"

Ich wischte mir die Augen trocken, atmete ein paar Mal tief durch und startete das Auto. Meine Nerven waren bis zum Zerreißen gespannt. Beinahe hätte ich einige Mülltonnen am Straßenrand gerammt.

Bei der Brücke sah ich ihn sofort. Zusammengekauert saß er am Geländer. Sein Gesicht war tränenüberströmt und er weinte immer noch.

„Komm, ich bringe dich nach Hause."

Er ließ sich von mir ins Auto ziehen. Langsam fuhr ich zu unserer alten Wohnung.

Erschöpft fiel er in sein Bett.

Was sollte ich jetzt tun? Bleiben konnte ich nicht, gehen konnte ich auch nicht.

Tom hatte in der Zwischenzeit geschrieben. Ich antwortete ihm, dass Sven nun zu Hause und in Sicherheit war.

„Kommst du denn jetzt zu mir?", schrieb er mir.

Ich sah Sven an.

„Bitte geh nicht!", flehte er.

„Ich bleibe noch einen Moment", schrieb ich Tom zurück.

„Wie du meinst", war seine Antwort.

Hin und hergerissen saß ich bei Sven am Bett und war unfähig eine Entscheidung zu treffen. Auch nach zwei Stunden wusste ich nicht, was richtig oder was falsch war.

„Bitte bleib bis zum Morgen hier."

„Ok, aber dann muss ich gehen!"

Bei Sonnenaufgang war Sven tief und fest eingeschlafen. Leise schlich ich mich aus der Wohnung.

Als ich vor Toms Elternhaus vorfuhr, saß er rauchend im Vorgarten.

„Ich dachte du rauchst nicht mehr", sagte ich halb scherzend.

„Das war in einem anderen Leben", entgegnete Tom finster.

„Es tut mir leid. Doch ich konnte nicht anders!"

„Ja, ich weiß. Er wird immer zwischen uns stehen."
„Nein! Wird er nicht. Er wird lernen, dass es vorbei ist. Er braucht einfach nur ein bisschen Zeit."
„Lass uns noch eine Stunde schlafen. Ich muss gleich arbeiten", wich er mir aus.

Als ich erwachte war es helllichter Tag und Tom war nicht mehr da. Nun ist es vorbei, dachte ich, als ich mich anzog und mich aus der Wohnung stehlen wollte.
„Willst du keinen Kaffee?"
Seine Mutter hatte mich entdeckt und ich wollte nicht unhöflich sein.
„Zum Frühstücken ist es zu spät! Ich habe das Mittagessen gleich fertig", rief sie mir zu.
„Wie spät ist es denn?"
„Gleich Viertel vor eins. Tom wird in der Mittagspause nach Hause kommen."
Also nahm ich den Kaffee und setzte mich in die Küche.
„Ich kann das nicht verstehen, dass Tom seine Frau verlassen hat! So eine kluge und gewissenhafte Frau!"
Na, super. Nun auch das noch!
„Ich finde, man sollte sich nicht in eine Ehe einmischen! Die beiden sind schon so viele Jahre zusammen! Schließlich haben sie eine Tochter!"
Seine Mutter sah mich vorwurfsvoll an.
Was sollte ich dazu sagen? Hatte ich nicht schon genug Sorgen?
„Ihr habt euren Spaß gehabt. Jeder von euch sollte nun vernünftig sein und zurückgehen!"
Langsam platzte mir der Kragen. Was bildete sich diese Frau ein? Schließlich war ihr Sohn erwachsen. Er konnte tun und lassen, was er wollte.
„Das werden wir nicht tun. Ganz im Gegenteil! In einigen Tagen beziehen wir unsere Wohnung", versuchte ich so ruhig wie möglich zu sagen.

Ehe sie etwas erwidern konnte, hörten wir einen Schlüssel in der Tür. Tom kam nach Hause. Er küsste mich zur Begrüßung und setzte sich an den gedeckten Tisch. Seine Mutter ließ nichts von unserem Gespräch verlauten.
„Ich kann leider nicht mitessen. Ich muss arbeiten."
Tom schaute mich vorwurfsvoll an.
„Hast du die Bewerbung fertig?"
„Nein, aber ich verspreche dir, bis heute Abend ist sie geschrieben."
Hastig verließ ich das Haus.
Ein paar Meter entfernt rief ich Sven an.
„Hey. Wie geht es dir?"
„Wie soll es mir schon gehen. Du fehlst mir! Bitte komm vorbei."
„Ich kann nicht! Ich muss arbeiten!"
„Bitte Tina! Ich brauche dich und die Kinder brauchen dich auch!"
Obwohl mir mein Verstand etwas anderes sagte, fuhr ich zu ihm.
Den ganzen Nachmittag verbrachte ich bei ihm und den Kindern. Es war eine recht entspannte Atmosphäre. Man hätte glauben können, es handelte sich um eine glückliche Familie. Wir brachten die Kinder zusammen ins Bett, und als sie eingeschlafen waren, wollte ich gehen. Aber Sven legte seine Arme um mich.
„Bleib noch einen Moment. Nur eine Stunde. Danach lass ich dich gehen."
Er streichelte mein Gesicht, küsste sanft meinen Mund.
„Bitte Sven! Das geht nicht!"
„Warum nicht? Schließlich bin ich dein Ehemann!"
Die Erinnerung an die letzte Nacht übermannte mich und hilflos blieb ich stehen, als seine Hände meinen Körper erkundeten. Auch als er mich ins Schlafzimmer zog, wehrte ich mich nicht. Ich ließ es geschehen, hin und her gerissen zwischen einem „ich will" und einem „ich will nicht".

Erst das Klingeln meines Handys riss mich zurück in die Realität.

„Bitte sei leise!", sagte ich zu Sven, ehe ich das Gespräch annahm.

„Hey, Kleines. Kommst du direkt zu mir oder treffen wir uns in der Kneipe?", fragte Tom mich.

„Ich komme zu dir. Bin gleich bei dir."

Sven sah mich an, aber er wirkte nicht so traurig wie die letzte Nacht.

„Kommst du morgen wieder?"

Ich nickte, obwohl ich nein meinte. Vielleicht, weil ich selber nicht mehr vorhersehen konnte, was ich als Nächstes tat.

„Ich habe dir einen Vordruck für deine Bewerbung gemacht", empfing mich Tom.

„Schau, du musst nur noch ein paar Sachen ergänzen und dann kannst du sie morgen losschicken."

Ich schämte mich entsetzlich. Trotzdem fuhr ich am nächsten Tag zu Sven. Und alle darauffolgenden Tage auch.

Selbst nach dem Einzug in die Wohnung, die Tom und mir ein Zuhause bieten sollte, traf ich mich weiter mit Sven und schlief mit ihm.

Es machte mich kaputt. Ich wurde immer gereizter, und obwohl wir gerade mal zwei Wochen in der Wohnung wohnten, stritten Tom und ich uns fast jeden Tag. Zu allem Überfluss bekam ich nun auch noch ein Schreiben von dem Betrieb, bei dem ich mich beworben hatte. Sie luden mich zu einem Vorstellungsgespräch ein. Mir war das alles zu viel und ich hätte mir gewünscht, sie hätten mir einfach eine Absage geschickt.

„Jetzt freu dich doch!", redete Tom auf mich ein.

Aber ich reagierte nur wütend. Trotzdem fuhr ich zu diesem Gespräch und nahm mir fest vor, mich so arrogant wie möglich aufzuführen, damit sie mich nicht nehmen würden. Genau das schien sie zu beeindrucken und ehe ich mich versah, war ich eingestellt. In vier Wochen sollte ich meine neue Arbeit antreten. Bis dahin musste ich die Clubwohnung aufgelöst haben. Ich hatte schreckliche Angst, ob ich dem allen gewachsen war.

Tom verstand weder meine Angst noch meine Unruhe. Wie auch. Er wusste nichts von meinem Doppelleben. Zwischen uns wurde es immer angespannter. Einige Male versuchte ich Abstand zu Sven zu bekommen, aber er schaffte es immer wieder, mich um den Finger zu wickeln. Die Spannung in meiner neuen Beziehung wurde immer unerträglicher. Jeden Abend kamen Unmengen von Bier auf den Tisch und ich fragte mich, ob Tom wohl Alkoholiker war. Es dauerte nicht lange, da eskalierte es. Ich flippte völlig aus, beschimpfte Tom, dass er immer nur Forderungen an mich stellte und es ihn einen Scheißdreck interessierte, was ich eigentlich wollte. Innerhalb weniger Minuten hatten wir uns so hochgeschaukelt, dass ich wusste, es war Zeit die Wohnung zu verlassen, bevor es zu einer Katastrophe kam.

„Du gehst nicht!", brüllte Tom und packte mich am Arm. Er hatte viel zu viel getrunken und hielt mich eisern fest. Ich versuchte mich loszureißen.

„Du glaubst, dass ich nicht weiß wo du hinwillst? Denkst ich bin blöde und bekomme von alledem nichts mit."

„Lass mich los!"

Ich benutzte meine Tasche als Schutzschild.

„Lass mich sofort los!", schrie ich wieder.

Stattdessen drückte er mich an die Wand.

Er wird dich schlagen, ging es mir durch den Kopf.

Mit aller Kraft drückte ich mich gegen ihn und schaffte es, ins Badezimmer zu fliehen. Dort schloss ich mich ein. Ich kramte mein Handy aus der Tasche.

„Sven! Er will mich schlagen!"

„Wo bist du?"

„Zu Hause! Ich habe mich im Bad eingesperrt."

„Bleib da und rühr dich nicht vom Fleck! Ich bin in fünf Minuten da."

Ich sank auf den Fliesen zusammen. Was war nur geschehen?

Ich hörte die Klingel und Svens Stimme.

„Wo ist sie?"

„Im Bad."

Tom sagte nichts weiter und setzte sich ins Wohnzimmer.

„Mach die Tür auf, Tina! Ich bin´s!"

Ich fiel ihm in die Arme und weinte bitterlich.

„Komm, ich bring dich nach Hause."

Ich war nicht in der Lage etwas zu erwidern.

„Ich habe sie nicht angefasst!", rief Tom vom Wohnzimmer aus.

„Hat er dich geschlagen?", fragte Sven.

Ich schüttelte den Kopf.

„Du gehst?", fragte Tom.

„Lass sie in Ruhe! Siehst du nicht, wie fertig sie ist? Ihr könnt morgen reden! Jetzt braucht sie erst mal Ruhe."

Ich ließ mich von Sven aus der Wohnung führen und war dankbar, dass ich einfach bei ihm sein durfte. Er brachte mich ins Bett. Es dauerte ewig, bis ich eingeschlafen war. Ich versuchte zu verstehen, was da passiert war und ob es richtig war, wie ich gehandelt hatte. Irgendwann übermannte mich der Schlaf doch. Als ich wach wurde, fand ich einen Zettel auf dem Tisch vor:

„Bin gleich wieder da. Kuss, Sven."

Schnell zog ich mich an, denn ich wollte weg sein, bevor Sven zurück war. Mein Kopf war immer noch nicht klar und ich grübelte darüber nach, warum mein Leben immer wieder von Katastrophen gezeichnet war. War es denn nicht einmal möglich, eine Zeit lang in Ruhe und Frieden leben zu können?

„Ich werde das mit Sven endgültig beenden", dachte ich. „Hoffentlich ist mit Tom noch nicht alles kaputt", zerbrach ich mir weiter den Kopf.

Endlich war ich in der neuen Wohnung angekommen und dachte, mich trifft der Schlag. Die Tür war aufgebrochen und hing geöffnet in der Verankerung. Vorsichtig näherte ich mich dem Flur. Waren Einbrecher im Haus?

„Tom?", rief ich. „Hallo? Ist da jemand?"
Doch mich empfing nur bedrohliches Schweigen.
Toms Schuhe standen im Flur, sein Haustürschlüssel und seine Brieftasche lagen auf der Ablage. Ich schaute, ob Geld in seinem Portemonnaie war. Ich fand Hundertzwanzig Mark und verstand nicht, warum jemand eingebrochen, aber das Geld nicht mitgenommen hatte.
Ich rief Tom an, doch es meldete sich nur die Mailbox.
Ängstlich ging ich durch die Zimmer. Ich wusste nicht, was mir solche Angst bereitete. In jedem Raum erwartete ich irgendetwas Schreckliches. Ich fand nichts. Benommen setzte ich mich ins Wohnzimmer und kam zu dem Entschluss, dass ich den Einbruch melden musste. Also rief ich die Polizei an.
„Wer sind Sie und wo wohnen Sie?", fragte mich der Polizist am anderen Ende der Leitung. Brav wiederholte ich meinen Namen.
„Bei mir ist eingebrochen worden. Nur seltsamerweise fehlt nichts."
„Geben Sie mir Ihre Rufnummer. Ich rufe Sie gleich zurück."
Was sollte das denn? Sprachlos saß ich mit dem Hörer in der Hand und erschrak furchtbar, als es wenige Sekunden später klingelte. Der Polizist war wieder dran.
„Bei Ihnen ist nicht eingebrochen worden."
„Sehr witzig", erwiderte ich, „die Tür ist aufgebrochen und ich bin ja nicht blöd!"
Mittlerweile war ich ein Nervenbündel und ich reagierte wütend und gereizt.
„Das war die Feuerwehr."
„Die Feuerwehr? Hier hat es aber nicht gebrannt! Hier ist nicht ein schwarzer Fleck irgendwo."
„Nein, es hat nicht gebrannt. Die Feuerwehr hat die Tür aufgebrochen, weil der Notarzt nicht rein konnte."
Ich konnte diesem Mann nicht folgen. Was redete der da nur?
„Hier war auch kein Notfall", sagte ich.

„Doch! In der Nacht gegen drei Uhr ist ein Notruf eingegangen. Sie leben doch mit Herrn Tom S. zusammen, oder?"
„Ja, aber was hat Tom damit zu tun?"
„Von ihm kam der Notruf. Leider war er schon bewusstlos, als der Rettungswagen eintraf. Deshalb hat die Feuerwehr die Tür geöffnet."
Mir wurde schlecht.
„Sind noch dran?", fragte der Beamte.
„Ja", flüsterte ich.
„Ihr Lebenspartner ist in das Marienhospital eingeliefert worden. Auf die Intensivstation. Suizid-Versuch."
Ich legte den Hörer auf.
Ich ging in unser Schlafzimmer. Warum hatte ich es vorher nicht gesehen? Obwohl ich durch alle Räume gegangen war, hatte mein Kopf nicht wahrgenommen, was im Schlafzimmer verändert war. Das Bett war von der Wand abgerückt, überall lagen Kanülen und Folien von Spritzen herum. Meine Beine gaben nach. Ich sank zu Boden.
Was war hier passiert? Lebte Tom noch?
Fast eine Stunde war ich unfähig aufzustehen. Ich musste im Krankenhaus anrufen! Aber es fiel mir unendlich schwer, mich auf den Beinen zu halten. In meinen Gedanken ließ ich die letzte Nacht „Revue passieren". Plötzlich klingelte mein Handy und mühselig schleppte ich mich zurück ins Wohnzimmer.
„Hey, Tina! Wo steckst du denn?"
„Sven ... Ich, ich kann nicht", stammelte ich und legte auf. Dann rief ich die Auskunft an, um mir die Nummer vom Krankenhaus geben zu lassen.

Die Krankenschwester von der Intensivstation war sehr nett und brachte Tom das Stationstelefon. Meine Gefühle waren total durcheinander. Einerseits quälten mich heftige Schuldgefühle, da ich über Monate dieses Doppel gelebt hatte, anderseits war ich stinksauer, weil ich einen Suizid-Versuch als Erpressung empfand. Dazu bewegten mich so viele Fragen, auf die ich so schnell keine Antwort finden konnte. So versuchte ich sachlich zu bleiben, doch das fiel mir sehr schwer.

„Hallo, Tina."

„Hey, Tom. Geht es dir wieder besser?"

„Ja, alles ok und ich werde heute noch auf die Psychiatrische verlegt."

Mir brannten die Fragen auf der Zunge. Stattdessen sagte ich: "Du brauchst sicher das ein oder andere. Soll ich dir etwas vorbeibringen?"

„Ja, das wäre lieb. Hausschuhe, Waschzeug und so ein Kram."

„Ok, mache ich."

Ich war froh, das Gespräch schnell beenden zu können.

Bevor ich seine Sachen zusammensuchte, bemühte ich mich um klare Gedanken. Was für ein Mensch war Tom wirklich? Ich hatte ihn als so stark und selbstsicher empfunden. Nicht wie jemand, der sich das Leben nehmen wollte! War ich schuld an seiner Veränderung? Hatte ich ihm das Leben so unerträglich gemacht? Aber ganz gleich, welche Fehler ich gemacht hatte, war sein Verhalten nicht auch eine Art Erpressung? Meine unterschwellige Wut gewann die Oberhand. Wie konnte er mir das nur antun? Er wusste, wie sehr ich unter Svens Selbstmord-Androhung gelitten hatte. Wie konnte er nur in dieselben Fußstapfen treten? Ich steigerte mich immer mehr in diesen Gedanken hinein und wurde immer wütender. Achtlos schmiss ich Zahnbürste, Hausschuhe und Rasierapparat in eine Tüte. Dann fuhr ich ins Krankenhaus.

Bei Tom angekommen, war ich so hochgekocht, dass ich nicht zu einem normalen Hallo in der Lage war.

„Hier hast du deine Brocken!", brüllte ich, als ich das Zimmer betrat und schmiss ihm die Tüte auf das Bett.

„Den Rest kannst du dir bei deiner Entlassung abholen! Ich brauch´ kein verdammtes Arschloch, das zu feige ist sich mit dem Leben auseinanderzusetzen! Und ich lasse mich auch von dir nicht erpressen!"

Tom sah mich erschrocken an und ehe er ein Wort herausbrachte, war ich schon wieder aus dem Zimmer.

Ich fuhr in die Wohnung zurück und suchte alles, was ihm gehörte zusammen.

„Jetzt ist Schluss mit dem ganzen Scheiß", sagte ich mir immer wieder. „Ich brauche weder Tom noch Sven".

Bevor ich so weitermachen würde, blieb ich lieber allein.

Ich putzte die ganze Wohnung wie in einem Rausch. Als ich fertig war, übermannte mich Traurigkeit und Verzweiflung. Ich saß auf der Couch und heulte mir die Augen aus dem Kopf. War ich nicht an allem schuld? Ich war unfähig gewesen, mich endgültig von Sven zu trennen, hatte mein neues Glück aufs Spiel gesetzt und war zu niemand ehrlich gewesen! Alles, was sich so dramatisch zugetragen hatte, war auf meinem Mist gewachsen. Mitten in meinen Gedanken klingelte das Telefon.

„Tina, ich bin es, Tom. Bitte leg nicht gleich auf."

Ich atmete tief durch.

„Was willst du?"

„Ich möchte dir erklären, wie es dazu gekommen ist und dass so etwas nie wieder vorkommt! Ich habe mich bereits bei einer Langzeit-Therapie angemeldet. Bitte hör mir zu."

„Ich habe nicht gesagt, dass ich auflegen will."

„In der Nacht, wo alles so eskaliert ist ... Ich hätte dich nie geschlagen! In meinem ganzen Leben habe ich nie irgendjemanden geschlagen! Als du dich eingesperrt hast, konnte ich nicht verstehen, was dich bewegt hat! Ich wollte nur mit dir reden, weil ich die ganzen Wochen vorher gespürt habe, dass etwas nicht stimmt. Ich habe gehört, wie du mit Sven geredet hast und plötzlich war mir klar, dass es mit ihm nie wirklich vorbei gewesen ist. Ich dachte, dass du nie ernsthaft bei mir warst und nun alles auseinanderbricht. Dann bist du nicht wiedergekommen. Auch kein Anruf von dir. Mir wurde klar, dass ich alles verloren hatte. Ich hatte meine Familie zerstört und du warst auch weg. Meine Gedanken waren vom Alkohol getrübt. Ich bekam vom vielen Nachdenken Kopfschmerzen. Das hatte ich die letzte Zeit öfters und da keine Schmerzmittel halfen, war ich deswegen beim Arzt. Der hat mir ein besonders starkes Mittel verschrieben, ein Opiat. Ich nahm eine dieser Tabletten ein und meine Gedanken wurden immer schlimmer. Ich war in einer Sackgasse gelandet, aus der ich sicher nie wieder herausfinden würde. In meiner Verzweiflung nahm ich alle Tabletten, die ich hatte. Nicht mit dem Gedanken mich umzubringen, sondern einfach nur, um endlich Ruhe zu haben. Schon nach kurzer Zeit wurde mir schlecht und schwindelig. Ich bekam Angst und rief den Notarzt. Dann muss ich das Bewusstsein verloren haben. Ich kam erst wieder zu mir, als ich im Rettungswagen lag."

Ich bin schuld, ging es mir durch den Kopf. Aber ich sagte nichts.

„Bist du noch da?", fragte Tom.

„Ja."

„Bitte Tina. Lass es so nicht enden. Wir haben beide Fehler gemacht."

„Gib mir etwas Zeit darüber nachzudenken."

„Ok. Ich gebe dir die Nummer der Psychiatrie, ja? Bitte ruf mich an, wenn du reden willst."

Er gab mir die Nummer und legte auf.

Einen Moment ließ ich seine Worte wirken und dann fuhr ich zu Sven.

„Hey, Süße. Schön, dass du wieder da bist!", begrüßte er mich.

„Ich wollte nur die Kinder holen."

„Wieso die Kinder holen? Ich dachte, sie sollen im Wochenwechsel bei dir sein und diese Woche bin ich dran?"

„Nein, du kannst sie tagsüber sehen, wann du willst und am Wochenende, alle vierzehn Tage."

„Was ist denn jetzt los? Wir hatten doch ganz klar etwas anderes abgemacht."

„Es tut mir leid. Aber ich brauche neue und feste Strukturen. Ich kann dieses ganze Hin und Her nicht mehr!"

„Was soll das nun wieder bedeuten?"

„Ich werde einen Termin beim Anwalt machen und die Scheidung einreichen."

Sven schaute mich verblüfft an.

„Das ist nicht dein Ernst! Gestern war die Welt noch in Ordnung und heute ziehst du hier so eine Show ab!"

„Noch mal: Es tut mir leid! Aber es ist endgültig vorbei."

Ich nahm die Kinder und ging.

Am Abend bekam ich eine verzweifelte SMS von Sven.

„Bitte verlass mich nicht! Ich kann ohne dich nicht leben." Ich ging nicht darauf ein. Ein paar Stunden später bekam ich eine weitere SMS: „Diesmal springe ich ganz sicher und nichts wird mich aufhalten."

Ich schrieb zurück: „Warte! Ich bin in fünf Minuten da!"

Unmittelbar nach dem Abschicken schrieb ich hinterher: „Ich werde dich schubsen, damit endlich Ruhe herrscht! Hör auf mich zu erpressen. Es ist vorbei und ich komme nicht zurück!"

Es kam nichts weiter.

Er fuhr in dieser Nacht zu der Frau, mit der er seit Anbeginn unserer Trennung ein Verhältnis hatte.

Claudia.

Die beiden wurden ein festes Paar.

Nachwort

Tom und Tina machten einen Neuanfang.
Sie verließen die Stadt.

Dem Leben als Hure kehrte Tina endgültig den Rücken. Ihre Angstzustände bekam sie trotz Therapien nicht in den Griff. Erst als sie bei einer typischen Panikattacke im Krankenhaus auf eine junge Ärztin traf, änderte sich das. Diese diagnostizierte eine schwere Reentry-Tachykardie. Untersuchungen in einem Herzzentrum bestätigten ihre Diagnose. Es folgte eine Ablation im Reizleitsystem und die Panikattacken lösten sich in Luft auf.

Danksagung

Ich möchte mich bei den Menschen bedanken, die mir Mut gemacht haben, dieses Buch zu schreiben.

Allen voran meinem Mann, der Nächte mit mir verbracht hat, um meinen Erzählungen und meinen Ideen zu lauschen. Er hat mir oftmals geholfen, sie in richtige Worte zu fassen. Ich weiß, auch bei meinem nächsten Buch wirst du an meiner Seite stehen.

Meinem Sohn Marvin, der trotz seiner eigenen Last alles dafür getan hat, dass ich mich ganz auf das Schreiben konzentrieren konnte. Hättest du mir nicht so viele Verantwortlichkeiten abgenommen, wäre das Buch heute noch nicht fertig!

Meinen lieben Freundinnen auch einen großen Dank! Sie haben sich die Mühe gemacht, mit mir den Fehlerteufel zu jagen!
Ohne euch wäre es sicher nicht so gut gelungen!

Auch an „Liesschen (Jacqueline)" einen Dank für die Unterstützung zu dieser Story!

Ostfriesland, den 13.09.2014

Leseprobe „Nachts kommen die Raben" von Petra Kuhn

Prolog

Wer kann von sich sagen, dass das Erste, was er auf Erden gesehen hat, ein Haufen Scheiße war? Klar, ich kann mich nicht daran erinnern. Aber Tatsache ist, mein erster Blick war ins Klo. Für meine Mutter kam die Schwangerschaft überraschend. Sie hatte nicht damit gerechnet, denn ihr jüngstes Kind war gerade 13 Monate. Als der Doc ihr mitteilte, dass sie in gut drei Monaten erneut ein Kind bekommen würde, hielt sich ihre Freude in Grenzen.

»Noch ein Fresser mehr!«, sagte sie. »Kann man das nicht verhindern?«

»Da hätten Sie viel früher kommen müssen!«

Also fand sie sich mit ihrem Schicksal ab und schleppte sich nach Hause.

Der Arzt hatte sich verrechnet. Ich machte mich schon drei Wochen später auf den Weg, mein enges Gefängnis zu verlassen. Dummerweise hielt meine Mutter die Presswehen für Stuhldrang. So landete mein Kopf im Klo.

Ich war von Anfang an in der Scheiße geboren.

1.

Wir stiegen aus der Schwebebahn. Meine kleine Hand lag fest in seiner großen kräftigen Pranke.

Ich konnte mit seinem Schritt nicht mithalten und stolperte über meine Beine.

»Papi! Nicht so schnell!«, forderte ich.

Während er stehenblieb, schaute er mich zärtlich an.

»Soll ich dich huckepack nehmen?«

»Nein! Nicht so schnell laufen!«

Er lachte, ging aber langsamer. Wir schlenderten die Treppe hinunter, vorbei an einem Kiosk, vor dem Menschen standen, die Bier tranken und rauchten. Es fing an zu regnen. Vor einem Blumenladen blieb er stehen und ließ meine Hand los, um den Regenschirm zu öffnen. Ein großes Foto klebte mitten auf der Tür. Die süßen kleinen Hunde fielen mir sofort ins Auge. Er nahm mich wieder bei der Hand, doch ich stemmte meine kleinen Beinchen in die Erde. Auf keinen Fall wollte ich weitergehen.

»Was ist denn nur? Nun komm endlich!«

»Nein! Guck mal! Hundchen!«

Er folgte meinem Blick zu dem großen Plakat.

»Möchtest du die Hündchen sehen?«

Ich hatte mich losgerissen und drückte die schwere Tür auf. Ehe er sich versah, rannte ich durch den Laden, vorbei an den schweren Holztischen Richtung Gebell.

»Hundchen! Hundchen!«, rief ich entzückt. Als ich mich auf die Erde setzte, kroch einer der Welpen auf meinen Schoß. Die kleine Zunge schleckte meine Hände ab. »Mein Hundchen!«, sagte ich stolz.

»Tina, das sind nicht unsere Hündchen. Du kannst sie streicheln, aber gleich müssen wir wieder gehen«, sagte mein Vater. Er versuchte, das kleine Tier, das ich fest an die Brust presste, aus meiner Hand zu lösen. »Du tust dem Hundebaby ja weh!«, schimpfte er mit wenig Ernst in seiner Stimme.

Ich brüllte sofort los. »Gib mein Hundchen wieder! Mein Hundchen!«

»Lassen Sie der Kleinen einen Moment den Hund«, sagte die Ladenbesitzerin, lächelte mich an und setzte das Tier zurück auf meinen Schoß.

»Die wissen sich zu wehren, wenn sie nicht mehr gehalten werden wollen.« Zu mir gebeugt fügte sie hinzu: »Halt sie nicht zu fest! Sonst beißt sie dich!«

Das kleine Wesen in meinem Arm hatte es sich gemütlich gemacht und schlief fast ein. »Meine Sissi!«, flüsterte ich und war nicht bereit, sie wieder herzugeben.

»Die werden nicht besonders groß! Das sind Kleinspitze«, klärte die Dame meinen Vater auf.

Es dauerte nicht lang, bis die beiden sich auf einen Preis geeinigt hatten. Das Halsband mit einer kleinen Leine war schnell angelegt.

»Papa kann dir keinen Wunsch abschlagen! Du bist doch mein süßes, kleines Mädchen.« Sanft streichelte er mir über das Haar und nahm mich mitsamt dem Hund auf den Arm, denn die Kleine konnte auch nicht schnell laufen. Ich war froh, als wir in den Bus stiegen.

Meine Mutter war nicht begeistert, dass wir einen Welpen mit nach Hause brachten.

»Du solltest dich um Geld kümmern! Nicht einen Köter anschleppen!«, fauchte sie den Mann an, den ich Vater nannte.

Eigentlich war es nicht mein Vater. Meine Mutter hatte sich von meinem Erzeuger getrennt, um mit ihrer neuen Liebe leben zu können. Mit acht Monaten war ich zu klein, um das zu verstehen, und ich konnte mich an ihn nicht erinnern. So nannte ich den Mann an der Seite meiner Mutter, Papa.

»Ach, komm! Gönn' der Kleinen den Hund!«, versuchte er zu beschwichtigen, setzte sich ins Wohnzimmer und öffnete eine Flasche Bier.

Ich hielt den Hund eisern fest, obwohl er mittlerweile heftig strampelte. Meine Mutter setzte sich an den Tisch, öffnete sich auch eine Flasche und nahm einen kräftigen Schluck.

»Soll mir doch alles scheißegal sein!«, sagte sie, während sie sich den Schaum vom Mund wischte und sich zu dem Bier einen Korn einschenkte.

Ich stahl mich aus dem Haus. Vorsichtig setzte ich den kleinen Wurm im Hof ab.

Ab jetzt würde es niemanden mehr interessieren, wo ich blieb und was ich tat.

Im Gartenhaus fand ich meine Schwestern.

»Wo kommt der denn her?«, fragte Rita entzückt. Alles, was ihr gefiel, riss sie an sich und gab es nicht wieder her. Ganz gleich, ob es sich um ein Spielzeug handelte oder um die letzte Scheibe Brot im Brotkasten.

»Mein Hundchen!«, sagte ich finster.

»Gib mir! Gib mir!«, rief meine Schwester Heidi. Sie war trotz ihrer sieben Jahre in der Sprache zurückgeblieben.

»Nein! Meine Sissi!«, wiederholte ich mit Nachdruck.

»Gib mir den Hund!«, forderte Rita heftig. Sie versuchte, das Tier aus meinem Arm zu befreien, das ich wieder an meinen Körper drückte. Obwohl sie ein ganzes Jahr älter war als ich, hatte sie körperlich gegen mich keine Chance. Sie war ein anderer Typ. Große, hellblonde Locken umrahmten ihr weiches Gesicht und sie erinnerte an eine zarte Porzellanpuppe. Ich dagegen – kurz geschorene Haare, bekleidet mit meiner roten Lederhose – wusste mich zu wehren. Kräftig schubste ich sie mit meiner freien Hand, bis sie zu Boden fiel. Heulend stand sie auf und rannte ins Haus. Mir war klar, was kommen würde. Mit dem Hund im Arm rannte ich bis zum Grundstücksende, wo ein kleiner Bach verlief. Viele Büsche boten dort Sichtschutz. Ich setzte Sissi ab. Sie lief sofort zum Wasser, trank und planschte mit ihren kleinen Pfoten. Angst schien sie nicht zu kennen. Im Gegensatz zu mir. Ich wusste, käme ich zu früh zurück ins Haus, würde es eine Tracht Prügel setzen. Ich konnte nur abwarten, bis meine Mutter vergaß, dass ich ihrem Schmuckstück wehgetan hatte.

Es dämmerte schon, als ich mich traute, ins Haus zu gehen. Sissi folgte mir auf Schritt und Tritt. Im Haus war alles still, nur aus dem Wohnzimmer klang gedämpft der Fernsehapparat. Ich kletterte zu meinen Schwestern auf die Couch, sah, dass mein Vater im Sessel schlief und ehe ich mich versah, war ich selber eingeschlafen.

Sissi wurde meine beste Freundin. Wo ich war, da war auch sie. Wir teilten jede Mahlzeit, selbst wenn es mir schwerfiel, ihr von dem wenigen, was es zu essen gab abzugeben. Es dauerte

nicht lange, da jagte sie die Ratten um das Haus und sorgte selbst für
ihren Lebensunterhalt.

An manchen Tagen war der Tisch reichlich gedeckt. Ich fand keine Erklärung dafür. Trotzdem freute ich mich, wenn ich morgens aufstand, und meine Mutter in der Küche werkelte, statt betrunken im Bett zu liegen.

Als ich das vierte Lebensjahr überschritten hatte, begriff ich einigermaßen die Zusammenhänge. Ich wusste, heute würden Opa und Oma zu Besuch kommen. Das war toll, denn sie brachten immer Schokolade mit. Manchmal in Form eines Hasen, manchmal in Form eines rot gekleideten Mannes mit großer Mütze auf dem Kopf. Dann gab es viele Köstlichkeiten auf dem Tisch, dass ich abends mit Bauchweh im Bett lag.

Mir tat der Bauch oft weh, aber meistens vor Hunger.

Meine Großeltern hatten ein Kind im Schlepptau. Sie hieß Michaela, wurde aber nur Ela genannt. Für ihre 10 Jahre war sie sehr groß, dünn und frech bis über beide Ohren. Warum meine älteste Schwester nicht bei uns wohnte, verstand ich nicht. Es war mir egal, denn ich mochte sie nicht besonders. Sie tat so erwachsen und gab ständig mit ihren tollen Sachen an. Obwohl meine Mutter uns in Faltenröckchen und gelbe Strick-Pullunder gezwungen hatte, konnten wir uns mit ihr nicht messen. Ich hasste den grünen Faltenrock. Ich wollte nur meine rote Lederhose tragen. So wehrte ich mich mit Händen und Füßen, wenn meine Mutter mit dem Ding ankam. Dann saß ich meist mit hochroten Wangen am Mittagstisch, vergaß die Ohrfeigen jedoch schnell, während ich mir die Kartoffeln in den Mund schaufelte.

Ich musste immer weinen, wenn Oma mich in den Arm nahm, um sich zu verabschieden. Ich wusste, es konnte eine ganze Weile dauern, bis ich mir wieder den Bauch vollschlagen konnte.

Manchmal ging das schneller, als ich dachte.

Ich erschrak fürchterlich, als ich des Nachts durch die brüllende Stimme meiner Mutter geweckt wurde. »Heidi, Tina, Rita! Sofort runterkommen!«

Ich saß senkrecht im Bett. Zwar hatte ich im Unterbewusstsein die Streitereien meiner Eltern mitbekommen, war aber trotzdem

eingeschlafen. Hellwach tapste ich die Treppe herunter. Meine Geschwister standen schon unten, denn auch ihnen war klar, jetzt war Eile geboten. Jede Minute, die verging, konnte bedeuten,
    dass es Prügel setzte.

    »Los, Gummistiefel anziehen!«, herrschte meine Mutter uns an, während mein Vater in der Küche einen Stuhl an der Wand zerschlug.

    Im Nachthemd, ohne Jacke und an den kleinen, nackten Füßen die Stiefel, machten wir uns auf den Weg zu meinen Großeltern. Es war dunkel, kalt und es regnete. Der Weg schien mir unendlich weit. Das dünne Hemd war schnell durchnässt. Nur die Gewissheit, dass meine Oma gleich eine Tasse heiße Milch mit Honig und eine Handvoll Kekse für uns bereithielt, trieb mich an. Ich gab mir alle Mühe, mit meiner Mutter Schritt zu halten, aber mit meinen kleinen Beinen fiel mir das sehr schwer. Sie jedoch spornte uns unentwegt an, schneller zu laufen. Nach drei Kilometern hatten wir es geschafft. Obwohl meine Füße brannten und ich durchgefroren war, freute ich mich, als wir die Strecke geschafft hatten. Wie erhofft, durfte ich mich an den Keksen satt essen.

    Leider blieben wir nie länger als zwei Tage.

    Wieder zurück in unserem Haus ging das Leben weiter wie gewohnt. Schon morgens stand das Bier auf dem Tisch. Ehe es Mittag war, hatte meine Mutter eine halbe Flasche Korn getrunken. Wenn das Glück auf meiner Seite war, legte sie sich den Nachmittag über ins Bett und ließ mich in Ruhe. Aber meistens wurde ich Opfer ihrer Wutausbrüche. Meine Geschwister bekamen nicht so viel ab. Rita hatte das bessere Los gezogen, denn sie war das »Goldlöckchen«. Auch wenn Mutter total besoffen war, schlug sie sie nur selten. Heidi wurde als die Dumme beschimpft. »Du raffst doch eh nichts! Geh mir aus den Augen, du dummes Ding«, warf sie ihr entgegen.

    Mein Vater war anders. Er trank meistens Bier und schlug uns nur, wenn wir es verdient hatten. Manchmal brachte er uns von unterwegs einen Apfel oder Weintrauben mit. Damit machte er uns eine große Freude.

    Er war der einzige Mensch, der uns in den Arm nahm und mir dabei oft über den Po und den Oberschenkel streichelte.

Heidi hatte er auch lieb, obwohl sie für meine Mutter immer nur »die Blöde« war.

Wenn sie im Bett lag und ihren Rausch ausschlief, nahm er Heidi mit in das Gartenhäuschen. Ich hörte die beiden lachen und schlich mich ans Fenster, obwohl er mir gesagt hatte, ich sollte dem Häuschen nicht zu nahekommen. Erwischen lassen durfte ich mich nicht, denn wenn ihm die Hand ausrutschte, tat es richtig weh. Doch meine Neugier war größer. So spähte ich – trotz Verbots – durch das kleine Fenster. Heidi hielt ein Glas mit einer roten Flüssigkeit in der Hand. Ich wusste, das schmeckte seltsam. Einerseits süß, aber anderseits brannte es schrecklich, wenn man es hinunterschluckte. Ich hatte die Flasche öfters auf unserem Küchentisch gesehen und davon probiert. Weil es so brannte, hatte ich es nie wieder angefasst. Heidi schien das nicht viel auszumachen. Sie verzog ein wenig das Gesicht, doch dann lachte sie. Es war Sommer und ich fand es nicht seltsam, dass meine Schwester nur mit einem Schlüpfer bekleidet war. Wir tobten oft in Unterwäsche durch den Garten, wenn es warm war. Auch dass sie auf seinem Schoß saß, fand ich nicht weiter schlimm. Als er sie am ganzen Körper streichelte, spürte ich einen Stich der Eifersucht in meinem Herzen. Ich konnte nicht hören, was sie sprachen. Dennoch sah ich, dass das Gesicht von Heidi sehr ernst wurde. Sie sah irgendwie komisch aus, als mein Vater sie auf den großen Holztisch vor der Eckbank legte und seltsame Bewegungen vor ihr machte. Ich schaute gebannt zu und wunderte mich, dass er ihr nach kurzer Zeit auf den Bauch spuckte.

Ende der Leseprobe.
Erhältlich als Ebook oder Taschenbuch bei Amazon.de

www.ingramcontent.com/pod-product-compliance
Lightning Source LLC
Chambersburg PA
CBHW051646040426
42446CB00009B/993